高速铁路路基工程施工技术

中铁四局集团有限公司　组织编写

中国铁道出版社有限公司

2020年·北　京

图书在版编目(CIP)数据

高速铁路路基工程施工技术/中铁四局集团有限公司组织编写．—北京：中国铁道出版社，2013.7（2020.12重印）

ISBN 978-7-113-16980-0

Ⅰ.①高… Ⅱ.①中… Ⅲ.①高速铁路-铁路路基-工程施工 Ⅳ.①U213.1

中国版本图书馆CIP数据核字(2013)第162022号

书　　名：**高速铁路路基工程施工技术**

作　　者：中铁四局集团有限公司

策划编辑：陈小刚

责任编辑：陈小刚　　　　电话：(010)51873193

封面设计：郑春鹏

责任校对：王　杰

责任印制：高春晓

出版发行：中国铁道出版社有限公司（100054，北京市西城区右安门西街8号）

网　　址：http://www.tdpress.com

印　　刷：三河市兴达印务有限公司

版　　次：2013年7月第1版　2020年12月第2次印刷

开　　本：787 mm×1 092 mm　1/16　印张：15　字数：360千

书　　号：ISBN 978-7-113-16980-0

定　　价：65.00元

编委会名单

序

高速铁路是世界铁路建设中的一项重大成就，是当今世界安全可靠的现代交通工具，它在许多国家得到迅猛发展，成为世界铁路的新潮流。我国高速铁路以其高速、平稳、舒适的优良品质赢得了人民群众的广泛赞誉，有力促进了沿线区域经济发展，带动了相关产业升级，改善了人民群众生活。高速铁路的出现已突破了传统铁路路基的设计理念，其设计理论、施工技术和检测手段等都有了很大发展，相关的技术标准不断提高，新技术也不断被应用于高速铁路路基中。我集团公司早在2000年便开始了高速铁路有关施工技术的研究工作，形成了大批研究成果并在大量工程实践中得到应用。

铁路路基是轨道的基础，是经过开挖或填筑而形成的土工结构物，高速铁路的路基工程与桥梁、隧道一样，是铁路轨下基础工程的重要组成部分，是影响列车高速、安全、舒适的关键工程。高速铁路的路基工程与普通铁路相比，标准高，在高速行车条件下所承受的动力作用和变形极为复杂，是承受轨道结构重量和列车荷载的基础，是线路工程中最薄弱、最不稳定的环节。因此，对路基工程必须按结构物设计和施工，路基整体结构应达到少维修或免维修、耐久性结构设计的要求。

《高速铁路路基工程施工技术》一书的编者都是我集团公司长期从事高速铁路路基领域的技术工作者。本书不仅对高速铁路路基工程施工技术进行了系统总结，而且对施工过程中可能出现的质量通病和防治措施进行了认真归纳。本书不仅会对今后的铁路建设提供很好的参考和借鉴，也必将会对我国高速铁路路基工程施工技术的发展起到有力的推动与促进作用。

中铁四局集团有限公司
副总经理、总工程师：

二〇一三年六月十八日

前　言

近年来，我国高速铁路建设全面展开，通过大量试验研究和工程建设实践，逐步形成了我国自有的高速铁路技术体系和高速铁路技术标准，同时也取得了丰硕的研究成果，这不仅加快了我国高速铁路建设步伐，也在世界范围产生了重大影响，全球瞩目。系统总结高速铁路建设的成功经验，势在必行，也必将推动建设水平的不断提高。

作为高速铁路重要组成部分的铁路路基，是轨道的基础，是经过开挖或者填筑形成的结构物，其作用是满足轨道的铺设、承受轨道和列车产生的荷载。铁路路基应具有足够的强度、刚度以及稳定性，在运营条件下使线路轨道参数保持在允许的标准范围之内，确保列车运行实现高速、安全、舒适。高速铁路的出现已突破了传统铁路路基的设计理念，其设计理论、施工技术和检测手段等都有了很大发展，特别是路基工程施工方面，采用了机械化、工厂化、专业化、信息化等先进施工管理手段，实现了路基工程满足结构安全、耐久性能及系统使用功能要求，保证设计使用年限内正常运营。

根据高速铁路路基特点和施工经验，在收集整理资料的基础上编写了这本《高速铁路路基工程施工技术》，本书系统介绍了高速铁路路基地基处理技术、沉降观测技术和路基本体、边坡防护、支挡结构、路基防排水、路基相关工程等施工技术，内容丰富、资料全面、数据严谨，重点突出了施工工艺及控制要点，对路基施工过程中遇到的质量通病及防治措施作了较为全面的探讨，是一本针对现场施工技术人员的专业参考书。

本书在编写过程中得到了中铁四局集团有限公司主要领导的关心和支持，中铁四局集团有限公司副总经理、总工程师伍军百忙中抽出时间专为本书作序，并为本书的编制亲自作了精心部署。本书的编制还得到了中铁四局集团有限公司技术中心主任梁超、副主任董燕囡、副主任熊庆华、总工程师郑德禹以及子(分)公司总工程师的指导与支持，在此表示衷心的感谢。

本书共分 11 章。第 1 章由彭宏伟编写；第 2 章由张宏斌、唐涛编写；第 3 章由胡修玉、王泽录编写；第 4 章由胡修玉、姚大闯编写；第 5 章由胡修玉、姚大闯编写；第 6 章由何贤军、王玉林编写；第 7 章由张宏斌、褚诗洋编写；第 8 章由万国平、宫胜会编写；第 9 章由马光、胡修玉编写；第 10 章由王玉林、张宏斌编写；第 11 章由张宏斌编写；全篇质量检测内容由郭宏坤、覃国俊编写。中铁四局集团有限公司技术中心刘道学、王立玲、李上寿参与了本书的修订工作。全书由中铁四局集团有限公司副总工程师何贤军负责修改、统校、定稿。

由于资料来源和编者水平有限，本书难免存在不足之处，敬请读者不吝赐教，以资改正。

编者

2013年7月

目　录

第 1 章　路基工程概述…………………………………………………… 1

1.1　高速铁路路基断面结构 …………………………………………… 1
1.2　高速铁路路基变形 ………………………………………………… 3
1.3　高速铁路路基填料 ………………………………………………… 4
1.4　高速铁路路基压实质量指标及检测方法 ………………………… 5

第 2 章　路基地基处理施工技术………………………………………… 7

2.1　换　　填 …………………………………………………………… 9
2.2　砂(碎石)垫层……………………………………………………… 12
2.3　粉体喷射搅拌桩…………………………………………………… 15
2.4　浆体喷射搅拌桩…………………………………………………… 18
2.5　水泥砂浆桩………………………………………………………… 20
2.6　高压旋喷桩………………………………………………………… 23
2.7　水泥粉煤灰碎石桩(CFG 桩) …………………………………… 26
2.8　混凝土预制桩……………………………………………………… 33
2.9　桩帽、桩板及筏板结构 …………………………………………… 37
2.10　岩溶洞穴注浆 …………………………………………………… 43
2.11　堆载预压 ………………………………………………………… 47

第 3 章　路堤填筑施工技术 ……………………………………………… 49

3.1　路基填料及填筑工艺性试验……………………………………… 49
3.2　基床表层以下路基填筑…………………………………………… 59
3.3　基床表层级配碎石填筑…………………………………………… 66
3.4　改良土路堤填筑…………………………………………………… 73
3.5　加筋土路堤填筑…………………………………………………… 79

第 4 章　路堑开挖施工技术 ……………………………………………… 82

4.1　机械开挖路堑施工技术…………………………………………… 82
4.2　爆破开挖路堑施工技术…………………………………………… 87

第 5 章　过渡段施工技术 ………………………………………………… 95

5.1　路基与桥台过渡段施工…………………………………………… 95
5.2　路堤与横向结构物过渡段施工 ………………………………… 100

5.3 路堤与路堑过渡段 …… 103

第6章 路基变形观测及评估 …… 106

6.1 路基变形观测概述 …… 106
6.2 路基变形观测实施 …… 107
6.3 路基沉降观测分析及评估 …… 114

第7章 支挡结构施工技术 …… 117

7.1 重力式挡土墙 …… 117
7.2 短卸荷板式挡土墙 …… 122
7.3 悬臂式和扶壁式挡土墙 …… 125
7.4 锚杆挡土墙 …… 130
7.5 锚定板挡土墙 …… 135
7.6 加筋土挡土墙 …… 138
7.7 土钉墙 …… 143
7.8 抗滑桩 …… 147
7.9 桩板式挡土墙 …… 150
7.10 预应力锚索 …… 153
7.11 质量通病及防治措施 …… 160

第8章 边坡防护 …… 162

8.1 植物防护 …… 162
8.2 防护林植树 …… 166
8.3 喷混植生防护 …… 168
8.4 砌石防护 …… 171
8.5 预制块防护 …… 175
8.6 锚杆(锚索)框架梁防护 …… 178

第9章 路基排水施工技术 …… 184

9.1 浆砌排水 …… 184
9.2 现浇混凝土排水 …… 188
9.3 混凝土预制管、沟排水 …… 192

第10章 路基相关工程施工技术 …… 198

10.1 电缆槽 …… 198
10.2 声屏障、接触网支柱基础 …… 203
10.3 综合接地 …… 207
10.4 过轨预埋管线 …… 212
10.5 端刺 …… 213
10.6 附属设施 …… 219

第 11 章　特殊环境施工技术 …… 222
11.1　雨期施工 …… 222
11.2　低温施工 …… 223
参考文献 …… 225

第1章 路基工程概述

1964年日本建成了世界上第一条高速铁路——东海道新干线，在技术、安全和效率上消除了人们的顾虑，促进了世界高速铁路的发展，给世界铁路发展带来了新的生机，是世界高速铁路技术开发之先驱，开创了世界高速铁路发展的新篇章。

多年以来，我国一直密切跟踪世界高速铁路技术的发展，开展了大量的研究工作。1993年京沪高速铁路前期研究初步解决了重大技术、经济方面的认识问题。1999年我国建成的第一条秦沈客运专线尚处于试验研究阶段，2004年完成了京沪高速铁路评估工作，随后几年，京津、武广、哈大、郑西、合武、合宁、甬台温、昌九、海南东环、成绵乐、石武、沪宁、宁杭、京沪等一大批高速铁路相继建设，多数已开通运营。根据我国《中长期铁路网规划》，到2020年我国铁路将建成“四纵四横”快速客运通道及三个区域城际快速客运系统，高速铁路建设里程将达到1.2万km。

铁路路基是轨道的基础，是经过开挖或填筑而形成的土工结构物，高速铁路的路基工程与桥梁、隧道一样，是铁路轨下基础工程的重要部分，是影响列车高速、安全、舒适的关键工程。高速铁路的路基工程与一般铁路相比标准高，基床结构及各种过渡段结构在高速行车条件下所承受的动力作用和变形极为复杂，是承受轨道结构重量和列车荷载的基础，是线路工程中最薄弱最不稳定的环节。因此，对路基工程必须按结构物设计和施工。其地基处理、路堤填筑、边坡支挡防护以及防排水设施必须满足少维修或免维修、耐久性结构设计的要求。高速铁路设计中严格控制边坡高度，避免设置高路堤、深路堑和特殊岩土的路基。采取提高压实质量、对地基适当处理加固、加强防排水、可靠的边坡稳定支挡防护等综合措施，以减少运营以后的路基病害。保证路基具有足够的强度、稳定性和耐久性，使之能抵抗各种自然因素作用的影响，确保列车高速、安全和平稳运行。

1.1 高速铁路路基断面结构

路基横断面宽度和布置型式设计主要考虑路基稳定的需要及线间距、轨道结构型式、曲线超高设置、路肩宽度、通信信号和电力电缆槽布置、接触网支柱基础位置、声屏障基础等因素的影响，并应综合考虑路基防排水问题。

直线地段标准路基面宽度如表1.1所示，无砟轨道路基标准横断面如图1.1-1、图1.1-2所示，有砟轨道路基标准横断面如图1.1-3、图1.1-4所示。无砟轨道支承层或底座底部范围内

表1.1 路基面标准宽度表

轨道类型	设计最高速度(km/h)	双线线间距(m)	路基面宽度	
			单线(m)	双线(m)
无砟轨道	250	4.6	8.6	13.2
	300	4.8		13.4
	350	5.0		13.6

续上表

轨道类型	设计最高速度(km/h)	双线线间距(m)	路基面宽度	
			单线(m)	双线(m)
有砟轨道	250	4.6	8.8	13.4
	300	4.8		13.6
	350	5.0		13.8

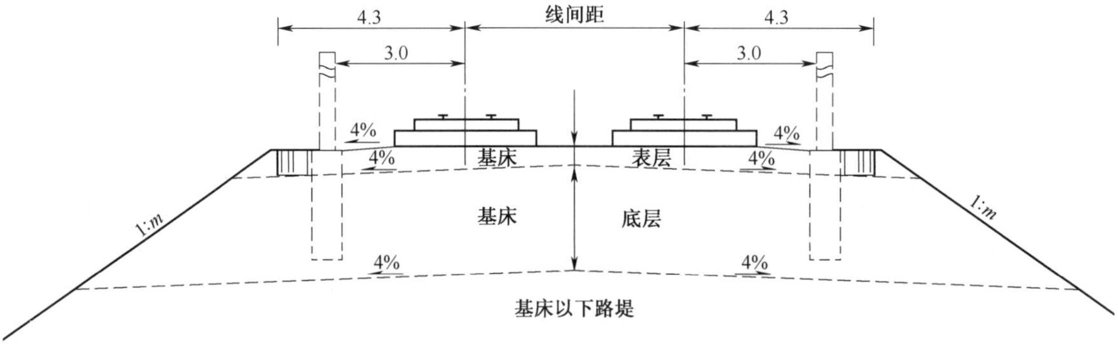

图 1.1-1　无砟轨道双线路堤标准横断面示意图(单位:m)

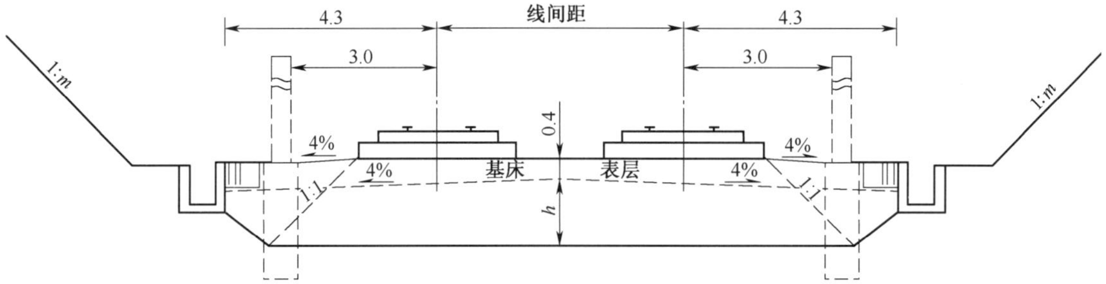

图 1.1-2　无砟轨道双线路堑标准横断面示意图(单位:m)

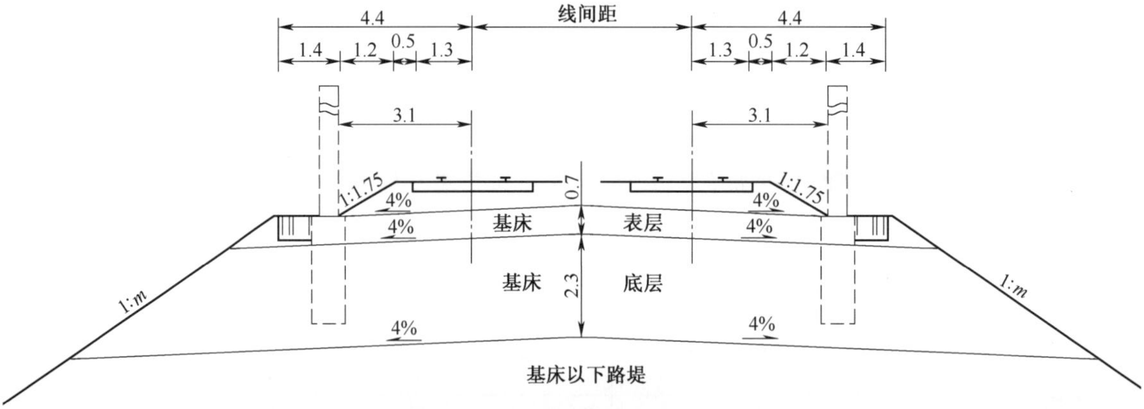

图 1.1-3　有砟轨道双线路堤标准横断面示意图(单位:m)

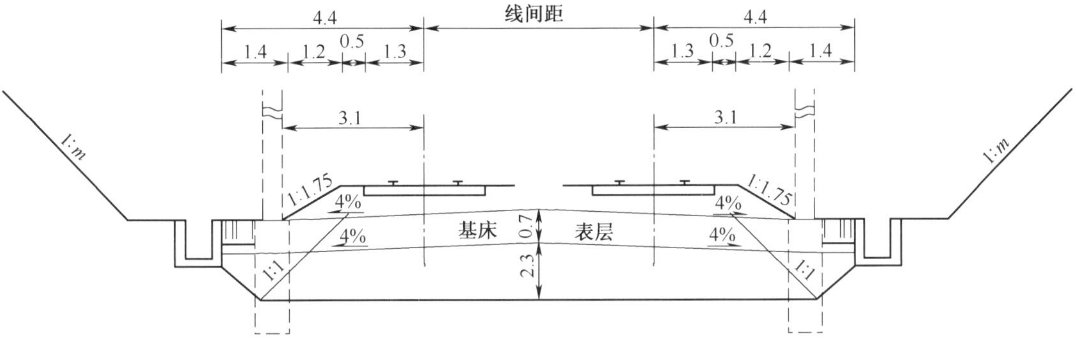

图 1.1-4 有砟轨道双线路堑标准横断面示意图(单位:m)

路基面可水平设置,支承层或底座外侧路基面设置向外不小于 4%的横向排水坡;有砟轨道路基面形状为三角形,并设置由路基面中心向两侧 4%的横向排水坡。曲线加宽时,仍保持路基面三角形形状。有砟轨道路堤、路堑的两侧路肩宽度,当为双线时不小于 1.4 m;当为单线时不小于 1.5 m。

有砟轨道路基接触网支柱内侧距线路中心 3.1 m,无砟轨道路基接触网支柱内侧距线路中心 3.0 m;电缆槽一般设置于接触网支柱外侧。有砟轨道正线曲线地段路基面加宽值在曲线外侧按不同设计曲线半径加宽 0.2~0.6 m,曲线加宽值在缓和曲线内渐变,无砟轨道一般不加宽,当轨道结构和接触网支柱等设施的设置等有特殊要求时,根据具体设计确定。

高速铁路路基结构分为路堤本体、基床底层、基床表层,有砟轨道基床总厚度为 3.0 m,其中基床底层厚度为 2.3 m,基床表层厚度为 0.7 m;无砟轨道基床总厚度为 2.7 m,其中基床底层厚度为 2.3 m,基床表层厚度为 0.4 m;基床表层材料为级配碎石。

路堤与桥台、路堤与横向结构物、路堤与路堑连接处一直是铁路路基的一个薄弱环节,主要是由于连接处刚度差别较大而引起轨道刚度的突变,沉降不一致产生差异沉降而导致轨面不平顺,因而引起列车与线路结构的相互作用增加,影响线路结构的稳定,影响列车高速、安全、舒适运行。因此,在连接处设置一定长度的过渡段,过渡段采用级配碎石填筑,从而控制轨道刚度的逐渐变化,并最大限度地减少沉降不均匀而引起的轨面变形,以保证列车高速、安全、舒适运行。

1.2 高速铁路路基变形

20 世纪以前,路基填筑都是按照"自然沉落"法设计施工,直到 1990 年,美国人 Proctor 提出了标准击实试验控制路基填筑压实度,路基的设计与施工技术才得以迅速发展。

高速铁路要求高平顺性的轨道,而高平顺性的轨道是依托在高平顺性的轨下基础,路基工程是其中之一,高平顺性是设计、建设高速铁路的控制性条件,也是高速铁路区别于普通铁路的主要特点。普通铁路则主要是以"强度"控制路基的设计与施工,高速铁路主要是以"变形"控制路基的设计和施工。因为在强度破坏前,可能已经出现了不容许的过大变形。

为使列车高速、安全、舒适运行,并尽可能减少维修,严格控制路基的变形是很重要的因素。路基建成后发生的变形主要有:路基(主要是基床)在列车荷载作用下发生的变形;路基本体在自重作用下的压密沉降;支承路基的地基压密沉降。在路基填料的材质与施工质量有保证的前提下，前两部分的数值是有限的，控制路基变形主要是控制地基的工后沉降。对软土地基来说，由于软土的压缩性大、渗透系数小等特性，路基建成后，不仅沉降量大而且需延续较长时间才能完成。

根据国外高速铁路路基工程的建设经验，给合我国高速铁路路基试验研究成果和实际情况，确定了满足中国高速铁路运营需求的工后沉降控制标准，具体见表 1.2。

表 1.2 高速铁路路基工后沉降控制标准

轨道类型	旅客列车设计行车速度(km/h)	工后沉降量		沉降速率
		一般地段	路桥过渡段	
无砟轨道	250～350	≤15 mm	≤5 mm	
有砟轨道	300、350	≤5 cm	≤3 cm	≤2 cm/年
	250	≤10 cm	≤5 cm	≤3 cm/年

1.3 高速铁路路基填料

我国铁路路基填料均按现行《铁路路基设计规范》(TB 10001—2005)中的填料分类标准执行，在秦沈客运专线路基填筑施工中，由于路基填筑压实要求比普通铁路高，发现有些填料虽符合《铁路路基设计规范》(TB 10001—99)中的填料分类标准，但由于填料的级配或压实后强度方面的原因，难以达到所规定的标准。故通过秦沈客运专线的施工实践，对这些土进行了填筑试验，并详细深入地作了分析研究，对粗粒土中的粉、细、中砂和 C 组细粒土中的粉黏土得出了一些具体结果。

既有铁路建设经验表明，一般 C 组细粒土水稳性差，易被冲蚀，造成路基边坡稳定性差，病害较普遍，且一般难以达到高速铁路基床表层以下路堤压实标准，需要改良，故高速铁路不直接采用 C 组细粒土填筑。

基床以下路堤填料宜选用 A、B 组填料和 C 组碎石、砾石类填料，其粒径级配应符合压实性能要求；当选用 C 组细粒土填料时，应根据填料性质进行改良。C 组中粉砂及易风化软质岩填料不得直接作为下部填料，必须改良。细粒土可采用物理改良方法或化学改良方法，当采用化学改良方法时，应根据不同性质填料，选择适宜的掺合料，并进行不同配合比的室内物理、力学试验，优化配合比。提出改良后的主要技术参数，如无侧限抗压强度 q_u 等。

基床底层应采用 A、B 组填料或改良土，A、B 组填料粒径级配应符合压实性能要求，寒冷地区冻结影响范围填料应符合防冻胀要求。粗粒土填料不能满足压实要求时，可采取改良措施，并与远运土进行技术经济比较。粗粒土一般采用物理改良方法，以改善其粒径级配，改良后的粗粒土其级配曲线应接近圆顺，不均匀系数 C_u 一般大于 20。细粒土可采用物理改良方法或化学改良方法，当采用化学改良方法时，应根据不同性质填料选择适宜的掺合料，并进行不同配合比的室内物理、力学试验，优化配合比，满足最不利气候条件下的（如干湿、冻融、饱和）动应力要求，提出改良后的主要技术参数(如无侧限抗压强度 q_u 等)。

基床表层的材料应具有较高的强度和弹性模量以及耐磨、反滤等特性，主要作用是增强线路强度和刚度，均匀扩散作用到基床表面上的动应力，防止道砟压入基床及基床土进入道砟层，防止雨水浸入使基床软化和满足基床防冻等特殊要求。我国高速铁路均采用级配碎石材料。级配碎石材料应具有良好的级配，不均匀系数 C_u 不得小于 15，同时严格控制 0.02 mm 以下细粒土的含量，其颗粒质量百分率不得大于 3%。

为了保证轨下基础动力稳定，防止道砟嵌入基床表层及防止基床底层颗粒进入基床表层，不同材料之间的级配需满足太沙基（Terzaghi）反滤准则，即 $D_{15}<4d_{85}$。当不能满足上述反滤准则时，基床表层应采用颗粒级配不同的双层结构，或在基床底层表面铺设土工合成材料。

使用碎石类土填筑的路堤其填料的粒径大小、大石块间空隙是否充填密实等因素，对路堤的强度和密实程度有很大的影响。德国规定填料最大粒径为 64 mm，日本规定填料最大粒径为 75 m。我国高速铁路规定填料的最大粒径在基床底层内应小于 60 mm，基床以下路堤内应小于 75 mm，并要求填料级配较好，以使互相充填，粗颗粒在每一填筑层内均匀分布。

路桥过渡段基床表层级配碎石中掺入 5％水泥，基床以下倒梯形部分采用掺入 3％水泥的级配碎石填筑。路堤与横向结构物过渡段，结构物两侧倒梯形部分采用掺入 3％水泥的级配碎石填筑；当结构物顶填土厚度不大于 1.0 m 时，在结构物顶和两侧均采用掺入 3％水泥的级配碎石填筑，在横向结构物及其两端 20 m 范围内的基床表层级配碎石中掺入 5％水泥。路堤与路堑过渡段，当路堑为硬质岩石时，在路堤一侧填筑掺入 3％水泥的级配碎石；当路堑为软质岩或土质时，在路堤一侧填筑材料与路堤相应位置相同。

1.4　高速铁路路基压实质量指标及检测方法

1.4.1　路基压实质量指标

我国以前铁路压实质量控制从路基强度出发，仅提出了压实系数要求。秦沈客专提出路基填筑采用物理、力学双控压实指标的新概念，即压实系数 K（或孔隙率 n）和地基系数 K_{30} 压实指标。随后我国的客货共线铁路基本上也采用了双控压实指标。后来在客运专线、高速铁路中相继引入了 E_{v2} 和 E_{vd} 两项压实控制指标。

借鉴国外铁路经验，结合我国路基试验段研究成果，在客运专线路基压实质量控制指标中，采用了地基系数 K_{30}、压实系数 K、孔隙率 n、动态变形模量 E_{vd}、二次变形模量 E_{v2} 五项指标进行控制。通过客运专线工程实践和试验研究，在确定高速铁路路基压实标准时进行调整，使得其更加符合我国国情。

基床以下路堤填筑压实采用压实系数 K、地基系数 K_{30} 或 7 d 饱和无侧限抗压强度 q_u 二项指标控制，取消了孔隙率 n。当采用无砟轨道时可选用地基系数 K_{30} 或二次变形模量 E_{v2} 来控制。

基床底层采用压实系数 K、地基系数 K_{30}、动态变形模量 E_{vd} 或 7 d 饱和无侧限抗压强度 q_u 三项指标控制，取消了孔隙率 n。当采用无砟轨道时可选用地基系数 K_{30} 或二次变形模量 E_{v2} 来控制。

基床表层采用压实系数 K、地基系数 K_{30} 和动态变形模量 E_{vd} 三项指标控制，取消了孔隙率 n。当采用无砟轨道时可选用地基系数 K_{30} 或二次变形模量 E_{v2} 来控制。

过渡段基床表层及表层以下级配碎石采用压实系数 K、地基系数 K_{30} 和动态变形模量 E_{vd} 三项指标控制，其他填料同相应路基控制指标。

1.4.2　路基质量检测方法

路基的施工质量关系到整个工程的质量和列车运行安全，科学、合理的监控测试方法是保证路基施工质量的重要措施。将强度及变形指标作为反映路基承载力的压实标准，是国内外路基施工质量检测技术的发展方向。我国铁路路基施工检测应按现行《铁路工程土工试验规程》(TB 10102—2010)进行。

压实系数 K:通过测定压实后土的干密度,计算得到压实系数。土的密度测定常用环刀法、灌砂法、灌水法或核子射线法等方法。

地基系数 K_{30}:土体表面在平面压力作用下产生的可压缩性的大小,K_{30} 值为下沉量基准值所对应的荷载强度 σ_s 与下沉量基准值 1.25 mm 的比值。它是用直径为 300 mm 的刚性承载板进行静压平板载荷试验,取第一次加载测得的应力-下沉量(q-s)曲线上 s 为 1.25 mm 时所对应的荷载强度 σ_s。K_{30} 平板载荷试验适用于粒径不大于载荷板直径 1/4(7.5 cm)的各类土和土石混合填料。K_{30} 平板载荷试验的测试有效深度范围约为承载板直径的 1.5 倍。

二次变形模量 E_{v2}:通过圆形承载板和加载装置对土路基进行静态平板载荷试验,一次加载和卸载后,再进行二次加载,用测得的二次加载应力-下沉量(σ-s)曲线来计算 E_{v2} 值的试验方法。一次加载消除土体部分塑性变形,得到的二次加载曲线更能反映土体弹性变形能力。E_{v2} 静态变形模量测试仪由加载装置、承载板、位移测试装置、应力测试装置、数据采集装置、数据分析装置等组成,承载板直径为 300 mm,适用于粒径不大于载荷板直径 1/4(75 mm)的土类以及土石混合料,测试有效深度约为承载板直径的 1.5 倍。

动态变形模量 E_{vd}:采用一定质量的落锤,从一定高度自由落下,通过阻尼装置、承载板对路基产生瞬间的冲击,使路基产生沉陷,测定此沉陷值以计算路基土体的动态变形模量 E_{vd}。高速铁路动荷载产生的冲击力对路基的影响明显,路基的稳定性和变形问题主要是由动荷载引起的,试验模拟高速列车对路基产生的瞬时动应力进行动载测试,能够反映土体的实际受力情况。动态变形模量测试仪主要有落锤仪和沉陷测定仪组成。落锤仪包括:脱钩装置、落锤、导向杆、阻尼装置、承载板等,沉陷测定仪主要包括传感器、放大器、数据处理器、打印机和电源。承载板直径为 300 mm,适用于粒径不大于载荷板直径 1/4(75 mm)的土类以及土石混合料,测试有效深度约为承载板直径的 1.5 倍。

无侧限抗压强度 q_u:取代表性风干试料,采用静力压实法或锤击法制备试件,试件脱模称量后放入密封的恒温湿汽箱内进行养生,试件需要浸水时,在养生的最后一天将试件放入水中浸泡 24 h,养生或浸泡 24 h 后的试件在材料试验机上进行抗压试验,记录试件被破坏时的最大压力 P。无侧限抗压强度 q_u 值为最大压力 P(N)与试件面积(mm^2)的比值。

第2章　路基地基处理施工技术

随着铁路高速发展，铁路建设标准不断提高，铁路对路基工后沉降要求也越来越高。路基沉降包括列车荷载作用下变形沉降、路基本体在自重作用下的压密沉降及地基沉降。在填料及填筑施工质量有保证的前提下，路基本体沉降在施工放置期内基本完成，列车荷载作用下变形沉降是有限的，可通过预留沉降或超载预压方法处理。铁路路基沉降控制主要是控制地基部分的工后沉降和不均匀沉降。地基沉降控制已成为确保轨道平顺性的关键环节。

在特殊土及特殊条件下铁路工程地基处理常用方法如表2-1、表2-2所示。在高速铁路中常用方法有换填、砂碎石垫层、搅拌桩、挤密桩、CFG桩、预制桩、桩板及桩筏等。

表2-1　特殊土及特殊条件下铁路工程地基处理常用方法

地基类别	可选用的地基处理方法
软弱黏性土（软土、松软土）地基	换填、加筋垫层、袋装砂井、塑料排水板、强夯、强夯置换、碎石桩、搅拌桩、旋喷桩、水泥粉煤灰碎石桩、素混凝土桩、碎石注浆桩、现浇混凝土薄壁管桩、预应力管桩、钢筋混凝土桩网结构、钢筋混凝土桩板结构
人工填筑土、杂填土地基	换填、冲击碾压、强夯、强夯置换、碎石桩、挤密桩、柱锤充扩桩
松散砂土地基	强夯、碎石桩、挤密砂桩、旋喷桩
湿陷性黄土地基	换填、冲击碾压、强夯、灰土挤密桩、水泥土挤密桩、柱锤充扩桩、钢筋混凝土桩板结构
膨胀土地基	换填、掺灰改良、封闭、石灰桩、灰土桩
山区斜坡软弱地基	碎石桩、搅拌桩、水泥粉煤灰碎石桩结合侧向约束桩
岩溶	灌浆、结构物跨越、揭盖回填
采空区、人为空洞	灌浆、强夯、充填粗粒料

表 2-2 铁路工程常用地基处理方法适用条件

边界条件 \ 地基处理方法		浅层处理			排水固结		挤 密			置 换								注浆	结构物	
		换填垫层	振动碾压	冲击碾压	袋装砂井	塑料排水板	强夯	挤密砂石桩	沉管碎石桩	灰土与水泥土挤密桩	柱锤冲扩桩	振冲碎石桩	强夯碎石墩	水泥搅拌桩	水泥粉煤灰碎石桩	素混凝土桩	旋喷桩	注浆	钢筋混凝土桩网(筏)结构	钢筋混凝土桩板结构
处理目的	控制沉降	○	○	○	○	○	○	○	○	○	○	○	○	○	○	○	○	△	☆	☆
	提高稳定性	○	○	○	△	△	○	○	○	○	○	○	○	○	○	○	○	△	○	○
	提高地基承载力	○	○	○	×	×	○	○	○	○	○	○	○	○	○	○	○	△	○	○
	增强抗液化能力	○	○	○	×	×	○	☆	☆	×	△	○	○	○	○	○	○	△	×	×
	提高抗渗性	○	×	×	×	×	×	×	×	×	×	×	×	○	△	△	☆	☆	×	×
地基情况	淤泥及流塑状淤泥质土	○	×	×	○	○	×	×	×	×	×	×	△	○	×	×	○	×	☆	☆
	饱和黏性土	○	×	×	○	○	×	×	△	×	×	△	○	○	○	○	○	×	○	○
	非饱和黏性土	○	○	○	×	×	○	○	○	△	○	○	△	△	○	○	○	△	○	○
	松散砂土	○	○	○	×	×	○	☆	☆	×	△	○	○	○	○	○	○	○	○	○
	湿陷性黄土	○	○	○	×	×	○	×	×	☆	☆	×	×	×	△	△	△	×	○	○
	人工填土及杂填土	○	○	○	×	×	○	○	○	△	○	○	△	×	△	△	△	○	○	○
	岩溶、采空区、人为空洞	○	△	△	×	×	○	×	×	×	△	×	×	×	×	×	△	☆	○	○
环境影响	对邻近构造物的影响	○	△	△	×	×	×	×	×	×	×	×	×	○	○	○	○	△	○	○
	噪声、振动	○	△	△	○	○	×	△	△	△	×	△	×	○	○	○	○	○	○	○
	水质、泥浆污染	○	○	○	○	○	○	○	○	○	○	×	○	○	○	○	△	×	○	○
最大处理深度参考值(m)		3	2	3	20	20	8	15	15	15	25	15	8	20	30	30	30	60	60	60

注:☆—优先选用;○—适用;△—有条件适用;×—不适用。

2.1 换　填

2.1.1 加固原理及适用条件

换填是挖除地表浅层软弱土层，回填合格填料，并碾压或夯压密实的地基处理方法。适用于浅层软弱地基及不均匀地基的处理。

2.1.2 主要施工机械设备

主要施工机械设备：挖掘机、自卸汽车、灰土搅拌站（场拌）或灰土拌和机（路拌）、装载机、重型振动压路机、推土机、平地机、洒水车、振动夯等。

2.1.3 原材料控制

换填中粗砂：采用天然级配的中、粗、砾砂，不得含草根、垃圾等杂质，其含泥量不得大于5%，用作排水固结地基的砂垫层其含泥量不得大于3%。检验数量：同一产地、品种、规格且连续进场的砂料，每3 000 m^3为一批，当不足3 000 m^3时也按一批计。检验方法：现场抽样检验砂子含泥量，并进行筛分试验，在施工过程中观察检查有无草根、垃圾等杂质。

换填碎石：级配良好的砾石或碎石，其最大粒径不得大于50 mm，含泥量不得超过5%，且不含草根、垃圾等杂质。检验数量：同一产地、品种、规格且连续进场的碎石，每3 000 m^3为一批，当不足3 000 m^3时也按一批计。现场每批抽样检验1组。检验方法：在现场抽样检验碎石最大粒径、含泥量，并在施工过程中观察检查有无草根、垃圾等杂质及岩性变化情况。

换填化学改良土：化学改良土外掺料的种类及技术指标应符合设计要求。检验数量：同一厂家、品种、批号的外掺料，每200 t为一批，不足200 t时也按一批计。现场每批抽样检验1次。检验方法：检查每批产品的生产检验报告和产品合格证，并在取土场的5个不同部位等量取样，总计取样不少于12 kg，按有关规定的试验方法进行检验。

换填普通填料及物理改良土：填筑前应对取土场填料进行取样检验；填筑时应对运至现场的填料进行抽样检验。当填料土质发生变化或更换取土场时应重新进行检验。检验数量：现场每1 000 m^3检验1次填料粒径、颗粒级配及细粒含量。

2.1.4 施工工艺及控制要点

1. 施工工艺

(1)施工工艺流程（图2.1.4-1）

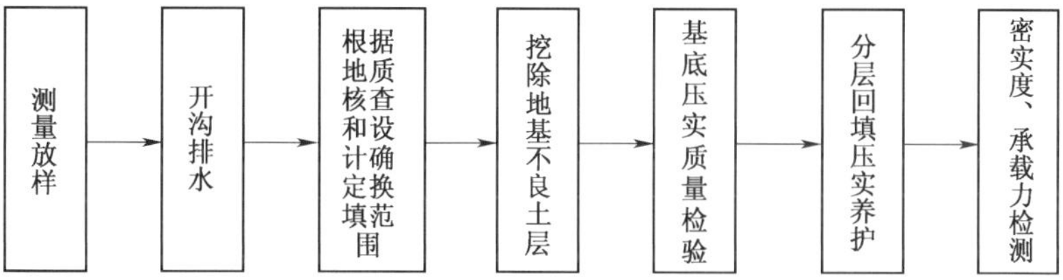

图2.1.4-1　换填施工工艺流程图

(2)用全站仪准确放出换填的平面范围，换填开挖的放坡坡比由地质情况确定；用水准仪准确测量需换填的深度。

(3)在换填的两侧先挖排水沟,沟底至少低于换填层底面 0.2 m,排水沟纵向流水坡比不得缓于 2%,能够将水及时排出换填范围外,特别在雨期或雨水丰富地区施工时,排水沟要适当做大。

(4)挖到设计高程,用触探法或 K_{30} 仪试验承载力。

(5)根据试验数据,核查设计资料,与设计不符时,及时与设计单位联系,确定换填的范围和深度。

(6)将确定后的换填深度范围内的土层挖除干净,坑底按设计要求整平。当采用机械挖除需换填土时,应预留 30~50 cm 的土层由人工清理。当在雨期施工时,不可长距离开挖,防止积水浸泡。如图 2.1.4-2 所示。

(7)分层回填合格填料,分层用压路机压实,分层养护。如图 2.1.4-3 所示。

(8)养护期满后,做密实度和承载力检测,检测合格后,进入下一道工序施工。

图 2.1.4-2 清淤换填

图 2.1.4-3 分层回填压实

2. 施工控制要点

(1)大面积施工换填前,应做工艺试验,试验段长度原则上不小于 100 m,以确定机械配置、松铺厚度、压实遍数、压路机行驶速度等参数。

(2)挖除需换填的土层,并将底部整平。当底部起伏较大,可设置台阶或缓坡,并按先深后浅的顺序进行换填施工。

(3)为防止换填层局部或大面积下沉,换填料应分层铺设压实。每层压实检验合格后方可进行上层施工。

(4)冬期换填的底槽如受冻,应清除冻层后再换填,暂时停顿或隔夜继续换填的底层上要覆盖保温材料。

2.1.5 质量检测

(1)换填填料分层压实质量应符合路基相应部位的设计要求,检验标准根据不同的填料类型确定,具体见表 2.1.5-1。

(2)基床以下路堤范围换填,每压实层每 100 m 抽样检验压实系数 6 点,其中:区间正线路基左、右距路基边线 1 m 处各 2 点,路基中部 2 点;每 100 m 每填高约 90 cm 抽样检验地基系数(无砟轨道可采用 K_{30} 或 E_{v2})4 点,其中:区间正线路基距路基边线 2 m 处左、右各 1 点,路基中部 2 点。化学改良土每 100 m 抽样检验 3 处无侧限抗压强度(同一连续作业段左、中、右各 1 处)；外掺料剂量每层每 100 m 抽样检验 3 处(左、中、右各 1 处)，允许偏差为试验配合比的外掺料剂量(以百分率表示)－0.5％～＋1.0％。

表 2.1.5-1　换填压实检测标准

指　标	压　实　标　准			
	化学改良土	砂类土及细砾土	碎石类及粗砾土	基床表层级配碎石
地基系数 K_{30} (MPa/m)	—	≥110/130	≥130/150	≥190
动态变形模量 E_{vd} (MPa)	—	≥—/40	≥—/40	≥55
压实系数 K	≥0.92/0.95	≥0.92/0.95	≥0.92/0.95	≥0.97
7 d 饱和无侧限抗压强度 q_u (kPa)	≥250/350 (550)	—	—	—

注：1. 无砟轨道可采用 K_{30} 或 E_{v2}。当采用 E_{v2} 时，基床以下路基控制标准为 E_{v2}≥45 MPa 且 E_{v2}/E_{v1}≤2.6，基床底层控制标准为 E_{v2}≥80 MPa 且 E_{v2}/E_{v1}≤2.5。

2. "/"以上数据为基床以下路基换填压实标准，"/"以下数据为基床底层换填压实标准。

3. 括号内数据为寒冷地区化学改良土考虑冻融循环作用所需强度值。

(3)基床底层范围换填，每压实层每 100 m 抽样检验压实系数 6 点，其中：区间正线路基左、右距路基边线 1 m 处各 2 点，路基中部 2 点；每填高约 90 cm 每 100 m 抽样检验地基系数(无砟轨道可采用 K_{30} 或 E_{v2})、动态变形模量各 4 点，其中：区间正线路基距路基边线 2 m 处左、右各 1 点，路基中部 2 点。化学改良土每 100 m 抽样检验 3 处无侧限抗压强度(同一连续作业段左、中、右各 1 处)；外掺料剂量每层每 100 m 抽样检验 3 处(左、中、右各 1 处)，允许偏差为试验配合比的外掺料剂量(以百分率表示)－0.5％～＋1.0％。

(4)基床表层范围换填，每压实层每 100 m 抽样检验动态变形模量和压实系数各 6 点，其中：区间正线路基左、右距路基边线 1.5 m 处各 2 点，路基中部 2 点；抽样检验地基系数(无砟轨道可采用 K_{30} 或 E_{v2})4 点，其中：区间正线路基左、右距路基边线 1.5 m 处各 1 点，路基中部 2 点。

(5)基床表层范围以及基床底层换填，当上下相接的压实层使用不同种类及不同颗粒条件的填料(下部填土非化学改良土)时，每层每 100 m 抽样检验 6 处(左、中、右各 2 处)填料的最大粒径、级配及上下压实层填料粒径 D_{15}、d_{85}。

(6)换填顶面施工允许偏差按表 2.1.5-2 要求进行检验。

路基换填分层碾压及其效果照片如图 2.1.5-1、图 2.1.5-2 所示。

表 2.1.5-2　换填顶面高程、横坡的允许偏差、检验数量及检验方法

序号	检验项目	允许偏差	检验数量	检验方法
1	顶面高程	±50 mm	沿线路纵向每 100 m 抽样检验 5 处	水准测
2	横坡	±0.5％	沿线路纵向每 100 m 抽样检验 5 个断面	坡度尺量

2.1.6　质量通病及防治措施

(1)换填的深度不满足设计要求。欠挖导致换填深度不够，带来施工质量隐患。严格控制换填基底高程，机械开挖交底时，预留 30 cm 厚度做人工清理交底，若出现超挖情况，超挖部分用合格材料回填。

图 2.1.5-1 路基换填分层碾压照片

图 2.1.5-2 路基换填后效果照片

(2)换填大面积开挖，又遇雨期，且排水不畅，易造成雨水浸泡，基底的应力因雨水浸泡而降低，虽然保证换填的厚度，但效果不好及工后沉降较大。防治措施：先开挖排水沟，畅通排水系统，经常派人疏通排水沟，避免积水浸泡。

(3)灰土换填含水率较大，石灰掺量不足，拌和不均匀，原土颗粒较大，与灰的附着不好。防治措施：石灰掺量控制在试验配合比的－0.5%～＋1.0%范围内，化学改良的拌和土保持在最佳含水率的±2%时，原土破碎处理，加灰拌和，效果较好。

(4)A、B组填料换填时，最大粒径超标，施工时大颗粒出现集窝的现象。防治措施：超粒径颗粒在料场应量避免装车，少量到现场后，人工捡除或破碎；集料窝由人工随时重新拌和。

(5)压实质量不能满足设计和验标要求。填层较厚，压路机行驶速度较快，表面平整度较差，含水率偏离最佳含水率较大。防治措施：试验段应按照要求认真实施，且应取得各项实际参数，施工过程中应严格按试验段成果指导施工，加强原材料的控制。

2.2 砂(碎石)垫层

2.2.1 加固原理及适用条件

砂、碎石垫层是在路堤底部地面上铺设一层较薄的砂、碎石层，部分夹铺土工合成材料，具有提高地基承载力、加速软土排水固结、防止冻胀、调整复合地基桩土应力的作用。仅采用砂石垫层处理的软土地基，在填土过程中，荷载逐渐增加，促使地基软土排水固结，渗出的水就可从垫层中排走，缩短排水通路，有利于地基的固结。这种方法施工简易，占地面积小，但施工时需严格控制路堤填筑速率，使地基在排水固结过程中所增长的强度和路堤填土高度相适应。

适用于当地有丰富砂、碎石来源，采用排水固结法(如袋装砂井、塑料排水板、砂井等)、桩、换填等处理的软土路基地基表层的施工。

2.2.2 主要施工机械设备

主要施工机械设备：轮胎式装载机、挖掘机、自卸汽车、推土机、平地机、压路机、洒水车、振动夯等。

2.2.3 原材料控制

采用天然级配的中、粗、砾砂，不得含草根、垃圾等杂质，其含泥量不得大于5%，用作排水固结地基的砂垫层其含泥量不得大于3%。检验数量：同一产地、品种、规格且连续进场的砂料，每3 000 m^3为一批，当不足3 000 m^3时也按一批计。检验方法：现场抽样检验砂子含泥量,并进行筛分试验,在施工过程中观察检查有无草根、垃圾等杂质。

采用级配良好砾石或碎石,其最大粒径不得大于 50 mm,含泥量不得超过 5%,且不含草根、垃圾等杂质。检验数量:同一产地、品种、规格且连续进场的碎石,每 3 000 m^3 为一批,当不足3 000 m^3时也按一批计。每批抽样检验 1 组。检验方法:在现场抽样检验碎石最大粒径、含泥量,并在施工过程中观察检查有无草根、垃圾等杂质及岩性变化情况。

土工合成材料的品种、规格及质量应满足设计要求,进场时应进行现场验收。检验数量:同一厂家、品种、批号的土工合成材料,每 10 000 m^2 为一批,不足 10 000 m^2 也按一批计。每批抽样检验 1 组。检验方法:查验每批产品出厂合格证、性能报告单。抽样检验土工织物的拉伸强度、延伸率、渗透系数或土工格栅的抗拉强度、延伸率。

2.2.4　施工工艺及控制要点

1. 施工工艺

(1)施工工艺流程(图 2.2.4-1)

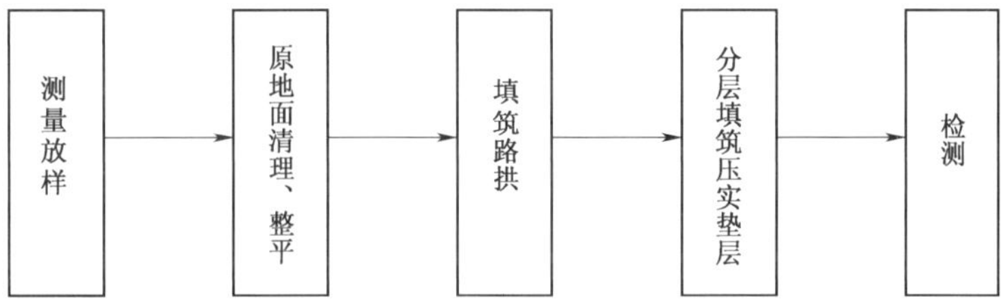

图 2.2.4-1　砂垫层施工工艺流程图

(2)对设计的地质进行核查,有必要时利用试验设备核查,确认垫层的范围和厚度。

(3)对原地面进行清理和整平,清除路基范围原地面表层植被,挖除树根,做好临时排水设施。处理后的原地面达到以下要求:原地面松、软表土及腐植土清除干净;基底无草皮、树根等杂物,且无积水;原地面基底密实、平整;坑穴处理彻底,无质量隐患;横坡符合设计要求。

(4)对处理后的原地面进行压实,并用平地机施作横向路拱,路拱坡度不得缓于设计的坡度,有利于排水。

(5)大面积施工前,应做压实工艺试验,试验段长度原则上不小于 100 m,以确定机械配置、松铺厚度、压实遍数、压路机行驶速度等参数。

(6)垫层分层填筑压实,每层厚度 20～30 cm。施工时当地基表层(硬壳层)承载力较好,能上一般运输机械时,采用机械分堆摊铺法填筑砂砾,即先根据松铺厚度采用网格法均匀堆放,然后用机械或人工摊平并压实;当硬壳层承载力不足时,一般采用顺序推进摊铺法填筑;当软土地基承载力很低时,有必要先改善地基表面,使其能上施工人员和轻型运输机具。对于夹铺土工材料的垫层,上下必须铺设一定厚度的砂,上层压实不得使用重型压路机压实,保证土工材料不受损坏。碎石垫层施工现场如图 2.2.4-2、图 2.2.4-3 所示。

2. 控制要点

(1)大面积施工前,做填筑工艺试验,确定施工参数,并报监理批准。

(2)对清表压实后的基底做出横向路拱,路拱坡度不得缓于设计的坡度,有利于排水。

(3)对于中间夹铺土工材料的垫层,上垫层开始采用人工摊铺,采用机械上料摊铺时,应倒车卸料,自卸汽车不得直接在土工材料上行走,压实采用轻型压路机压实,保证土工材料完好无损。

(4)原材料供应要及时,保证垫层连续施工。

图 2.2.4-2 碎石垫层施工现场照片 1

图 2.2.4-3 碎石垫层施工现场照片 2

2.2.5 质量检测

(1)砂(碎石)垫层的压实质量应符合设计要求。采用砂垫层时,应碾压密实;采用碎石垫层,当路堤填高≤3.0 m 时,顶面压实质量应满足 K_{30}≥150 MPa/m;当路堤填高>3.0 m 时,顶面压实质量应满足 K_{30}≥130 MPa/m。现场区间正线路基沿线路纵向连续长度每 100 m、站场路基折合正线双线每 100 m 抽样检验 3 点,其中:路基中间 1 点,两侧距路基边缘 2 m 处各 1 点。

(2)垫层施工允许偏差按表 2.2.5-1 检验。

表 2.2.5-1 砂、碎石垫层施工的允许偏差、检验数量及检验方法

序号	检验项目	允许偏差	施工单位检验数量	检验方法
1	铺设范围	不小于设计值	沿线路纵向每 100 m 抽样检验 5 处	尺量
2	厚　度	不小于设计值	沿线路纵向每 100 m 抽样检验 5 处	尺量
3	顶面高程	$^{+50}_{-20}$ mm	沿线路纵向每 100 m 抽样检验 5 处	测量仪器测量
4	横　坡	±0.5%	沿线路纵向每 100 m 抽样检验 5 个断面	坡度尺量

(3)土工合成材料铺设允许偏差按表 2.2.5-2 检验。

表 2.2.5-2 土工合成材料铺设的允许偏差、检验数量及检验方法

<table>
<tr><th>序号</th><th>检验项目</th><th>允许偏差</th><th>施工单位检验数量</th><th>检验方法</th></tr>
<tr><td>1</td><td>铺设范围</td><td>不小于设计值</td><td rowspan="5">沿线路纵向每 100 m 抽样检验各 3 处,且每检验批不少于 3 处</td><td rowspan="5">尺量,查施工记录</td></tr>
<tr><td>2</td><td>搭接宽度</td><td>$^{+50}_{0}$ mm</td></tr>
<tr><td>3</td><td>竖向间距</td><td>±30 mm</td></tr>
<tr><td>4</td><td>上下层接缝错开距离</td><td rowspan="2">±50 mm</td></tr>
<tr><td>5</td><td>回折长度</td></tr>
</table>

2.2.6 质量通病及防治措施

(1)砂石料材质不符合要求。砂石料的材质应当符合设计及验标要求,特别是含泥量不得

超标，否则容易造成固结，起不到排水作用。

防治措施：严格控制材料关，按规定进行抽样检验，不合格的材料不得进场。

(2)土工材料受损坏。土工材料铺筑后，施工机械不得在其上行走作业，否则易造成土工格栅的破坏。

防治措施：上层垫层采用人工摊铺，轻型压路基压实。

(3)压实质量达不到设计及验标要求，特别是加筋层中上层垫层的压实，不能用重型振动压路机碾压，为保证质量，对于砂垫层宜采用洒水静压，碎石垫层中一般掺入适量细颗粒(如石粉等)，否则不易压实，很难保证垫层的密实。

2.3　粉体喷射搅拌桩

2.3.1　加固原理及适用条件

粉体喷射搅拌桩是在软土地基中输入粉粒体加固材料，通过和原位地基土强制性的搅拌混合，使地基土和加固材料发生化学反应，在稳定地基土的同时提高其强度的方法。

粉体喷射搅拌桩适应于淤泥、淤泥质黏土、粉质黏土、粉土、杂填土等地基加固。

2.3.2　主要施工机械设备

主要施工机械设备：粉体喷射型深层搅拌机、灰量自动记录仪、空气压缩机、粉体发送器、运输车、发电机等。

2.3.3　工艺性试桩

施工前先进行工艺性试桩，经检验合格后确定有关技术参数和施工工艺，用于指导全面施工。每种机型的试桩不得少于 3 根，检验成桩质量及效果，检测不合格，查明原因，重新试桩；合格后编写试桩报告，以确定大面积施工的各项技术参数及工艺，主要参数包括实际每延米需要水泥用量、钻进速度、持力层电流值、桩端定喷时间、提升速度、喷粉量、喷粉压力、复搅复喷长度、气压与提升速度关系等。

2.3.4　原材料控制

粉体喷射搅拌桩加固用的水泥种类、规格及质量应符合设计要求。严禁使用受潮、结块、变质的加固料。检验数量：同一产地、品种、规格且连续进场的水泥，袋装水泥 200 t 为一批、散装水泥 500 t 为一批，当袋装水泥不足 200 t 或散装水泥不足 500 t 时也按一批计。检验方法：现场每批抽样检验 1 组材料的强度、安定性、凝结时间等，检查产品质量证明文件及抽样检验。

2.3.5　施工工艺及控制要点

1. 施工工艺

(1)施工工艺流程(图 2.3.5-1)

(2)进行场地平整，清除桩位处地上、地下的一切障碍物，场地低洼处用黏性土料回填夯实。

(3)认真审核设计图纸，熟悉设计提供的各种资料，根据图纸要求，绘制桩位平面布置图，

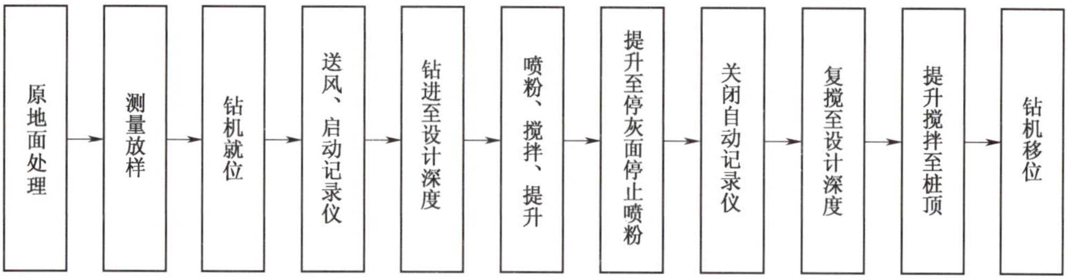

图 2.3.5-1　粉体喷射搅拌桩施工工艺流程图

并按行列顺序进行编号，有利于施工时的记录。采用全站仪放出粉喷桩区域的控制桩，然后使用钢卷尺根据桩距传递放出桩位位置，用小竹签做好标记，并撒白灰标识，确保桩机准确就位。

(4)移动钻机到指定桩位对中，钻机就位要求对位偏差量不大于 2 cm，钻杆要保持与地面垂直，采用吊线坠检查，偏差量控制在 1%范围内。

(5)钻头接近地面时，开启粉喷机械配置的自动记录仪和空压机送风。

(6)先开动钻机进行空转约 1 min，在钻进距离原地面 1 m 高度内，速度应慢，防止钻孔偏斜，待一切正常后，可按正常速度钻进，钻进达到设计深度，应停止正钻进，关闭送气阀门。

(7)关闭送气阀门的同时，打开送料阀门，喷送加固粉料至钻头，从开始喷粉到钻头出灰有一定时间，钻机钻到桩底后，宜原位喷搅 2 min 方可提钻。粉料到达桩端后，在原位进行反钻搅拌。

(8)继续喷粉，在喷粉搅拌过程中送粉要连续足量，不得中断，每延米水泥用量不小于设计值或试桩数量。严格控制搅拌速度、提升速度。用反转法边搅拌边提升边喷粉，按 0.5 m/min 速度提升，提升到设计停灰面时，应慢速原地搅拌 2～3 min。钻头反钻搅拌提升至桩顶停灰面，停止喷粉。

(9)关闭自动记录仪，确定单根桩的水泥用量，不得小于试桩值。

(10)再次正钻至设计高程，进行全桩复搅。

(11)反钻提升搅拌，直至桩顶。

(12)完成上述所有步骤，移动钻机至下一根桩，储灰罐容量应不小于一根桩的用灰量加 50 kg，如储量不足时，不得对下一根桩开钻施工。此工艺为“一喷二搅”。

(13)当桩体较长、土体含水率较高、黏性重时，采用“二喷二搅”的施工工艺，即：钻进至桩底高程后慢挡提升、喷粉、搅拌至停灰面，再钻进、复搅、复喷至桩底，再提升、搅拌至停灰面。粉体喷射搅拌桩施工现场照片如图 2.3.5-2、图 2.3.5-3 所示。

图 2.3.5-2　粉体喷射搅拌桩施工现场照片 1

图 2.3.5-3　粉体喷射搅拌桩施工现场照片 2

2. 控制要点

(1)严禁在尚未喷粉的情况下进行提升钻头作业,严格控制钻进速度、提升速度、喷粉量及空气压力,确保成桩质量。要保证喷粉的均匀性,关键是掌握好钻头的提升速度。人工控制水泥喷射量时,必须避免为满足每米喷粉量的要求,只控制总量,从而人为导致桩体喷粉不均匀。对于直径一定的粉喷桩来说,粉体发送器单位时间内水泥的喷出量 Q 与搅拌轴提升速度可由下式来确定:

$$Q=\frac{\pi}{4}\cdot D^2\cdot R\cdot S\cdot V$$

式中 D——钻头直径(m);

R——软土的容重(t/m^3);

S——水泥掺入比;

V——钻头提升速度(m/min)。

(2)控制下钻深度、喷粉高程及停灰面。桩头应原位搅拌约 2 min。

(3)当成桩过程中因故停工时,第二次喷粉必须重叠接桩,接桩长度不得小于 1 m。

(4)随时检查加固料用量、桩长、复搅长度,评定成桩质量。如有不合格桩或异常情况,应及时采取补桩或其他处理措施。

(5)搅拌钻头直径磨耗量不得大于 10 mm。粉料输送管须经常检查,不得泄漏及堵塞。

(6)桩体无侧限抗压强度、桩长及桩身均匀性,桩顶高程,处理后的复合地基承载力应符合设计要求。

(7)喷粉计量:粉喷桩加固料宜采用 P·O 42.5 普通硅酸盐水泥。一般计量采用电子称重法与钻机深度相结合的计量装置,它能在记录上反映深度、相对应每延米的喷粉量、总灰量等。

(8)如发生意外影响桩身质量时,应在水泥终凝前采取补喷措施,补喷重叠长度≥1.0 m。补喷无效时须重新打桩,新桩与废桩的间距≥20 cm。

(9)核查地质及设计参数。根据处理深度进行核查,一般可采用挖探坑、静力触探或地质钻探法进行。

(10)钻机成孔和喷粉过程中,应将废弃的加固料适当处理,不得任意排放、污染环境。

2.3.6 质量检测

(1)粉体喷射搅拌桩桩身完整性、均匀性、无侧限抗压强度应满足设计要求。现场抽样检验粉喷桩总数的 2‰,且不少于 3 根;检验应在搅拌桩完工 28 d 后进行,抽检部位为检测桩桩径方向 1/4 处、桩长范围内垂直钻孔取芯,观察其完整性、均匀性,拍摄取出芯样的照片,取上、中、下不同深度的 3 个试样做无侧限抗压强度试验。钻芯后的孔洞采用水泥砂浆灌注封闭。

(2)粉体喷射搅拌桩施工允许偏差按表 2.3.6 检验。

表 2.3.6 粉体喷射搅拌桩施工的允许偏差、检验数量及检验方法

序号	检验项目	允许偏差	施工单位检验数量	检验方法
1	桩位(纵横向)	50 mm	按搅拌桩总数的 10% 抽样检验,且每检验批不少于 5 根	测量仪器或钢尺丈量
2	桩身垂直度	1%		经纬仪或吊线测钻杆倾斜度
3	桩体有效直径	不小于设计值		开挖 50～100 cm 后,钢尺丈量

(3)粉体喷射搅拌桩处理后的单桩或复合地基承载力应满足设计要求;抽样检验采用平板载荷试验,抽验总桩数的2‰,且每工点不少于3根。

2.3.7 质量通病及防治措施

(1)桩径小于设计值。防治措施:钻头直径磨耗量达到10 mm,及时进行修补或更换,确保桩径符合设计要求。

(2)桩体均匀性不好。提升速度过快,未进行复搅复拌工序。防治措施:严格按批准的试桩方案施工。

(3)单根桩出现断桩。喷粉中断后,喷粉接桩的重叠长度不足;或中断时间较长,水泥已达到终凝时间。防治措施:材料供应及时,减少中断次数和时间,中断后在水泥的初凝时间内喷粉接桩,重叠长度不得小于1 m。

(4)桩长不足。钻到设计桩底高程后,立即提升钻杆喷粉,桩尖部位无水泥搅拌。防治措施:钻至设计高程后,桩端原位搅拌约2 min。

2.4 浆体喷射搅拌桩

2.4.1 加固原理及适用条件

浆体喷射搅拌桩利用钻机把带有喷嘴的灌浆管钻进至土层的预定位置后,用高压设备使浆体从喷嘴中喷射出来,通过搅拌机,在地基深处就地将软土和固化剂强制搅拌;利用固化剂和软土之间所产生的一系列物理— 化学反应,使软土硬结成具有整体性、水稳定性和一定强度的优质地基。

浆体喷射搅拌桩适用于加固各种成因的饱和软弱土,加固土质有砂类土、黄土、淤泥、淤泥质土、黏土和亚黏土等;用于增加地基的承载力,减少沉降量。

2.4.2 主要施工机械设备

主要施工机械设备:深层搅拌机(含底座、钻架、搅拌钻头、自动记录仪等)、灰浆泵、运输车(水泥及水)、自卸汽车、压路机、推土机、发电机等。

2.4.3 工艺性试桩

每种机型的试桩不得少于3根,检验成桩质量及效果,检测不合格,查明原因,重新试桩;合格后编写试桩报告,以确定大面积施工的各项技术参数及工艺,主要工艺参数包括实际每延米需要固化剂掺量、钻进速度、持力层电流值、桩端定喷时间、提升速度、喷浆压力、浆液比重等。

2.4.4 原材料控制

浆体喷射搅拌桩所用的固化料和外加剂品种、规格及质量应符合设计。检验数量:同一产地、品种、规格、批号的固化剂和外掺剂,每200 t为一批,当不足200 t时也按一批计。现场每批抽样检验1组。检验方法:检查产品质量证明文件及抽样检验。

拌和水泥的水必须经水质化验达到施工用水的标准。

2.4.5　施工工艺及控制要点

1. 施工工艺

(1)施工工艺流程(图 2.4.5)

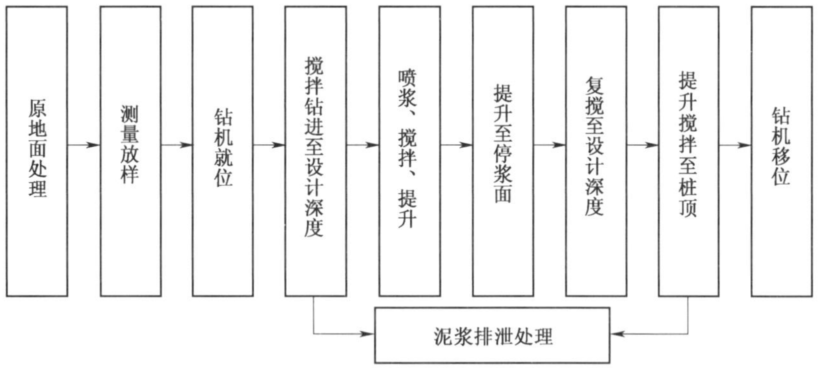

图 2.4.5　浆体喷射搅拌桩施工工艺流程图

(2)进行场地平整,清除桩位处地上、地下的一切障碍物,场地低洼处用黏性土料回填夯实。

(3)认真审核设计图纸,做到熟悉设计提供的各种资料,根据施工图要求,绘制桩位平面布置图,并按行列顺序进行编号,有利于施工时的记录。采用全站仪放出浆喷桩区域的控制桩,然后使用钢卷尺根据桩距放出桩位位置,做好标记,并撒白灰标识,确保桩机准确就位。

(4)移动钻机到指定桩位对中,钻机就位要求对位偏差量不大于 2 cm,钻杆要保持与地面垂直,采用吊线坠检查,偏差量控制在 1%范围内。

(5)待钻机精确对位后,先开动钻机进行空转约 1 min,钻进距离原地面 1 m 深度内,速度应慢,防止钻孔偏斜,待一切正常后,可按正常速度钻进,钻进达到设计深度,停止正钻进,在原位进行反钻搅拌,同时开动浆泵进行送浆,向管内喷浆一定时间,根据试桩所得参数,确保灰浆已到孔底后,就开始以设计参数进行反转并提升钻杆,以使土体和浆液进行充分的拌和。

(6)继续喷浆,在喷浆搅拌过程中供浆要连续足量,不得中断,每延米固化剂用量不小于设计值或试桩数量。严格控制搅拌速度、提升速度。钻头反钻搅拌提升至桩顶停浆面,停止喷浆。

(7)为保证浆液和土搅拌均匀,将钻头再次下沉搅拌至设计桩底高程,下钻速度比第一次快一挡,然后再喷浆、搅拌、提升,严格控制搅拌时的提升速度。如因故障停浆时,应将搅拌头下沉到停浆点以下 0.5 m,以防断桩或缺浆。

(8)钻头提升至设计停灰面时,关闭送浆泵,慢速原位转动 2~3 min 左右,排空钻杆内的浆液。为保证桩头质量,要求提升至设计桩顶高程以上 0.5 m 位置时,料斗内按设计用量拌制的浆液全部用完。同时检查此根桩的总用灰量是否达到设计要求,若未达到,应再次进行复搅复喷,以保证桩的质量。

(9)上述施工为“二喷四搅”工艺,完成后,移动钻机至下一桩位继续施工。

2. 控制要点

(1)严格控制搅拌机钻进和提升速度、供浆与停浆时间,确保成桩质量。

(2)控制下钻深度、喷浆高程及停浆面。桩端必须原位喷浆搅拌一定时间。

(3)成桩过程中,以一次喷浆二次搅拌或二次喷浆四次搅拌为宜。复搅时应避免浆液上冒。

(4)成桩过程中,当因故停浆继续施工时必须重叠接桩,接桩长度不得小于0.5 m 。若停机超过3 h ,应在原桩位旁边进行补桩处理。

(5)当钻进搅拌中遇有阻力较大,钻进太慢,应增加搅拌机自重,然后启动加压装置加压,或边输入浆液边搅拌钻进。

(6)配制好的浆液不得离析,供浆应连续,固化剂的用量、泵送浆液时间必须有专人记录。

(7)随时检查施工记录,评定成桩质量,如有不合格桩或异常情况,应及时采取补桩或其他处理措施。

(8)浆体喷射搅拌桩桩顶高程应符合设计要求。

(9)钻机成孔和喷浆过程中,应将废弃的加固料及冒浆回收处理,防止污染环境。

2.4.6 质量检测

(1)浆体喷射搅拌桩桩身完整性、均匀性、无侧限抗压强度应满足设计要求;现场抽样检验浆喷桩总数的2‰,且不少于3根。检验应在搅拌桩完工28 d后进行,抽检部位为检测桩桩径方向1/4处、桩长范围内垂直钻孔取芯,观察其完整性、均匀性,拍摄取出芯样的照片,取上、中、下不同深度的3个试样做无侧限抗压强度试验。钻芯后的孔洞采用水泥砂浆灌注封闭。

(2)浆体喷射搅拌桩施工允许偏差、检验数量及方法如表2.4.6所示。

(3)浆体喷射搅拌桩处理后的单桩或复合地基承载力应满足设计要求。抽样检验采用平板载荷试验,抽验总桩数的2‰,且每工点不少于3根。

表2.4.6 浆体喷射搅拌桩施工的允许偏差、检验数量及检验方法

序号	检验项目	允许偏差	施工单位检验数量	检验方法
1	桩位(纵横向)	50 mm	按搅拌桩总数的10%抽样检验,且每检验批不少于5根	测量仪器或钢尺丈量
2	桩身垂直度	1%		经纬仪或吊线测钻杆倾斜度
3	桩体有效直径	不小于设计值		开挖50~100 cm后,钢尺丈量

2.4.7 质量通病及防治措施

(1)桩体均匀性不好。提升速度较快,未进行复搅工序;喷浆速度较快,提升未到桩顶,浆液已喷完。防治措施:严格按批准的试桩方案施工,控制提钻速度和喷浆速度。

(2)单根桩出现断桩。喷浆中断时,恢复供浆后的喷浆重叠长度不足;或中断时间较长,水泥浆已达到凝固时间。防治措施:材料供应及时,减少中断次数和时间,中断后在水泥的初凝时间内喷浆接桩重叠长度不得小于0.5 m。

(3)桩长不足。钻到设计桩底高程后,立即提升钻杆喷浆,桩尖部位无水泥浆搅拌。防治措施:钻至设计高程后,桩端原位搅拌约2 min。

2.5 水泥砂浆桩

2.5.1 加固原理及适用条件

加固原理与浆体喷射搅拌桩类似,采用在常规的水泥浆中加入中砂、粉细砂或粉煤灰作为固化剂浆液。

适用于改善黏土地基特别是淤泥质黏土和淤泥地基的性质，以改善地基土中粗颗粒含量，降低地基土的塑性指数，改良加固土体的物理力学性质指标，提高成桩质量具有显著的效果，克服了常规水泥搅拌桩在淤泥质黏土和淤泥地层中成桩困难，成桩质量差的现象。相同地层采用水泥砂浆搅拌桩，成桩后桩体强度比常规的水泥搅拌桩提高 30%左右。

2.5.2　主要施工机械设备

主要施工机械设备：多向、多轴搅拌水泥砂浆桩机，灰浆泵，运输车，发电机等。

2.5.3　工艺性试桩

每种机型的试桩不得少于 3 根，检验成桩质量及效果，检测不合格，查明原因，重新试桩；合格后编写试桩报告，以确定大面积施工的各项工艺参数及工艺，主要参数包括实际每延米需要水泥掺量、水灰比、灰砂比、钻进速度、持力层电流值、桩端定喷时间、提升速度、喷浆压力等。

2.5.4　原材料控制

所用的水泥和细骨料品种、规格及质量应符合设计要求。检验数量：同一产地、品种、规格且连续进场的水泥，袋装水泥 200 t 为一批、散装水泥 500 t 为一批，当袋装水泥不足 200 t 或散装水泥不足 500 t 时也按一批计。同一产地、品种、规格且连续进场的细骨料，每 400 m^3 为一批，当不足 400 m^3 时也按一批计。各种原材料每批抽样检验 1 组。检验方法：检查产品质量证明文件。在水泥库抽样检验水泥强度、安定性、凝结时间，在料场抽样检验细骨料含泥量、筛分试验检验其颗粒级配。

水泥砂浆拌和用水必须经水质化验达到施工用水的标准。

2.5.5　施工工艺及控制要点

1. 施工工艺

(1)施工工艺流程(图 2.5.5)

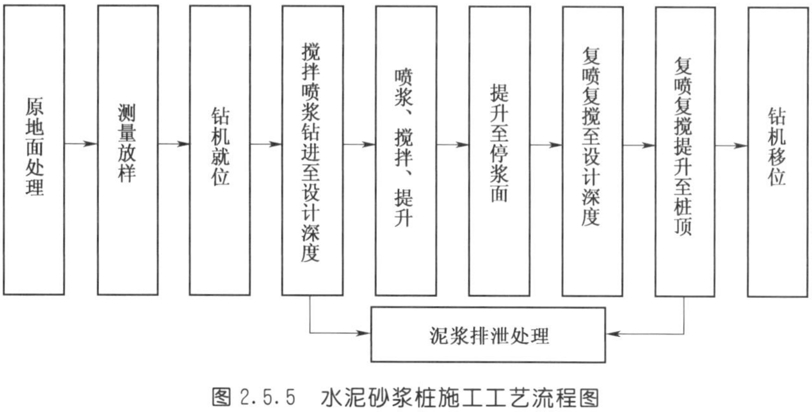

图 2.5.5　水泥砂浆桩施工工艺流程图

(2)进行场地平整，清除桩位处地上、地下的一切障碍物，场地低洼处用黏性土料回填夯实。

(3)认真审核设计图纸，做到熟悉设计提供的各种资料，根据施工图要求，利用 CAD 绘制桩位平面布置图，并按行列顺序进行编号，有利于施工时的记录。采用全站仪放出水泥砂浆桩区域的控制桩，然后使用钢卷尺根据桩距放出桩位位置，做好标记，并撒白灰标识，确保桩机准确就位。

(4)移动钻机到指定桩位对中，钻机就位要求对位偏差量不大于 2 cm，钻杆要保持与地面垂直，采用吊线坠检查，偏差量控制在 1%范围内。

(5)钻机精确对位后，先开动钻机进行空转约 1 min，开始正向钻进，同时开启送浆泵向土体喷水泥砂浆，此时多轴上的叶片同时正向旋转搅拌。钻进距离原地面 1 m 深度内，速度应慢，防止钻孔偏斜，待一切正常后，可按正常速度钻进，钻进到设计深度，停止钻进，在桩端就地持续喷浆搅拌一定时间，使桩端水泥土充分搅拌均匀。

(6)连续喷浆，钻头反向旋转、喷浆、搅拌、提升至桩顶停浆面，停止喷浆。在喷浆搅拌过程中供浆要连续足量，不得中断，每延米水泥用量不小于设计值或试桩数量。严格控制搅拌速度、提升速度。

(7)为保证浆液和土搅拌均匀，将钻头再次下沉搅拌喷浆至设计桩底高程，在桩端就地持续喷浆搅拌一定时间，然后再喷浆、搅拌、提升，严格控制搅拌时的提升速度。如因故障停浆时，应将搅拌头下沉到停浆点以下 0.5 m，以防断桩或缺浆。

(8)钻头提升至设计停浆面时，关闭送浆泵，慢速原位转动 2～3 min 左右，排空钻杆内的砂浆。为保证桩头质量，要求提升至设计桩顶高程以上 0.5 m 位置时，料斗内按设计用量拌制的浆液全部用完。同时检查此根桩的总水泥砂浆量是否达到设计或试桩用量的要求，若未达到，应再次进行复搅复喷，以保证桩的质量。

(9)上述施工完成后，移动钻机至下一桩位继续施工。

2. 控制要点

(1)严格控制搅拌机钻进和提升速度、供浆与停浆时间，确保成桩质量。

(2)控制下钻深度、喷浆高程及停浆面。桩端必须原位喷浆搅拌一定时间。

(3)成桩过程中，钻进和复搅时应避免浆液上冒。

(4)成桩过程中，当因故停浆继续施工时必须重叠接桩，接桩长度不得小于 0.5 m。若停机超过 3 h，应在原桩位旁边进行补桩处理。

(5)当钻进搅拌中遇有阻力较大，钻进太慢，应增加搅拌机自重，然后启动加压装置加压，或边输入浆液边搅拌钻进。

(6)配制好的浆液不得离析，供浆应连续，水泥的用量、泵送浆液时间必须有专人记录。

(7)随时检查施工记录，评定成桩质量，如有不合格桩或异常情况，应及时采取补桩或其他处理措施。

(8)水泥砂浆桩桩顶高程应符合设计要求。

(9)钻机成孔和喷浆过程中，应将废弃的加固料及冒浆回收处理，防止污染环境。

2.5.6 质量检测

(1)水泥砂浆桩桩身完整性、均匀性、无侧限抗压强度应满足设计要求。现场抽样检验浆喷桩总数的 2‰，且不少于 3 根。检验应在水泥砂浆桩完工 28 d 后进行，抽检部位为检测桩桩径方向 1/4 处、桩长范围内垂直钻孔取芯，观察其完整性、均匀性，拍摄取出芯样的照片，取上、中、下不同深度的 3 个试样做无侧限抗压强度试验。钻芯后的孔洞采用水泥砂浆灌注封闭。

(2)水泥砂浆桩施工允许偏差、检验数量及方法如表 2.5.6 所示。

表 2.5.6　水泥砂浆桩施工的允许偏差、检验数量及检验方法

序号	检验项目	允许偏差	施工单位检验数量	检验方法
1	桩位(纵横向)	50 mm	按搅拌桩总数的10%抽样检验，且每检验批不少于5根	测量仪器或钢尺丈量
2	桩身垂直度	1%		经纬仪或吊线测钻杆倾斜度
3	桩体有效直径	不小于设计值		开挖50～100 cm后，钢尺丈量

(3) 水泥砂浆桩处理后的单桩或复合地基承载力应满足设计要求。抽样检验采用平板载荷试验，抽验总桩数的2‰，且每工点不少于3根，抽验结果报勘察设计单位进行确认。

2.5.7　质量通病及防治措施

(1)桩体均匀性不好。喷浆时钻杆升降速度与喷浆量不匹配。防治措施：严格按批准的试桩方案施工，控制提钻速度和喷浆速度。

(2)单根桩出现断桩。喷浆中断时，恢复供浆后的喷浆重叠长度不足；或中断时间较长，水泥砂浆已达到凝固时间。防治措施：材料供应及时，减少中断次数和时间，中断后，在水泥的初凝时间内喷浆接桩重叠长度不得小于0.5 m。

2.6　高压旋喷桩

2.6.1　加固原理及适用条件

高压旋喷桩是利用钻机，将预先配制好的浆液，通过高压发生装置，使液流获得巨大能量后，高速喷射出来，形成一股能量高度集中的液流，直接冲击切削土体，喷射过程中，钻杆边旋转、边徐徐提升，从而使浆液与土体充分搅拌混合，在土中形成一个有一定直径的柱状固结体，使地基得到加固。由于高压旋喷射流是高能高速集中和连续作用于土体中，具有冲击切削破坏土体并使浆液与土搅拌混合的功能。其加固范围就是喷射距离加上渗透部分或压缩部分的长度为半径的圆柱体。

高压旋喷桩适用于淤泥、淤泥质土、黏性土、粉土、黄土、砂土、碎石土和人工填土等各种地基的加固。

2.6.2　主要施工机械设备

主要施工机械设备：旋喷桩机、高压泵、泥浆泵、空气压缩机、灌浆管、喷嘴、流量计、输浆管、制浆机、发电机、吊车、运输汽车、推土机等。

2.6.3　工艺性试桩

每种机型的试桩不得少于3根，检验成桩质量及效果，检测不合格，查明原因，重新试桩；合格后编写试桩报告，以确定大面积施工的各项技术参数及工艺主要参数包括实际每延米需要水泥掺量、水灰比、旋喷速度、喷射压力、提升速度、钻进速度、持力层电流值等。

2.6.4　原材料控制

高压旋喷桩所用的水泥和外掺剂品种、规格及质量应符合设计要求。检验数量：同一产地、品种、规格、批号的水泥和外掺剂，袋装每200 t为一批、散装500 t为一批，当袋装水泥及

外掺剂不足 200 t 或散装水泥及外掺剂不足 500 t 时也按一批计。现场每批抽样检验 1 组。检验方法:检查产品质量证明文件及抽样检验。

2.6.5 施工工艺及控制要点

1. 施工工艺

(1)施工工艺流程(图 2.6.5-1)

(2)进行场地平整,清除桩位处地上、地下的一切障碍物,场地低洼处用黏性土料回填夯实。

(3)认真审核设计图纸,做到熟悉设计提供的各种资料,根据施工图要求,利用 CAD 绘制桩位平面布置图,并按行列顺序进行编号,有利于施工时的记录。采用全站仪放出旋喷桩区域的控制桩,然后使用钢卷尺根据桩距传递放出桩位位置,用小竹签做好标记,并撒白灰标识,确保桩机准确就位。

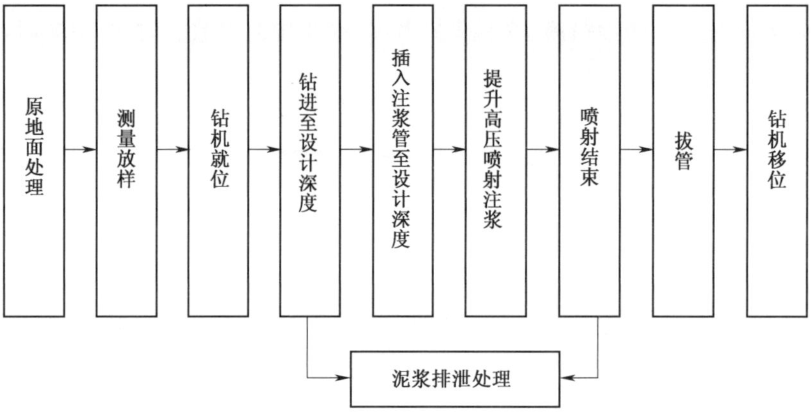

图 2.6.5-1 高压旋喷桩施工工艺流程图

(4)移动钻机到指定桩位对中,钻机就位要求对位偏差量不大于 2 cm,钻杆要保持与地面垂直,采用吊线坠检查,偏差量控制在 1%范围内。机械就位应平稳,立轴、转盘与孔位对正,高压设备与管路系统应符合施工图及安全要求,防止管路堵塞,密封良好。

(5)采用三重管法时,钻孔一般使用地质钻机成孔。钻进至设计标高,拔出钻杆,再插入旋喷管。在插管过程中,为防止泥砂堵塞喷嘴,高压水喷嘴边射水、边插管,至设计高程后停止钻进。钻孔过程中应详细测量并记录实际孔位、孔深及地层变化情况。

(6)采用单管旋喷法或二重管法施工时,插管与钻孔两道工序合二为一。钻进时开启高压泥浆泵低压输送水泥浆使钻杆沿导向架振动、射流成孔下沉,直至桩底设计高程。

(7)喷射时,先应达到预定的喷射压力,喷浆旋转一定时间,水泥浆与桩端土充分搅拌后,再边喷浆边反向匀速旋转提升注浆管,严格控制提升速度,直至距桩顶 1 m 时,放慢搅拌速度和提升速度,保证桩顶密实均匀。中间发生故障时,应停止提升和旋喷,以防桩体中断,同时立即检查排除故障,重新开始喷射注浆的孔段与前段搭接不小于 0.5 m。为防止浆管扭断,钻杆的旋转和提升必须连续不断;当注浆管不能一次提升完成而需分次拆卸时,拆卸动作要快,卸管后继续喷射的搭接长度不得小于 10 cm,并且搅拌时间超过 2 h 的水泥浆液不得使用。

(8)喷浆、提升钻杆高出设计桩顶高程 0.5 m 以上，停止喷浆，喷浆结束。

(9)拔管：将灌浆泵的吸水管移至清水箱，抽吸一定量的清水将灌浆泵和灌浆管路中的浆液顶出，然后停泵，拔管要迅速，不可久留孔中。桩顶凹坑应即时以水胶比 0.6 的水泥浆补灌。卸下灌浆管后，立即用清水将各通道冲洗干净，并拧上堵头。灌浆泵、送浆管路和浆液搅拌机等都要用清水清洗干净。压气管路和高压泵管路也要分别送风、送水冲洗干净。

(10)待旋喷桩机注浆管全部提出地面后，先关闭电机，然后将桩机移至新的桩位。高压旋喷桩施工现场照片如图 2.6.5-2、图 2.6.5-3 所示。

图 2.6.5-2　高压旋喷桩现场照片 1

图 2.6.5-3　高压旋喷桩现场照片 2

2. 控制要点

(1)浆液应严格按设计配方和试验确定的配合比拌制，制备好的浆液应均匀，不得离析。

(2)检查旋喷管的高压水与空气喷射情况，各部位密封圈是否封闭，合格后方可喷射浆液。喷射时应达到预定的喷射压力、喷浆量后再逐渐提升注浆管。中间发生故障时，应停止提升和喷浆，与前段搭接不小于 0.5 m，以防桩体中断。

(3)对深层长桩应根据地质条件，分层选择适宜的喷射参数，保证成桩均匀一致。旋喷二重管、三重管的水、气、浆供应应有序进行，衔接紧密。

(4)在高压喷射浆液过程中，当出现压力突增或突降、大量冒浆或完全不冒浆时．应查明原因，采取相应措施。

(5)喷嘴堵塞及冒浆喷嘴堵塞，应提升灌浆管，待堵塞消失后再进行复喷；出现不冒浆或断续冒浆时，系土质松软的正常现象，可适当进行复喷；冒浆量小于灌浆量 20%；视为正常现象，超过 20%或完全不冒浆时应采取相应措施；在旋喷过程中，地层有较大空隙导致不冒浆，可在浆液中加入适量的速凝剂，以缩短固结时间；当冒浆量过大时，可提高喷射压力，适当缩小喷嘴孔径，加快提升和旋转速度；大量冒浆、压力稍有下降时，可能是灌浆管被击穿或有孔洞，使喷射能力降低，此时应拔出灌浆管进行检查。

(6)为控制桩长满足设计要求，钻至桩底设计深度以下 0.2 m，将喷浆管插到桩底层位。在插管过程中，为了防止泥沙堵塞喷嘴，可边喷水边插管。喷射水压力一般不要超过 1 MPa，以防止将孔壁射塌。

(7)严格按设定的喷浆压力和提升速度作业，确保桩径达到设计要求。

(8)相邻两桩施工时间间隔不小于 48 h，间距不小于 4 m，防止对新成桩造成破坏。

(9)严格按照配合比控制浆液，保证喷浆量，随时观察返浆情况。

(10)钻机成孔和喷浆过程中，应将废弃的加固料及冒浆回收处理，防止环境污染。

2.6.6 质量检测

(1)高压旋喷桩的长度应符合设计要求。施工中测量钻杆长度,检查每根桩是否达到设计深度。

(2)每根桩施工过程中抽检注浆流量、空气压力、注浆泵压力、钻杆提升速度、转速等参数,并应符合试桩工艺参数。

(3)高压旋喷桩的完整性、均匀性、无侧限抗压强度应满足设计要求。现场抽样检验浆喷桩总数的2‰,且不少于3根。检验应在搅拌桩完工28 d后进行,抽检部位为检测桩桩径方向1/4处、桩长范围内垂直钻孔取芯,观察其完整性、均匀性,拍摄取出芯样的照片,取上、中、下不同深度的3个试样做无侧限抗压强度试验。钻芯后的孔洞采用水泥砂浆灌注封闭。

(4)高压旋喷桩施工允许偏差按表2.6.6检验。

表2.6.6 高压旋喷桩施工的允许偏差、检验数量及检验方法

序号	检验项目	允许偏差	施工单位检验数量	检验方法
1	桩位(纵横向)	50 mm	按成桩总数的10%抽样检验,且每检验批不少于5根	测量仪器或钢尺丈量
2	桩体垂直度	1%		经测量仪器或吊线测钻杆倾斜度
3	桩体有效直径	不小于设计值		开挖50~100 cm深后,钢尺丈量

(5)高压旋喷桩处理后的单桩或复合地基承载力应满足设计要求。抽样检验采用平板载荷试验,抽验总桩数的2‰,且每工点不少于3根。

2.6.7 质量通病及防治措施

(1)桩体强度低。未按配比掺入水泥,提升速度较快。防治措施:严格按试桩确定的配合比拌制浆液,控制提升速度,使浆液与周围土体充分拌匀。

(2)单根桩出现断桩。喷浆中断时,恢复供浆后的喷浆重叠长度较少;或中断时间较长,水泥浆已达到凝固时间。防治措施:机械运转良好,材料供应及时,减少中断次数和时间,中断后,在水泥的初凝时间内重叠长度不得小于0.5 m;否则做补桩处理。

(3)桩径小于设计值。喷浆压力未达到试桩时的压力,使水泥浆扩散的半径较小。防治措施:严格按设定的喷浆压力和提升速度作业,确保桩径达到设计要求。

2.7 水泥粉煤灰碎石桩(CFG桩)

2.7.1 加固原理及适用条件

水泥粉煤灰碎石桩(CFG桩)桩体原材料采用碎石、石屑、粉煤灰、水泥混合而成,按设计文件提供的混凝土强度进行配比设计,混合料试块标准养护28 d立方体抗压强度标准值不小于设计混凝土强度。常用有长螺旋机钻孔、管内泵压混合料灌注成桩及振动沉管灌注成桩两种施工工法。

水泥粉煤灰碎石桩(CFG桩)适用黏性土、粉土、砂性土、杂填土及湿性黄土地基,对于淤泥质土及夹有块石或碎石、卵石层的地基,应按地区经验或通过现场试验确定其适用性。

2.7.2 主要施工机械设备

机械设备应结合试桩确定的施工方案、机械、人员组合、工期要求进行合理配置;施工

CFG 桩需要配置长螺旋钻机或振动沉管打桩机、发电机(若采用自发电时用)、混凝土输送泵、混凝土罐车、装载机、自卸汽车、挖掘机、小型挖掘机等。

2.7.3　工艺性试桩

为检验 CFG 桩施工工艺、机械性能及质量控制，核对地质资料，CFG 桩施工前需进行成桩工艺试验，确定合理的施工工艺参数。

通过 CFG 桩试桩复核地质情况，确定施打顺序、钻进速度、混合料施工配合比、坍落度、搅拌时间、拔管速度、灌注速度、振动沉管桩机终孔电流等工艺参数，并报监理确认。

(1)核查设计文件：包括地质情况，特别是设计要求桩端进入地层；设计参数，如桩型、桩长、布置形式、间距、工艺及设备要求等。

(2)编制工艺试桩方案：依据设计和规范的要求，针对具体的施工设备进行编制；每种工艺的试桩不少于 3 根且每种型号的桩机试验不少于 3 根。

(3)工艺试桩过程控制：必须有技术人员现场监控，并记录施工过程情况；特别是工序转换的时间、电流值、单位长度、混凝土用量等。

(4)试桩所需的各种原材料、配合比检测报告等。

(5)工艺试桩检测：根据不同的试桩类形，按设计和验标要求的检测项目进行检验。

(6)工艺试桩报告：包括试桩的各种记录、原材料及配合比检测报告、试桩检测报告、推荐的施工工艺及结论等。

2.7.4　原材料控制

CFG 桩用碎石应符合设计级配要求；采用的水泥、粉煤灰、水及外加剂等原材料应符合设计要求，并按相关规定进行检验。

1. 水泥

质量要求：采用普通硅酸盐水泥，水泥碱含量不超过 0.60%，三氧化硫含量不超过 3%，氯离子含量不超过 0.06%，熟料中 C_3A 含量不超过 8%。

检查数量：同一产地、品种、规格连续进场的水泥，袋装水泥 200 t 为一批，散装水泥 500 t 一批，当袋装水泥不足 200 t 或散装水泥不足 500 t 时也按一批计，每批抽检一组。

检验方法：检查产品质量证明文件。在水泥库抽样检验。

2. 粗细骨料

质量要求：细骨料采用砂或石屑，粒径 2.5～20 mm，含泥量不大于 3%，氯化物含量不大于 0.02%；粗骨料含泥量不大于 1%，氯化物含量不大于 0.02%。

检查数量：同一产地、品种、规格连续进场的粗细骨料，分别每 400 m^3 为一批，当不足 400 m^3 时也按一批计，每批抽检一组。

检查方法：在料场抽样检验粗细骨料含泥量、筛分试验检验其颗粒级配。

3. 粉煤灰

质量要求：Ⅱ级或Ⅱ级以上，氯化物含量不大于 0.02%，烧失量不大于 5%，含水率不大于 1%。

检查数量：同一产地、品种、规格连续进场的粗细骨料，分别每 200 t 为一批，当不足 200 t 时也按一批计，每批抽检一组。

检查方法：检查产品质量证明文件及抽样检查。

4. 外加剂

质量要求：氯化物含量≤0.2%、减水率≥20%、收缩率比≤135%的聚羧酸盐系减水剂。

检查数量：以同一厂家、同批号、同品种、同一出厂日期的产品，每 50 t 为一批，不足 50 t 也按一批计算，每批抽检一组。

检查方法：检查产品质量证明文件及抽样检查。

5. 施工用水

质量要求：可采用饮水，当采用其他水源应取样鉴定，不得采用有侵蚀性的水作为施工用水。

2.7.5 施工工艺及控制要点

1. 施工顺序

CFG 桩施工一般采用间隔跳打法，也可采用连打法。具体的施工方法由现场试验来确定。

连打法易造成邻近桩被挤碎或缩颈，在黏性土中易造成地面隆起；跳打法不易发生上述现象，但土层较硬时，在已打桩中间补打新桩，可能造成已打桩被振裂或振断，二次跳打不便施工，也易造成断桩头现象。

在软土中，桩距较大可采用隔桩跳打，但施工新桩与已打桩时间间隔不小于 7 d；在饱和的松散粉土中，如桩距较小，不宜采用隔桩跳打；全长布桩时，应遵循“由一边向另一边”的原则。

综合考虑现场施工条件，一是提高施工效率；二是避免对已施工完成的 CFG 桩（特别是刚刚施工完成的 CFG 桩）产生扰动及破坏，对于能一次全幅施工的应选择沿路基横断面逐排进行施打的施工顺序，即所谓的“大 S”走行方式；若不能全幅施工，可以采用分幅施工，但还是按“S”形走行，即所谓的“小 S”走行方式。

2. 振动沉管灌注施工工艺

振动沉管打桩机适用于黏性土、粉土、淤泥质土、人工填土等地基处理，无污染、成本稍低、成桩速度快，但噪声较大，适合野外施工。

(1)施工工艺流程(图 2.7.5-1)

(2)施工工艺

①沉管：根据设计桩长、沉管入土深度确定机架高度和沉管长度，并进行设备组装。桩机就位，保持桩管垂直，垂直度偏差不大于 1%；若采用预制钢筋混凝土桩尖，需埋入地表以下 300 mm 左右。

②开始沉管，为避免对邻桩的影响，沉管时间应尽量短；记录激振电流变化情况，每 1 m 记录一次，对土层变化处应予以说明。

③投料：待沉管至设计高程且停机后向管内一次投放混合料，直至管内混合料顶面与钢管料口平齐。

④拔管：启动电动机，首次投料留振 5～10 s 再开始拔管。拔管速率按工艺性试验并经监理工程师批准的参数进行控制，一般为 1.2～1.5 m/min。拔管过快易造成局部缩颈或断桩；拔管太慢振动时间过长，会使桩顶浮浆增厚，易使混合料离析，对淤泥质土，拔管速度可适当放慢。拔管过程中不宜反插留振。如上料不足，须在拔管过程中空中投料，以保证成桩后桩顶高程达到设计要求。成桩后桩顶高程应高出设计桩长 0.5 m，且浮浆厚度不超过 20 cm。

⑤封顶：沉管拔出地面，确认成桩符合设计要求后，用湿黏性土封顶。

⑥移机：钻机移位进行下一根桩的施工。

3. 长螺旋钻管内泵压混合料灌注施工工艺

长螺旋钻管内泵压混合料灌注施工工艺适用于黏性土、粉土、砂土，以及对噪声污染要求严格的场地。

(1)施工工艺流程(图 2.7.5-2)

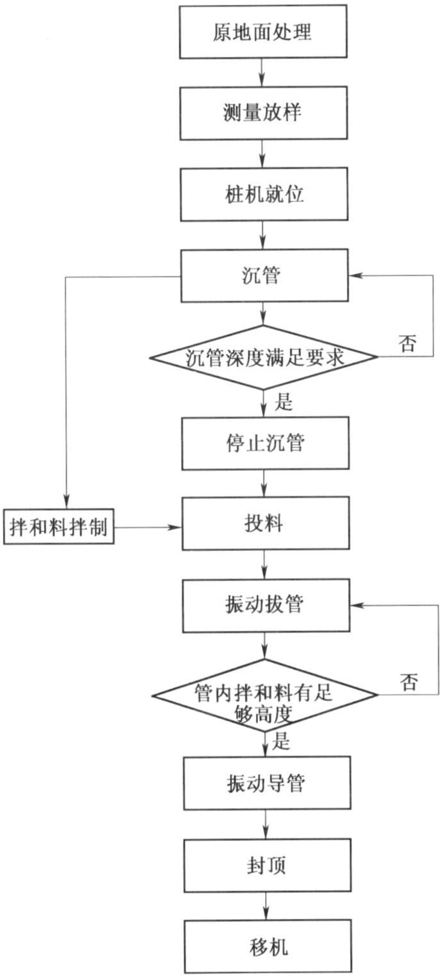

图 2.7.5-1　振动沉管 CFG 桩施工工艺流程图

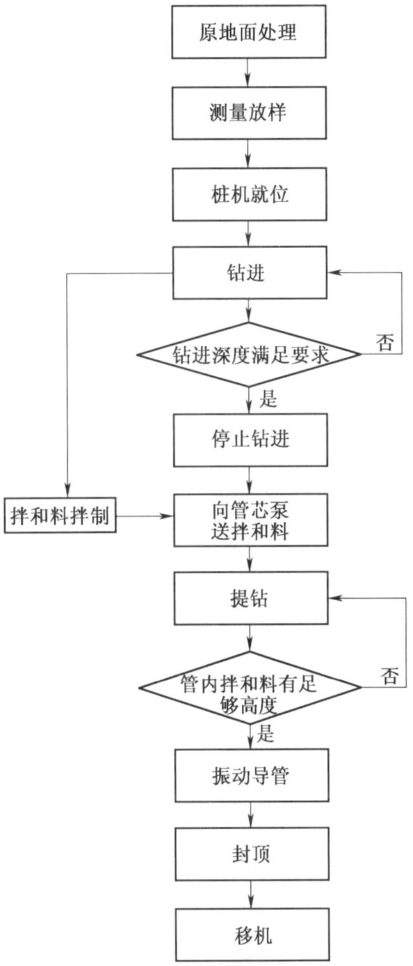

图 2.7.5-2　长螺旋钻管内泵压 CFG 桩施工工艺流程图

(2)施工工艺

①钻机就位：钻机就位后，应使钻杆垂直对准桩位中心，桩位偏差应控制在 5 cm 以内；钻杆垂直度控制采用挂垂球的方法测量。每根桩施工前均要由旁站人员进行桩位对中及垂直度检查，确保 CFG 桩垂直度偏差不大于 1%，检查合格后方可开钻，并记录好桩位偏差和垂直度。

②钻进成孔：钻孔开始时，关闭钻头阀门，向下移动钻杆至钻头触地时启动马达钻进。先慢后快，同时检查钻孔的偏差并及时纠正。在成孔过程中发现钻杆摇晃或难钻时，应放慢进

尺,防止桩孔偏斜、位移和钻具损坏。若地质与设计不符,应及时通知设计单位处理。记录好开钻时间、钻进速度、不同地质条件下的电流值、成桩瞬间电流(其控制值应根据不同机型不同地质条件下的试验桩确定),以进行地质复核。

③混合料搅拌、运输:混合料搅拌采用搅拌站集中拌和,运输采用混凝土罐车运输到施工现场。在运输过程中及现场等待过程中,混凝土运输车必须慢速旋转,严禁停转。在每次卸料前必须采用运输车强制搅拌 30 s,防止混凝土发生离析。

④灌注及拔管:钻孔至设计高程后,停止钻进,钻杆芯管充满混合料后开始拔管,并保证连续匀速拔管,混合料的泵送量与拔管速度相匹配,混合料灌注过程中应保持混合料面始终高于钻头面 15～25 cm,拔管速度一般控制在 2～3 m/min,具体需根据试桩确定每台钻机的提钻速度。每根桩的投料量不小于设计灌注量。施工桩顶高程一般应高出设计高程 50 cm,灌注成桩后桩顶覆盖进行养护。在灌注过程中记录好灌注时间、拔管提升速度、混凝土坍落度、混凝土实际灌注量等相应的记录。

⑤移机:灌注达到控制高程后移机进行下一根桩的施工。CFG 桩现场施工现场照片如图 2.7.5-3、图 2.7.5-4 所示。

图 2.7.5-3　CFG 桩施工现场照片 1

图 2.7.5-4　CFG 桩施工现场照片 2

(3)灌注和拔管过程中注意事项

①在混凝土灌注前检查混凝土运输车中的数量,不能满足要求的不能进行混凝土灌注作业,避免出现灌注过程中停工待料的现象。

②提钻前需开动混凝土输送泵,将管道内的混凝土填充满,特别是地下水比较丰富的地段。

③提钻的过程中严禁旋转钻头,避免泥土掉入桩中形成断桩。

④钻孔至设计高程后,停止钻进,空转 10～30 s,停钻后提钻,首次提钻的高度在 0.5 m 左右,开始泵送混凝土,待管道内混凝土填满后再匀速提钻灌注;检查管道内混凝土是否填满,以管道顶端的排气孔是否喷射混凝土为准。

⑤提钻速度根据混凝土输送泵的类型确定,对 60 泵速度控制在 2～2.5 m/min、80 泵速度控制在 2.5～3.0 m/min,具体根据现场试验和试桩成果确定,按此提钻速度施工完成后及时检测对施工质量进行检测确认。

⑥提至桩顶后亦需停置 10～30 s 泵送混凝土,保证桩头质量。

⑦在提钻灌注过程中,提钻、放灰和混凝土泵的配合要协调,统一指挥,三者之间要有必要的联系工具,以保证配合一致。

4. CFG 桩工后处理

(1)成桩保护

CFG 桩施工完成后,为减少产生浅层断裂现象,在后续施工过程中需要注意以下几点:

①桩体混凝土终凝前不能对桩体产生扰动。

②CFG 桩施工产生的外弃土体需待桩体达到一定强度后(一般为 3~7 d),方可进行开挖。开挖时,宜采用人工开挖,如基坑较深,开挖面积较大,可采用小型机械和人工联合开挖,应有专人指挥,保证铲斗离桩边应有一定的安全距离,同时应避免扰动桩间土和对设计桩顶高程以下的桩体产生损害。

③CFG 桩施工过程中避免桩基施工机械对已施工完的桩体形成挤压作用。

(2)开挖桩顶覆土

施工完成后及时清除多余渣土并运至弃土场。清运时不得扰动桩间土。CFG 桩施工完强度达到设计强度的 70%(夏季约 4~5 d、冬季约 7~8 d,需根据同条件试件确定具体时间)后用小型挖掘机和人工开挖桩顶以上的覆土。

(3)截桩头

桩身达到 70%强度后,施工桩帽前,应先凿除部分桩体至桩帽底部高程。截桩头时,为减少机械扰动造成断桩,宜采用人工开挖桩间土。截除桩头采用机械切割,不应该损坏桩身,影响桩的完整性。

(4)褥垫层施工期间防护

碎石褥垫层施工期间,防止机械直接碾压损坏或挤断桩头。

(5)接桩及补桩

当 CFG 桩在凿除桩头后或由于 1.5 m 以内的浅部断桩造成桩体顶面高程低于设计桩头底面高程时,应采用与桩体材料、配合比相同或高出桩身一级的混合料进行接桩。接桩部分的桩径应比设计桩径大 20 cm,与既有桩体的咬结长度不小于 20 cm,如图 2.7.5-5 所示。

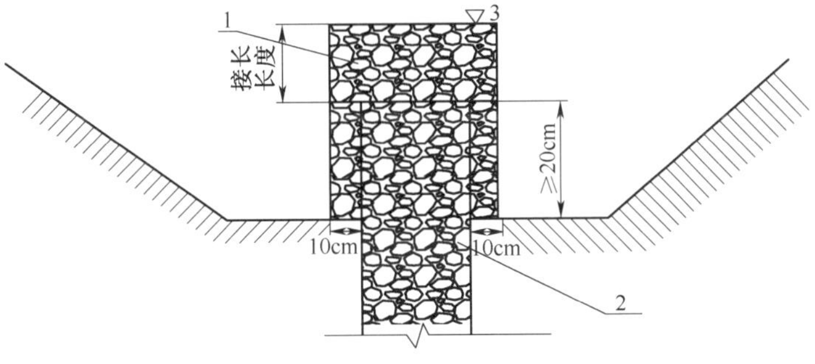

图 2.7.5-5　CFG 桩接长示意图

1—接桩混凝土;2—CFG 桩身;3—设计桩顶高程

桩顶高程即 CFG 桩桩帽顶面高程应在一个区段或若干个区段的 CFG 桩全部施工完毕后,根据现有工作面的平均高程、桥涵等构筑物重新分批确定,同一批 CFG 桩的桩顶高程应一致。相邻段落桩顶高程不同时设置台阶,不宜形成横坡或纵坡。

(6)桩帽施工

为了美观,桩帽顶部应采用定型钢模,模型尺寸按照设计文件确定,混凝土浇筑完后人工抹平,桩帽施工完注意洒水养生。

5. 控制要点

(1)对于较硬的土层,不宜选用振动沉管法,防止在施工过程中,破坏土的结构,影响地基承载力。

(2)长螺旋钻管内泵压混合料灌注施工工艺根据不同的土质采用合适的提钻速度,并需选择相应的机械走行路线,以防止提钻过快发生缩径和断桩现象。

(3)要选择合适的混合料坍落度,否则会造成堵管或混合料离析。

(4)摩擦桩以桩长控制为主,瞬间电流值控制为辅;端承桩按照瞬间电流控制为主,桩长控制为辅的原则控制桩长。

2.7.6 质量检测

(1)CFG 桩每根桩的投料量不得少于设计灌注量。每台班抽样检验混合料坍落度 3 次,坍落度符合工艺性试验确定的偏差范围;每台班制作一组(3 块)28 d 标准养护抗压强度试件,强度应符合设计要求。

(2) CFG 桩的数量、布桩形式应符合设计要求。CFG 桩施工过程中,每贯入 1 m 及仪表突然变化时记录电流表或其他能反映贯入阻力的仪表读数和对应地层高程。

(3)清除浮浆后桩的有效长度应满足设计要求。施工前测量钻杆或沉管长度,施工中检查是否达到设计深度标志,施工后检查并清除干净浮浆,直至露出新鲜混凝土面,计算出桩的有效长度。

(4)CFG 桩的桩身完整性应满足设计要求。现场采用低应变法抽样检验总桩数的 10%,且不少于 3 根。有疑问时,采取钻孔取芯检验。

(5)CFG 桩的桩位、垂直度、有效直径的施工允许偏差按表 2.7.6 检验。

表 2.7.6 CFG 桩施工的允许偏差、检验数量及检验方法

<table>
<tr><th>序号</th><th>检验项目</th><th>允许偏差</th><th>施工单位检验数量</th><th>检验方法</th></tr>
<tr><td>1</td><td>桩位(纵横向)</td><td>50 mm</td><td rowspan="4">按成桩总数的 10%抽样检验,且每检验批不少于 5 根</td><td>测量</td></tr>
<tr><td>2</td><td>桩体垂直度</td><td>1%</td><td>经测量仪器或吊线测钻杆倾斜度</td></tr>
<tr><td>3</td><td>桩体有效直径</td><td>不小于设计值</td><td>开挖 50～100 cm 深后,钢卷尺测量周长,计算桩体直径</td></tr>
<tr><td>4</td><td>桩顶高程</td><td>±50 mm</td><td>仪器测量</td></tr>
</table>

(6)CFG 桩处理后的处理后的单桩或复合地基承载力应满足设计要求。抽样检验采用平板载荷试验,抽验总桩数的 2‰,且每工点不少于 3 根。

2.7.7 质量通病及防治措施

(1)短桩、断桩。钻孔未钻到位,拔管速度过快,混凝土料不足一根时灌注桩,长时间等待下一车混凝土,出现灌注混凝土不连续性。防治措施:做到一机一人进行旁站,检查桩位的偏差、钻杆的垂直度,控制钻孔深度及混凝土灌注速度,做好旁站记录,保证混凝土供应及时不间断。

(2)浅层断桩。拔管速度过快,桩顶机械扰动,凿桩头方式方法不正确。防治措施:小挖机需一次性挖到位,施工机械不得直接碾压桩头,桩头采用机械切割。

(3)桩身离析。混凝土产生离析,拔管速度过快,每次卸料前没有强制搅拌 30 s。防治措施:运输过程中匀速慢转,严禁停转,每次卸料前必须要求混凝土罐车强制搅拌 30 s,防止混凝土发生离析。发现混凝土坍落度过大,需退回搅拌站。砂浆润管时必须等砂浆泵完,出现混凝土时再灌注混凝土。

(4) 桩头酥松。拔管速度过快,桩顶机械扰动,拔管到桩顶后没有严格按要求停置 10～30 s 来保证桩头质量。防治措施:控制拔管速度,拔管到桩顶后严格按要求停置 10～30 s,保证桩头质量。

(5) 桩身缩径。桩身周围土层挤入桩体,拔管速度过快。防治措施:施工过程中避免施工机械对已施工完的桩体形成挤压作用;控制拔管速度。

(6) 桩端未进入相应的持力层。桩端地质与设计不符,成桩瞬间电流值未达到设计地质要求的最大值。防治措施:做到一机一人进行旁站,检查成桩瞬间电流值,确保施工成桩瞬间电流值与设计值相符,做好旁站记录。

2.8　混凝土预制桩

2.8.1　加固原理及适用条件

预制混凝土管桩是采用预应力技术、离心成型和蒸汽养护制成的一种空心圆柱型的钢筋混凝土预制桩;方桩采用一种实心型钢筋混凝土预制桩;用桩机在工地采用静压或锤击、振动的方法把桩压入地基,形成复合地基,以达到加固地基的目的。

2.8.2　主要施工机械设备

主要施工机械设备:打桩机、发电机、电焊机、吊车等。

2.8.3　工艺性试桩

为保证打入桩达到设计承载力要求,在正式工程施工前,先进行成桩工艺试验进行试桩,每种工艺和机型的试桩不得少于 2 根,检验成桩质量及效果,编写试桩报告,以确定大面积施工的各项技术参数及工艺。

以单桩承载力试验作为检验标准,要求终压力不小于设计单桩承载力。

2.8.4　原材料控制

预制桩应有产品合格证、进场应进行外观质量检查,要求桩内外表面无漏筋、空洞、蜂窝、混凝土脱落与断筋、脱头的现象,不得出现环向和纵向裂纹。预制桩起吊运输中,必须保持平稳,避免剧烈振动和冲撞。桩表面不得有深度超过5 mm的蜂窝、麻面、气孔(气泡),且在每个面上所占面积的总和不超过该面面积的 0.5%,并不得集中,桩端面应平整,法兰盘焊缝不许开裂,桩身混凝土不得有明显接茬及混凝土严重离析现象。

预制桩堆放应符合的要求:堆放场地必须平整、坚实,堆放层数不宜超过四层。当两点支承时,垫木位置须在距桩端 0.21 倍桩长位置处;当三点支承时,垫木位置应设在距桩端 0.15 倍桩长及中点处。每层垫木必须保持在同一平面上,各层间垫木应在同一垂直面上。

2.8.5　施工工艺及控制要点

1. 施工工艺流程(图 2.8.5-1)

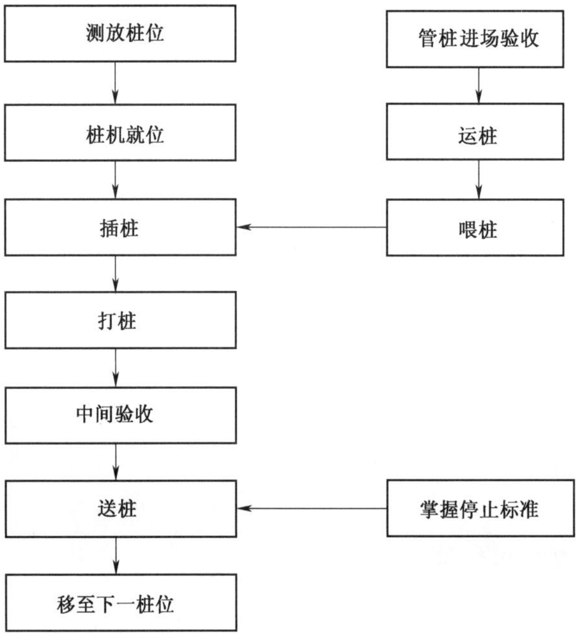

图 2.8.5-1 混凝土预制桩施工工艺流程图

2. 施工工艺

(1)施工准备

测量放样，平整场地，清除障碍物。按设计要求检验预制桩的质量。桩头损坏部分应截去，桩顶不平时应修切或修垫(钢筋混凝土桩)平整。

(2)桩机就位

桩机使用前应对桩架的机械性能作全面的检验，各项性能均良好后方可使用。桩架就位后应检查桩架的平稳性及垂直度，若不稳定，需抄垫平稳，并使桩架垂直。

(3)吊桩喂桩

沉桩时，采用一个吊点吊桩，吊点设在距桩上端 0.293 倍桩长处，吊运时防止冲撞和发生附加弯矩。沉桩起吊点示意如图 2.8.5-2 所示。

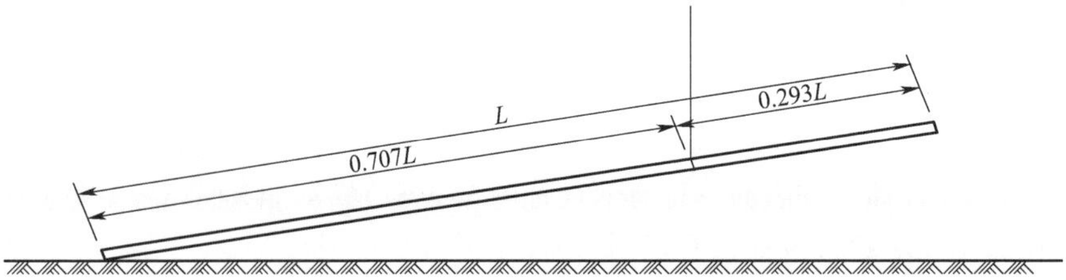

图 2.8.5-2 沉桩起吊吊点示意图

(4)沉桩

打入桩施工可根据地质条件、桩型和桩体承载能力等选择沉桩法，常用锤击桩法或振动法。现场施工照片如图 2.8.5-3、图 2.8.5-4 所示。

①锤击法沉桩

将桩吊起，喂入桩机内，然后对准桩位，将桩插入土中 1.0～1.5 m，校正桩身垂直度后，开始沉桩。如果桩在刚入土过程中碰到地下障碍物，发生桩位偏差超出允许偏差范围时，必须及时将桩拔出进行重新插桩施工，如桩入土较深而碰到地下障碍物，造成桩位偏移或垂直度偏差，桩已无法拔出的情况下，及时通知有关单位，协商处理发生情况，以便施工顺利进行。桩尖设计位于硬塑及半干硬状态的黏性土、碎石土、中密状态以上的砂类土或风化岩层时，按贯入度变化和工程地质资料，经与有关单位会商，确认桩尖已沉入设计土层，贯入度符合要求时即可停锤。桩尖设计位于一般土层时，应以桩尖设计高程控制为主，贯入度为辅。桩尖达到设计高程，但贯入度与试桩所确定的贯入度相比，或与地质资料对比有出入时，应与设计部门研究停锤控制标准。

沉桩时，用两台测量仪器交叉检查桩身垂直度，边校正桩身垂直度边往下沉桩，保证桩身的垂直度不大于1%，避免由于桩身倾斜产生管桩损坏。锤击沉桩开始时应用较低落距，待第一节桩入土一定深度且桩身稳定后再按正常沉桩速度进行，第一节桩端距地面1.0 m左右时停止沉桩，接桩后再进行沉桩。坠锤落距不宜大于2 m，单打气锤落距不宜大于1 m，柴油锤应使锤芯正常冲程。

锤击成桩应采用与桩和锤相适应的桩帽及适合桩帽大小的弹性衬垫。顶面和底面应平整并与桩的中轴线相垂直，桩锤、桩帽和桩身应保持在同一轴线上。当落锤高度已达到规定最大值和每击贯入度小于等于2 mm时(或设计文件提供的贯入度控制)，立即停锤。但沉桩深度还未达到设计要求时应查明原因，采用换锤等措施。

②振动法成桩

振动沉桩一般适用于松软的或塑态的黏性土和较松散的砂土中，在紧密黏性土或砂质土中可用射水配合施工。

振动锤的振动力应大于沉桩的土摩阻力。在插好桩后，初期宜依靠桩和振动锤的自重下沉，待桩身入土达到一定深度并确认桩位和竖直度符合要求后再振动下沉。每根桩的沉桩作业应连续完成，接桩和停水干振时间不可过久。

采用振动为主射水配合沉桩时，桩尖沉至距设计高程2m时应停止射水，应即进行干振直至设计高程，当最后下沉贯入度小于等于试桩最后下沉贯入度、振幅符合规定时，即可认为沉桩合格。

(5)接桩

①准备工作：按打桩计划与桩长组合进桩，打桩之前，逐根检查桩外观质量情况。对于桩两端面及施工焊面上的泥灰、油污等要清理干净，确保不影响接桩密贴和焊接质量，在排定接桩次序后，要从桩脚起逐节向上，沿桩身作好标志，以便在打桩中观测进土深度。

②立桩就位：吊上第二节桩，接桩前先将上下段桩顶用钢丝刷清理干净，加上定位板，然后把第二节桩吊放在下端桩端板上，依靠定位板及两台经纬仪将上、下桩段接直，上、下节桩轴线的偏斜不应大于3‰，节点弯曲矢高不得大于桩段的1‰。接头处如有空隙，采用楔形铁片全部填实焊牢，拼接处坡口槽电焊分两次对称焊接，焊缝连续饱满(满足二级焊缝)，焊后清除焊渣，检查焊缝饱满程度。焊接完成应自然冷却后方可继续沉桩。

3. 控制要点

(1)要选择适当重量的桩机锤，应验算振动上拔力对桩身结构的影响。

(2)沉桩和桩中心线必须在一条线上。

(3)沉桩时详细、准确地填写沉桩记录。记录最后贯入度及桩顶高程。

(4)每根桩开始沉桩后，应一次性完成，不可中途停锤过久，以免土的摩擦阻力恢复增大。

(5)若桩头出现严重破损，应停止打入，待采取措施后方可继续击打。

图 2.8.5-3 混凝土预制桩现场照片 1

图 2.8.5-4 混凝土预制桩现场照片 2

2.8.6 质量检测

(1)混凝土预制桩的数量、布桩形式应符合设计要求，现场每根桩进行检查。混凝土预制桩贯入过程中，每贯入 1 m 及仪表突然变化时记录电流表或其他能反映贯入阻力的仪表读数和对应地层高程。

(2)当混凝土预制桩用法兰盘拼接时，应连接牢固，防锈处理应符合设计要求；采用焊接接桩时，电焊结束后停歇时间、焊缝的允许偏差按表 2.8.6-1 检验。

表 2.8.6-1 电焊结束后停歇时间、焊缝的允许偏差、检验数量及检验方法

序号	项目			允许偏差	施工单位检验数量	检验方法
1	电焊接桩焊缝	上下节端部错口	外径≥700mm	≤3mm	按桩总数的 5% 抽样检验，且每检验批不少于 10 根	用钢直尺量
			外径<700mm	≤2mm		
2		焊缝咬边深度		≤0.5mm		焊缝检查仪
3		焊缝加强层高度		2mm		焊缝检查仪
4		焊缝加强层宽度		2mm		焊缝检查仪
5		焊缝电焊质量外观		无气孔、无焊瘤、无裂缝		观察
6		焊缝探伤检验		满足设计要求		按设计要求
7	电焊结束后停歇时间			>1.0min		秒表测定
8	上下节平面偏差			10mm		用钢直尺量
9	节点弯曲矢高			$l/1000$		用钢直尺量，l 为 2 节桩长

(3)混凝土预制桩的沉桩深度、最终贯入度以及桩顶高程、桩头处理应符合设计要求。现场观察、测量并填写沉桩记录和桩顶高程、桩头处理记录。

(4)凝土预制桩沉桩后，桩的完整性应满足设计要求。现场采用低应变法抽样检验总桩数

的 10%，且不少于 3 根。

(5)桩位、倾斜度的允许偏差按表 2.8.6-2 检验。

表 2.8.6-2　桩位、倾斜度的允许偏差、检验数量及检验方法

序号	项　目	允许偏差	施工单位检验数量	检验方法
1	桩位	50 mm	按桩总数的 5% 抽样检验，且每检验批不少于 10 根	测量或尺量
2	直桩垂直度	1%		吊线和尺量
3	斜桩倾斜度	15% $\tan\theta$		
4	桩顶高程	±50 mm		仪器测量

注：θ 为斜桩轴线与竖直线间的夹角。

(6)混凝土预制桩沉桩后，单桩的承载力应满足设计要求。抽样检验采用平板载荷试验，抽验总桩数的 2‰，且每工点不少于 3 根。

2.8.7　质量通病及防治措施

(1)贯入度发生急剧变化或振动打桩机的振幅异常。防治措施：在进行打入桩施工前，认真研究设计单位提供的地质资料，出现贯入度异常时，对应地质资料的分层情况，分析桩尖所处的地层。

(2)桩头破碎或桩身开裂。防治措施：在预制桩进场时，要加强检查，确保预制桩的质量。

(3)桩位中心及桩间距偏差超过规范要求。防治措施：为确保桩位置及桩间距，要严格执行测量复核制，并做好测量桩位的保护。

(4)接桩时，当用混凝土法兰盘拼接时，焊接不牢固，没有进行很好的防锈处理。防治措施：参与焊接施工的作业人员必须持证上岗，质量检查人员要加强焊接质量的检查、检测，出现不符合验标要求时，要及时整改。

(5)桩顶超过设计桩顶高程，需要截桩时不采用专门的截桩器。防治措施：加强技术交底，要让施工人员认识到不使用专门的截桩器对桩身质量的危害性。

2.9　桩帽、桩板及筏板结构

2.9.1　加固原理及适用条件

钢筋混凝土桩—网结构如图 2.9.1-1 所示，由钢筋混凝土桩(群)、桩帽及加筋垫层组成；钢筋混凝土桩—筏结构如图 2.9.1-2 所示，由钢筋混凝土桩(群)、褥垫层及钢筋混凝土板组成。钢筋混凝土桩(群)常用灌注桩或预制打入(压入)桩。预制桩可选用预应力空心管桩，也可选用实心方桩。

桩板结构的构造形式可采用托梁式、独立墩柱式以及复合式三种。托梁式如图 2.9.1-3、图 2.9.1-4 所示，首先通过托梁横向连接桩基，其上再与承台板相连。独立墩柱式为桩基与承台板直接相连的结构。复合式则为独立墩柱式、托梁式的组合结构，其中跨采用独立墩柱式，边跨为托梁式。根据上部轨道结构与桩板结构连接方式的不同，独立墩柱式又可以分为连续埋入式和连续非埋入式。

钢筋混凝土桩—网或桩—筏结构适用于基础变形控制严格的软弱地基加固。

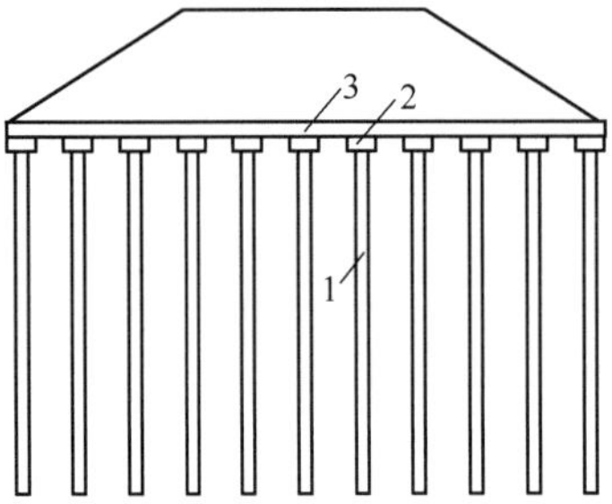

图 2.9.1-1 钢筋混凝土桩－网结构示意图

1—钢筋混凝土桩(群);2—桩帽;3—加筋垫层

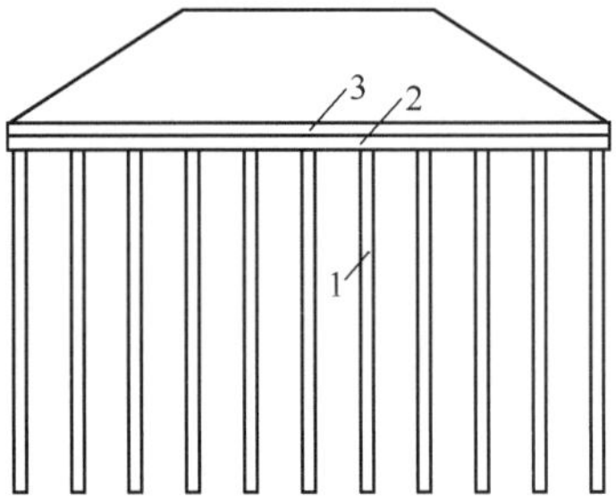

图 2.9.1-2 钢筋混凝土桩筏结构示意图

1—钢筋混凝土桩(群);2—褥垫层;3—钢筋混凝土板

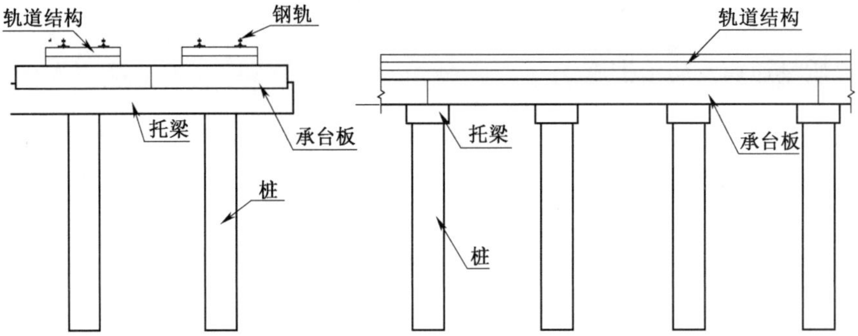

(a) 横断面　　(b) 纵断面

图 2.9.1-3 桩板结构形式示意图(托梁式)

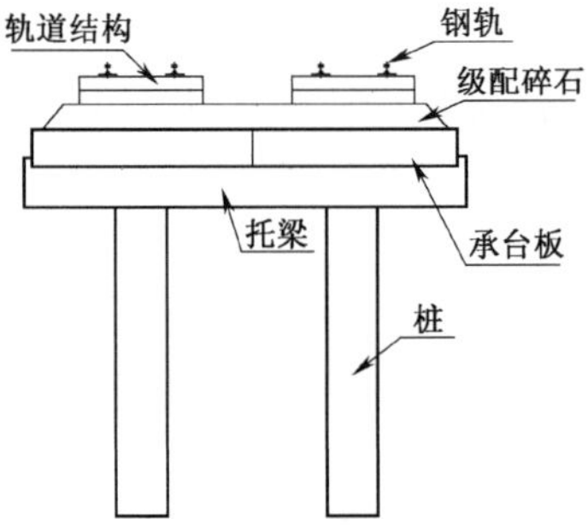

(a) 横断面

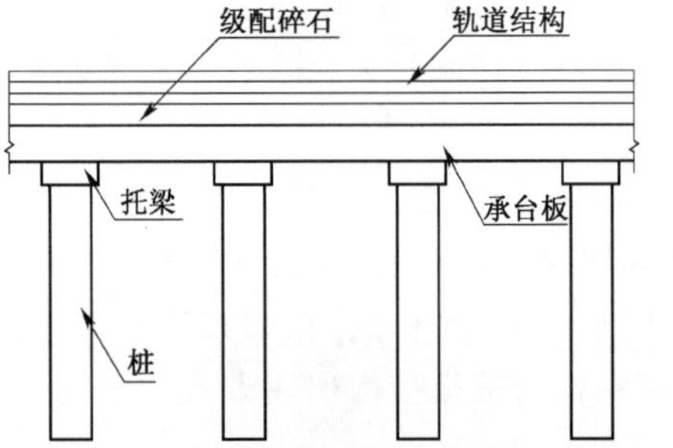

(b) 纵断面

图 2.9.1-4 桩板结构形式示意图(连续埋入式)

2.9.2　主要施工机械设备

主要施工机械设备：小型挖掘机、钻机、泥浆设备、混凝土拌和站、罐车、振捣棒及钢筋加工设备等。

2.9.3　原材料控制

按设计要求进行预制桩进场质量检验，准备桩帽、桩板、筏板结构所需的模板、水泥、砂、石、钢筋等原材料，并严格按照验标要求对原材料进行抽样检测。地下水有侵蚀性时，钢筋混凝土桩－网或桩－筏结构的混凝土应满足《混凝土结构耐久性设计规范》(GB/T 50476—2008)、《铁路混凝土结构耐久性设计规范》(TB 10005—2010)中相关要求，其组成材料与配比还应满足：

(1)宜使用普通硅酸盐水泥(或硅酸盐水泥)和矿物掺合料作为胶凝材料，且胶凝材料中 C_3A 应小于8%。

(2)优先选择粉煤灰作为矿物掺合料，掺量应≥20%，不得使用石灰石粉作为矿物掺合料。

(3)对于侵蚀等级较高的硫酸盐侵蚀、酸性侵蚀和盐结晶侵蚀环境，宜在混凝土中添加对其抗侵蚀性能具有明显改善作用的外加剂；且其水胶比宜小于0.4。

2.9.4　施工工艺及控制要点

1. 施工工艺流程(图2.9.4-1～图2.9.4-3)

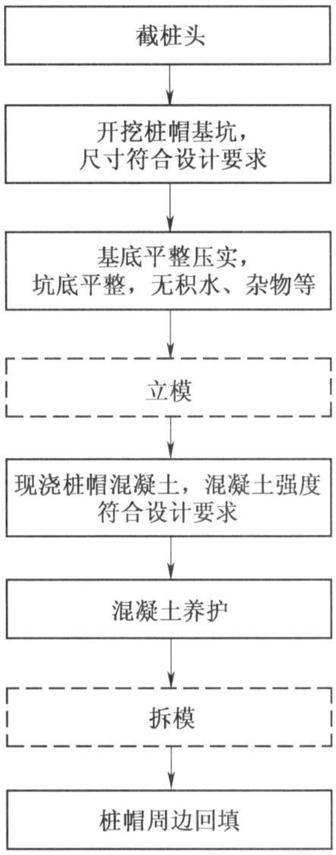

图2.9.4-1　现浇桩帽施工工艺流程图

2. 施工工艺

(1)桩基施工

钢筋混凝土桩(群)常用灌注桩或预制打入(压入)桩。桩基的根数、桩径、桩长、强度等必须符合规范及设计文件的要求。

(2)测量放线

在基坑开挖前，要恢复桩基中心位置，放出桩帽、桩板及筏板结构基坑的开挖范围，并放出相应的护桩，以便在开挖过程中，对基坑的中轴线复核。

(3)基础开挖

桩基检测合格后采用挖掘机开挖基坑。靠近桩头的部位由人工开挖，避免机械损伤桩头。按照设计要求凿除多余部分的桩头，并按规范要求预留一定长度的桩头，伸入桩帽、桩板结构中。

(4)钢筋绑扎

桩帽、桩板及筏板结构中所用的钢筋，在条件允许的情况下，应尽量集中加工，以保证钢筋加工质量。在现场绑扎钢筋时，底层钢筋绑扎前，按设计文件的要求在钢筋下放置水泥或塑料垫块，以保证保护层厚度。为了加强桩基与桩帽、桩板连接强度，桩头顶部钢筋应弯制成喇叭

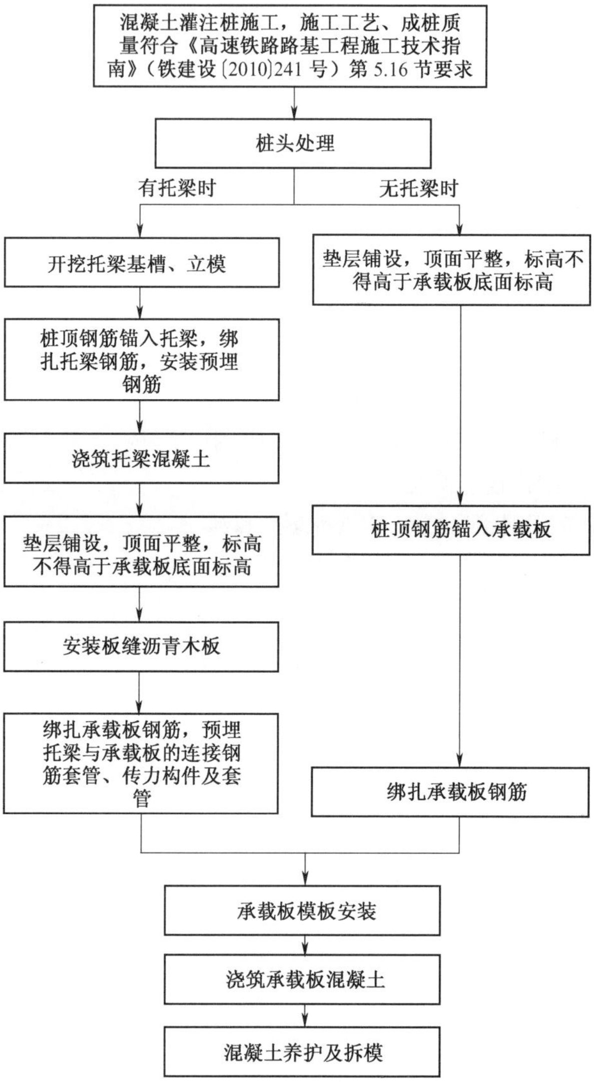

图 2.9.4-2 桩板结构施工工艺流程图

形，钢筋的加工、绑扎、焊接要严格按照钢筋工程施工规范要求。

(5)混凝土灌注

混凝土应采用搅拌站集中拌制，由运输罐车运送到现场，混凝土输送泵灌注，插入式振捣棒振捣。灌注混凝土按水平方向分层进行，每层的灌注厚度 30 cm 左右，应避免振捣棒碰撞模板及钢筋。插入点均匀排列，排成“行列式”或“交错式”。振捣混凝土达到混凝土停止下沉、不再冒气泡、表面呈现平坦、泛浆为止。振捣过程中防止漏振或过振发生。混凝土振捣密实后 1.5～24 h 内，不得受到震动。

(6)混凝土养护

采用洒水覆盖的方法进行养护，当混凝土强度满足拆模要求，方可拆模。拆模后的混凝土立即使用保温保湿的无纺土工布覆盖，外贴隔水塑料薄膜，使用自动喷水系统和喷雾器，不间断养护，避免形成干湿循环，养护时间不少于 7 d。

3. 控制要点

(1)桩帽施工应符合下列规定：

①桩身达到设计强度后方可基坑开挖，开挖设备不得碰撞桩身。

②桩帽施工前应将超出桩顶高程的桩头截去，桩头应采用机械切割。

③预制安装桩帽时应核查每根桩伸入桩帽长度，基坑内无松土及积水，并在桩头上抹一层2 cm厚的砂浆，使桩帽和桩头接合良好。桩帽安装好后，人员或机械不得在桩帽上行走或碾压。

④现场浇筑桩帽施工时每台班均需制作不小于 1 组混凝土检查试件，进行强度检验。

⑤桩帽混凝土浇筑后，应及时采用土工布覆盖养护，养护期不得小于 7d，桩帽达到拆模条件后，拆除模板。桩帽四周按设计要求回填密实。

(2)桩板施工应符合以下规定：

①托梁和混凝土垫层施工应在桩检验合格后进行。

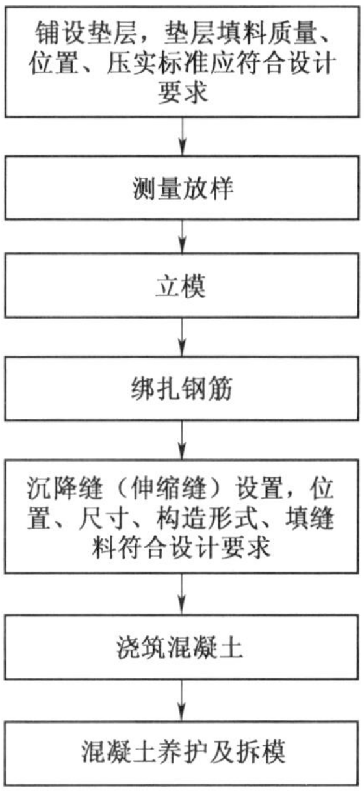

图 2.9.4-3　筏板施工工艺流程图

②托梁施工应将桩顶破损部分全部凿除至新鲜混凝土面。绑扎托梁钢筋前应核实每根桩体埋入托梁长度及桩顶钢筋锚入托梁的长度。按设计预埋与承载板连接的钢筋，应采用防止混凝土捣固引起钢筋移动的措施。

③承载板施工前应按设计要求浇筑混凝土垫层，垫层表面应平整。绑扎承载板钢筋前，在托梁与承载板接触部分铺设两层油毛毡。绑扎承载板钢筋前应核实托梁钢筋锚入承载板的长度，并对钢筋作防锈处理。按设计要求预埋托梁与承载板的连接钢筋套管和传力构件及套管。

④承载板应按设计要求设置沉降缝。

(3)筏板施工应符合以下规定：

①筏板施工前应按设计要求铺设垫层，垫层表面应平整。

②筏板应按设计要求设置沉降缝，每一施工段混凝土浇筑应一次连续完成。

③筏板混凝土顶面应进行整平。

④混凝土浇筑完成后应根据气温条件选择适宜的养护方法及时进行养护。

⑤严禁在雨天浇筑筏板混凝土。

2.9.5　质量检测

(1)模板及支架安装和拆除、钢筋加工连接和安装、混凝土配合比设计、施工的检验必须符合《铁路混凝土工程施工质量验收标准》(TB 10424—2010)相关规定。

(2)桩身混凝土应均质、完整。现场对所有桩按《铁路工程基桩无损检测规程》(TB 10218—99)和《铁路工程结构混凝土强度检测规程》(TB 10426—2004)的规定进行无损检验。

(3)单桩承载力必须符合设计要求。抽取桩总数的 5‰进行静载试验，且每个工点不少于

1 根。

(4)绑扎托梁或承载板钢筋前，尺量钢筋及套管长度，连接钢筋及套管长度、连接方式应符合设计要求。

(5)筏板伸缩缝填塞前，缝内应清扫干净，保持干燥，不得有杂物和积水。伸缩缝的表面质量应达到缝宽均匀、缝身竖直，环向贯通，外表光洁，伸缩缝断面应与筏板纵轴线保持垂直。

(6)桩帽的允许偏差按表 2.9.5-1 检验。

表 2.9.5-1 桩帽的允许偏差、检验数量及检验方法

序号	项　目	允许偏差	施工单位检验数量	检验方法
1	桩帽平面尺寸	$^{-20}_{+50}$ mm	按桩帽数量的 5%抽样检验	每块长、宽各尺量 2 点
2	桩帽厚度	$^{+30}_{-20}$ mm		每块尺量 4 点
3	中心位置	15 mm		测量纵横各 2 点

(7)托梁、承载板的允许偏差按表 2.9.5-2 检验。

表 2.9.5-2 托梁、承载板的允许偏差、检验数量及检验方法

序号	项　目	允许偏差	施工单位检验数量	检验方法
1	承载板顶面高程	±10 mm	每块板 4 点	仪器测量
2	承载板顶面平整度	3 mm/1 m	每块板 4 点	尺量
3	平面尺寸	±15 mm	每块板(梁)长、宽各 2 点	
4	梁、板厚度	$^{+15}_{-10}$ mm	每块板(梁)4 点	
5	中心位置	15 mm	测量纵横各 2 点	

(8)筏板基底高程、横坡的允许偏差按表 2.9.5-3 检验。

表 2.9.5-3 筏板基底高程、横坡的允许偏差、检验数量及检验方法

序号	检验项目	允许偏差	施工单位检验数量	检验方法
1	基底高程	$^{+30}_{0}$ mm	每块筏板抽样检验 5 处	测量仪器测量
2	横　坡	±0.5%	每块筏板抽样检验 2 个断面	坡度尺量

(9)筏板的允许偏差按表 2.9.5-4 检验。

表 2.9.5-4 筏板的允许偏差、检验数量及检验方法

序号	检验项目	允许偏差	施工单位检验数量	检验方法
1	纵向长度	±30 mm	每块筏板检查 2 处	尺　量
2	厚度	+30 mm	每块筏板检查 2 处	尺　量
3	横向宽度	$^{+30}_{0}$ mm	每块筏板检查 2 处	尺　量
4	边缘距设计中心线尺寸	$^{+50}_{-20}$ mm	每块筏板检查左右各边 2 处	尺　量
		±50 mm	每块筏板检查前后各边 2 处	尺　量

2.9.6 质量通病及防治措施

1. 质量通病

桩基施工时，易发生的通病有桩顶、桩身被打坏，一桩打下邻桩上升，桩身倾斜，桩急剧下沉、沉桩达不到设计要求。在桩帽、托梁和承台板混凝土施工中，混凝土表面出现裂缝、剥皮、蜂窝、麻面、气泡、露筋等质量通病。

2. 防治措施

(1)打桩前应将地下障碍物,尤其是桩位下障碍物如旧基础清理干净。施打时,桩帽要安置平整。施打过程中,发现打歪要及时校正。不允许打歪后仍然继续施打。

(2)如桩身打坏,可加钢夹箍用螺栓拉紧焊牢补强。不能补强又不能拔出换桩重打时,应会同设计人员研究进行补桩。补一根桩宜在轴线外补,补两根可以残桩两侧补。

(3)桩的堆存起吊运输过程中,要严格执行有关规定,保证桩的质量。

(4)避免不合理打桩顺序造成的地面隆起。当桩的中心距小于4倍桩的直径时,应慎重拟定打桩方案。

(5)接桩表面杂质、油污清理干净,连接铁件不符合要求的经修正后方能使用。两节桩应在同一直线上,如接桩处发生问题,立即采取补救措施。

(6)施工中严格按照施工配合比进行混凝土的配制,严格计量工作。混凝土浇筑前应对模型板进行严格检查,模板表面是否平整,脱模剂涂沫是否均匀,模型接缝处理是否严密,钢筋笼与模板间垫块是否已设置,设置是否牢固等。混凝土浇筑过程中派专人捣固,捣固方法应正确。混凝土浇筑完毕后,对构件及时进行浇水养护。

2.10　岩溶洞穴注浆

2.10.1　加固原理及适用条件

注浆是利用注浆压力或浆液自重,经过钻孔将浆液压到土体裂隙、接缝或空洞内,以改善地基水文地质和工程地质条件,提高建筑物整体性的工程措施。

浆液以填充、渗透和挤密等方式,充填地下隐伏空洞,将土颗粒或岩石裂隙中的水分和空气排除后占据其位置,经一定时间后,浆液将原来松散的土粒或裂隙胶结成一个整体,形成一个结构新、强度大、防水性能高和化学稳定性良好的"结石体",提高地基土的承载力,减少地基变形。其适用于采空区、人工洞穴、岩溶洞穴及裂隙、土洞、软弱地基等不良地质条件下的路基加固处理。

2.10.2　主要施工机械设备

主要施工机械设备:工程地质钻机、注浆泵、浆液搅拌机、止浆塞、筛网、注浆管、孔口盖及配套压力仪表等。

2.10.3　原材料控制

注浆所采用的材料为水泥浆,根据注浆处理对象和遇到的特殊情况,可在水泥浆液中掺入下列掺合料:砂、黏性土、粉煤灰、水玻璃、其他掺合料。

(1)水泥:选用符合现行国家标准的硅酸盐水泥、普通硅酸盐水泥、矿渣硅酸盐水泥、火山灰质硅酸盐水泥。

①水泥进场时,应有产品合格证及检验报告单,应对水泥的品种、标号、包装、数量、出厂日期等进行检查验收,并对其强度、安定性进行试验,其质量必须符合标准。

②同厂家、同品种、同批号、同等级、同出场日期水泥组成检验批。散装水泥每500 t为一批,袋装水泥每200 t为一批。不足上述数量时,亦按一批计。

③每批应进行强度、安定性、凝结时间试验,其取样及试验方法应符合《通用硅酸盐水泥》

(GB 175—2007)、《水泥标准稠度用水量、凝结时间、安定性检验方法》(GB 1346—2011)和《水泥细度检验方法　筛析法》(GB 1345—2005)的有关规定。

④出厂日期超过 3 个月或受潮的水泥，必须经试验确定其符合要求后，方可使用。

⑤严禁使用已结块变质的水泥。

(2)砂：宜采用中粗砂，砂的质量标准应符合混凝土工程相应材料的质量标准。

(3)水：砂浆拌和用水必须新鲜、洁净、无污染，宜选用饮用水。如无饮用水使用，应经抽样检验合格方可使用。

(4)水玻璃 38 °Bé～43 °Bé，模数 2.4～3.0，须有出厂合格证明。

(5)缓凝剂，须有出厂合格证明。

2.10.4 施工工艺及控制要点

1. 施工工艺流程(图 2.10.4)

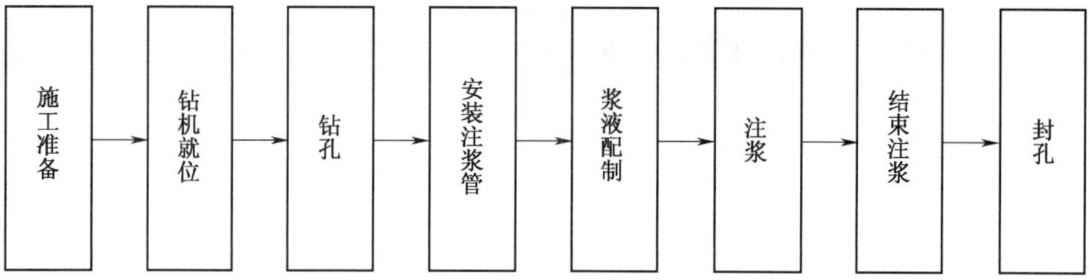

图 2.10.4 岩溶洞穴注浆施工工艺流程图

2. 施工工艺

(1)施工准备

钻孔场地位于山坡地段采用挖填土整平修筑钻孔作业平台，平地钻孔则应平整场地后施钻。场地平整后，测量放样，有组织地根据设计要求的间距、布置形式(梅花形或正方形)布置孔位。

(2)钻机就位

钻机就位，立好钻架，对准钻孔中心，钻机底座用方木垫稳，以防钻机成孔时发生位移，保证成孔垂直度。设备安装必须使立轴中心、孔口管中心、孔位中心三心一致，方位与设计一致。钻机就位后钻头或钻杆中心与设计孔位中心的偏差不得大于 50 cm。

(3)钻孔

将钻杆对准所标孔位。开孔时要轻加压、慢速，防止将孔开斜。在钻孔过程中土层和岩溶发育破碎带，采用跟管干钻，钻至岩层后可采用饱和水钻进，严禁使用泥浆钻、大水冲水钻进。

岩层钻进采用取芯钻头钻进至基岩面下设计要求岩层注浆深度，施工过程中若遇溶洞，应至溶洞底板下 2.0 m。设计范围内未遇见溶洞，即可结束钻探。

钻进过程中应注意观察地层变化，详细作好钻孔记录。

(4)安装注浆管

钻孔结束后，应在孔内下入导管到孔底。

钻孔终孔直径不得小于设计值，钻至设计深度后，埋入注浆管。一般采用金属注浆管，有空洞需要填充水泥砂浆或水泥碎石粉浆时，内径不小于 50 mm，伸入注浆范围顶面以下为花管，且长度不小于 0.5 m。注浆底部为破碎带或溶洞时，应填充混合良好的水泥砂浆或水泥碎石粉浆封闭底部通道。在注浆管底部安装止浆塞，孔口顶部设止浆塞封孔(用水泥浆加速凝剂凝固，待达到强度)后，实施注浆。

注浆管外露的长度不小于 30～40 cm，以便连接孔口阀门和管路。

(5)浆液制备

根据设计图及注浆孔揭示的地质状况，做好浆液制备。浆液宜用 R42.5 普通硅酸盐水泥。注浆时可掺用粉煤灰代替部分水泥，掺入量可为水泥重量的 20%～50%。根据工程需要，可在浆液拌制时加入速凝剂、减水剂和防析水剂。

注浆用水不得采用酸性水和工业废水。水泥浆的水灰比可取 0.6～2.0，常用的水灰比为 1.0。

(6)注浆

注浆施工方法较多，最为常用是花管注浆和单向阀管注浆两种施工方法。对一般工程的注浆加固，还是以花管注浆为主。

花管注浆的注浆管在头部 1～2 m 范围内侧壁开孔，孔眼为梅花形布置，孔眼直径一般 3～4 mm。注浆管的直径一般比锥尖的直径小 1～2 mm。有时为防止孔眼堵塞，可在开口的孔眼处再包一圈橡皮环。为防止浆液沿管壁上冒，可加一些速凝剂或压浆后间歇数小时，使在加固层表面形成一层封闭层。如在地表有混凝土之类的硬壳覆盖的情况，也可将注浆管一次压到设计深度，再由下而上分段施工。

注浆按工艺性质分类可分为单液注浆和双液注浆。全充填溶洞一般采用单液注浆。在有地下水流动的情况下，不应采用单液水泥浆，而应采用双液注浆，及时凝结，以免流失。

注浆按浆液流动的方式，可将注浆法分为两类：

①渗透注浆

浆液在很小的压力下，克服地下水压、土粒孔隙间的沿程阻力和本身流动的阻力，渗入土体的天然孔隙，并与土粒骨架产生固化反应，在土层结构基本不受扰动和破坏的情况下达到加固的目的。

渗透注浆适用于渗透系数 $k>10^{-4}$ cm/s 的砂性土。

②充填注浆

浆液在重力作用下，充填岩溶空洞、土洞和溶隙、裂隙，阻断土颗粒运移通道，消除土体的储存空间。充填注浆适用于采空区、岩溶空洞、土洞和溶隙、裂隙。

渗透、充填一般都会在注浆过程中同时出现，只是以何种形式为主的差别，单一的流动方式是难以产生的。

正式注浆施工前，应进行试验段施工。试验段施工包括注水、注浆试验和注浆施工。注浆孔进行注水和压水试验、注浆试验，确定注浆压力、水灰比、注浆量，待初凝结束后，利用附近的注浆钻孔进行观测验证，并跟踪进行质量综合检测，以进一步修正注浆参数和施工工艺。将试验段注浆施工参数用到类似地段的注浆施工，在施工中进一步完善、修正注浆施工参数，调整施工工艺。

为防止邻孔串浆，注浆顺序应按跳孔间隔注浆方式进行，并宜采用先外围后内部的注浆施工方法，以防浆液流失，当地下水流速较大时，应考虑浆液在水流中的迁移效应，应从水头高的一端开始注浆。

充填注浆在维持注浆压力 0.0～0.2 MPa 条件下，通过金属花管自下向上进行注浆，渗透注浆是在维持注浆压力 0.3～0.5 MPa 条件下，通过金属花管自下向上进行注浆。注浆压力视注浆方法、注浆段深度和地下水位而定，并针对注浆过程中出现的情况随时调整压力。

对于岩溶注浆采用两次注浆方式分别对岩层和岩土界以上土层进行注浆加固，先进行岩层裂隙、溶洞注浆，注浆结束后，将注浆管向上拔出，直至注浆管底部位于岩土分界面，进行岩土界以上土层注浆。

当连续注浆单孔超过设计单孔注浆量 2 倍不见升压或吸浆量下降时，采用提高浆液浓度或双液压浆措施。双液压浆时采用水泥浆与水玻璃之体积比 1∶0.08。

如遇岩溶通道、较大溶洞和裂隙处视情况先灌注机制砂或稀的水泥砂浆对溶腔进行充填，再采用水泥浆液或双液注浆。稀的水泥砂浆水灰比与注浆水灰比保持一致(0.8∶1～1∶1)、灰砂重量比采用 1∶3～1∶6。

(7)注浆结束

注浆终注条件：在注浆压力表不小于 0.2～0.5 MPa 时，10 min 持续注浆量小于5 L/min。

压浆结束后，及时拔除注浆管，采用水泥砂浆封堵注浆孔，留下标记备查。最后清理场地，去除污染。

3. 控制要点

(1)施工前应进行浆液固结度和结石强度试验。

(2)不管成孔之后等待灌浆，还是灌浆结束等待成孔，孔口均应封堵加盖，妥善保管。

(3)注浆的流量可取 7～10 L/min，对充填型注浆，流量不宜大于 20 L/min。

(4)当用花管注浆和带有活堵头的金属管注浆时每次上拔或下钻高度宜为 0.5 m。

(5)浆体应经过搅拌机充分搅拌均匀后才能开始灌注，并应在注浆过程中不停缓慢搅拌，浆液在泵送前应经过筛网过滤。

(6)日平均温度低于 5 ℃或最低温度低于－3 ℃的条件下注浆时，应在施工现场采取措施，保证浆液不冻结。

(7)水温不得超过 30 ℃～35 ℃，不得将盛浆桶和注浆管路在注浆体静止状态暴露于阳光下，防止浆液凝固。

(8)采空区注浆必须先做外围帷幕注浆。

(9)注浆顺序应按跳孔间隔注浆方式进行，并宜采用先外围后内部的注浆施工方法。当地下水流速较大时，应从水头高的一端开始注浆。

(10)对渗透系数相同的土层，首先应注浆封顶，然后由下向上进行注浆，防止浆液上冒。如土层的渗透系数随深度而增大，则应自下向上注浆。对互层地层，首先应对渗透性或孔隙率大的地层进行注浆。

(11)注浆全过程应做好技术资料和基础数据记录、整理、分析工作。

(12)注浆过程应加强地面观测记录(水平位移、冒浆点的位置、地面沉陷等)。

(13)各孔注浆量依据具体地质情况有较大的差异，注浆量过大时，应提请有关四方会勘，采取适当的工程措施进行处理。

4. 岩溶地基嵌补、换填

对位于基床厚度范围内的岩溶溶沟、溶槽，将突出的坚硬岩石进行清爆处理，将溶沟、溶槽的堆积填充物采用人工或机械清挖干净，进行换填处理，基床表层 20 cm 范围内换填 C20 混凝土。裸露、半裸露岩溶地段，对规模较小的溶洞、溶蚀裂隙，采用 C15 片石混凝土回填、嵌补。

岩溶地基嵌补、换填施工各项质量控制符合设计及相关规定要求，并按照规定预留混凝土试件，进行 28 d 标准强度检测。

2.10.5　质量检测

(1)岩溶洞穴注浆的钻孔布设形式、范围、孔径、深度和注浆施工质量应符合设计要求，现场按注浆孔数量的 2%～3%且不少于 3 孔进行抽检。

①采用尺量钻孔的孔径、钻入的钻杆长度检查孔径、深度。

②施工过程中检查注浆效果，观察自检孔岩芯可见多处水泥结石体，可见缝隙基本填满，或自检孔每延米注浆量不大于周围 4 孔平均每延米注浆量的 15%。

(2)注浆处理效果检验按设计要求依据表 2.10.5 选择(黄土地区不可采用压水试验法)。

表 2.10.5　注浆处理效果检测内容、检验数量及检验方法

<table>
<tr><th>注浆处理对象</th><th>检测内容</th><th>检验数量</th><th>检测方法</th></tr>
<tr><td>采空区
及人为坑洞</td><td>注浆充填率
波速
渗透系数</td><td rowspan="2">钻孔取芯及压水试验孔数不少于注浆孔总数的 2%；瞬态面波法检测点数不少于注浆孔总数的 5%；电测深法检测长度不少于整治段落长度的 10%；不足 20 孔的注浆工程，检验点的数量不少于 3 个点</td><td>1. 钻孔法
2. 波速测井法
3. 电磁波 CT
4. 压水试验</td></tr>
<tr><td>岩溶</td><td>注浆充填率
波速
渗透系数</td><td>1. 钻孔法
2. 瞬态面波法(覆盖层小于 25 m)
3. 电测深法(处理前后检测结果进行对比)
4. 压水试验
5. 电磁波 CT</td></tr>
</table>

2.10.6　质量通病防治措施

(1)钻孔深度不足，未能真实揭示地层溶洞、裂隙资料。防治措施：严格控制钻孔深度，现场跟踪测量，保证钻孔质量。

(2)地下溶洞形成暗河或暗沟，路基以外可能有冒浆点。从压浆孔注浆，浆液从路基外某处冒浆。防治措施：此种情况应根据压浆量大小，周围观察是否有冒浆点，采取添加水玻璃双液注浆和封堵冒浆点的措施防止冒浆现象发生。

(3)注浆孔未按照要求跳设钻孔，导致注浆孔间形成冒浆现象。防治措施：此种情况应尽量避免，采取跳设钻孔，临时封堵冒浆孔，保证注浆质量。

2.11　堆载预压

2.11.1　加固原理及适用条件

堆载预压分为等载预压或超载预压，堆载预压是在已完成的路基面上通填土施加荷载，即将后期路基面上荷载提前施加到路基上，使路基和地基提前压密、沉降、固结，提高路基前期整体强度，减少工后沉降量。

适用于处理淤泥质土、淤泥和冲填土等饱和黏性土地基。

2.11.2　主要施工机械设备

主要施工机械设备：装载机、挖掘机、自卸汽车、振动压路机、推土机等。

2.11.3 原材料控制

堆载预压不得使用淤泥土或含垃圾杂物的填料。

2.11.4 施工工艺及控制要点

1. 施工工艺

(1)施工工艺流程(图 2.11.4)

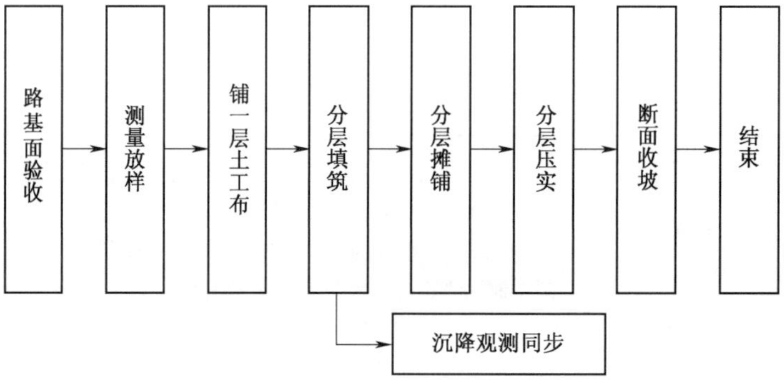

图 2.11.4 堆载预压施工工艺流程图

(2)对路基面进行验收,包括高程、宽度、平整度、横坡等,合格后,方可进入堆载预压工序。

(3)堆载预压是在新建路基的全断面上进行,测量放样的内容较简单,主要是分层高度和坡比控制。

(4)铺土工布的目的是防止预压土污染填筑好的路基层面及边坡。

(5)分层填筑、摊铺和压实,压实质量应符合设计要求。

(6)按设计要求的坡比进行机械和人工收坡。

(7)沉降观测自填筑开始观测,每层填筑前后均要有测量资料,卸载时间应根据观测资料和工后沉降推算结果,由建设单位组织设计单位、评估单位、监理单位和施工单位共同确定。

2. 控制要点

(1)填筑过程应按设计要求或采取有效措施防止预压土污染填筑好的路基。

(2)堆载预压过程中应进行沉降观测并应保护好沉降观测设施,当有损坏应及时修复。

(3)堆载预压卸载时间应根据观测资料和工后沉降推算结果,不能单一以时间计算。

(4)堆载要严格控制加载速率,分层(级)荷载应符合设计要求,保证在各级荷载下地基的稳定性。堆载时应边堆土边摊平,顶面应平整。

2.11.5 质量通病及防治措施

(1)堆载预压土的填筑速率过快,加载前后沉降量超过设计值甚至一次性全高加载。防治措施:严格分层填筑、分层压实工艺。

(2)堆载预压施工时经常损坏沉降观测设施。防治措施:沉降观测设施做好醒目标识,机械施工时,做到专人看管。

(3)预压土污染已填筑好的路基。防治措施:堆载预压前,路基全断面上铺土工布。

(4)堆载土未分层填筑压实,致使加载量少于设计值。防治措施:严格分层填筑、分层压实工艺。

第 3 章　路堤填筑施工技术

3.1　路基填料及填筑工艺性试验

3.1.1　填料标准

(1)普通填料按颗粒大小可分为三大类别:巨粒土、粗粒土和细粒土。

(2)巨粒土、粗粒土填料根据颗粒组成、颗粒形状、细粒含量、颗粒级配、抗风化能力等,按表 3.1.1-1 分为 A、B、C、D 组。

表 3.1.1-1　巨类土、粗粒土填料分组表

<table>
<tr><th colspan="6">一级定名</th><th colspan="3">二级定名</th><th rowspan="2">填料分组</th></tr>
<tr><th colspan="3">类 别</th><th colspan="2">名 称</th><th>说　明</th><th>细粒含量</th><th>颗粒级配</th><th>名　称</th></tr>
<tr><td rowspan="12">巨粒土</td><td rowspan="24">碎石类土</td><td rowspan="12">碎石类</td><td colspan="2" rowspan="6">卵石土</td><td rowspan="6">粒径大于 60 mm 颗粒的质量超过总质量的 50%(浑圆或圆棱状为主)</td><td rowspan="2"><5%</td><td>良好</td><td>级配好的卵石</td><td>A</td></tr>
<tr><td>不良</td><td>级配不好的卵石</td><td>B</td></tr>
<tr><td rowspan="2">5%~15%</td><td>良好</td><td>级配好的含土卵石</td><td>A</td></tr>
<tr><td>不良</td><td>级配不好的含土卵石</td><td>B</td></tr>
<tr><td>15%~30%</td><td>—</td><td>土质卵石</td><td>B</td></tr>
<tr><td>>30%</td><td>—</td><td>土质卵石</td><td>C</td></tr>
<tr><td colspan="2" rowspan="6">碎石土</td><td rowspan="6">粒径大于 60 mm 颗粒的质量超过总质量的 50%(尖棱状为主)</td><td rowspan="2"><5%</td><td>良好</td><td>级配好的碎石</td><td>A</td></tr>
<tr><td>不良</td><td>级配不好的碎石</td><td>B</td></tr>
<tr><td rowspan="2">5%~15%</td><td>良好</td><td>级配好的含土碎石</td><td>A</td></tr>
<tr><td>不良</td><td>级配不好的含土碎石</td><td>B</td></tr>
<tr><td>15%~30%</td><td>—</td><td>土质碎石</td><td>B</td></tr>
<tr><td>>30%</td><td>—</td><td>土质碎石</td><td>C</td></tr>
<tr><td rowspan="12">粗粒土</td><td rowspan="12">砾石类</td><td rowspan="12">粗砾土</td><td rowspan="6">粗圆砾土</td><td rowspan="6">粒径大于 20 mm 颗粒的质量超过总质量的 50%(浑圆或圆棱状为主)</td><td rowspan="2"><5%</td><td>良好</td><td>级配好的粗圆砾</td><td>A</td></tr>
<tr><td>不良</td><td>级配不好的粗圆砾</td><td>B</td></tr>
<tr><td rowspan="2">5%~15%</td><td>良好</td><td>级配好的含土粗圆砾</td><td>A</td></tr>
<tr><td>不良</td><td>级配不好的含土粗圆砾</td><td>B</td></tr>
<tr><td>15%~30%</td><td>—</td><td>土质粗圆砾</td><td>B</td></tr>
<tr><td>>30%</td><td>—</td><td>土质粗圆砾</td><td>C</td></tr>
<tr><td rowspan="6">粗角砾土</td><td rowspan="6">粒径大于 20 mm 颗粒的质量超过总质量的 50%(尖棱状为主)</td><td rowspan="2"><5%</td><td>良好</td><td>级配好的粗角砾</td><td>A</td></tr>
<tr><td>不良</td><td>级配不好的粗角砾</td><td>B</td></tr>
<tr><td rowspan="2">5%~15%</td><td>良好</td><td>级配好的含土粗角砾</td><td>A</td></tr>
<tr><td>不良</td><td>级配不好的含土粗角砾</td><td>B</td></tr>
<tr><td>15%~30%</td><td>—</td><td>土质粗角砾</td><td>B</td></tr>
<tr><td>>30%</td><td>—</td><td>土质粗角砾</td><td>C</td></tr>
</table>

续上表

一级定名					二级定名			填料分组
类别		名称		说明	细粒含量	颗粒级配	名称	
粗粒土	砂类土	细砾土	细圆砾土	粒径大于 2 mm 颗粒的质量超过总质量的 50%(浑圆或圆棱状为主)	<5%	良好	级配好的细圆砾	A
						不良	级配不好的细圆砾	B
					5%~15%	良好	级配好的含土细圆砾	A
						不良	级配不好的含土细圆砾	B
					15%~30%	—	土质细圆砾	B
					>30%	—	土质细圆砾	C
			细角砾土	粒径大于 2 mm 颗粒的质量超过总质量的 50%(尖棱状为主)	<5%	良好	级配好的细角砾	A
						不良	级配不好的细角砾	B
					5%~15%	良好	级配好的含土细角砾	A
						不良	级配不好的含土细角砾	B
					15%~30%	—	土质细角砾	B
					>30%	—	土质细角砾	C
		砾砂		粒径大于 2 mm 颗粒的质量超过总质量的 25%~50%	<5%	良好	级配好的砾砂	A
						不良	级配不好的砾砂	B
					5%~15%	良好	级配好的含土砾砂	A
						不良	级配不好的含土砾砂	B
					>15%	—	土质砾砂	B
		粗砂		粒径大于 0.5 mm 颗粒的质量超过总质量的 50%	<5%	良好	级配好的粗砂	A
						不良	级配不好的粗砂	B
					5%~15%	良好	级配好的含土粗砂	A
						不良	级配不好的含土粗砂	B
					>15%	—	土质粗砂	B
		中砂		粒径大于 0.25 mm 颗粒的质量超过总质量的 50%	<5%	良好	级配好的中砂	A
						不良	级配不好的中砂	B
					5%~15%	良好	级配好的含土中砂	A
						不良	级配不好的含土中砂	B
					>15%	—	土质中砂	B
		细砂		粒径大于 0.075 mm 颗粒的质量超过总质量的 85%	<5%	良好	级配好的细砂	
						不良	级配不好的细砂	C
					5%~15%	—	含土细砂	C
		粉砂		粉径大于 0.025 mm 颗粒的质量超过总质量的 50%	—	—	粉砂	C

注:1. 颗粒级配分为良好($C_u \geqslant 5$,且 $C_c = 1 \sim 3$)和不良($C_u < 5$,且 $C_c \neq 1 \sim 3$)。

式中,不均匀系数 $C_u = d_{60}/d_{10}$;曲率系数 $C_c = d_{30}^2/(d_{10} \times d_{60})$。

d_{10}、d_{30}、d_{60} 分别为颗粒级配曲线上相应于总质量 10%、30%、60%含量颗粒的粒径。

2. 细粒含量指黏粒($d \leqslant 0.075$ mm)的质量占总质量的百分数。

(3)细粒土填料按表 3.1.1-2 分为粉土、黏性土和有机土。粉土、粉质黏土应采用液限含水率 ω_L 进行填料分组：当 $\omega_L<40\%$时，为 C 组；当 $\omega_L\geqslant40\%$时，为 D 组。黏土为 D 组，有机土为 E 组。

表 3.1.1-2　细粒土填料分组表

<table>
<tr><td colspan="4" rowspan="2">一级定名</td><td colspan="3">二级定名</td><td rowspan="2">填料分组</td></tr>
<tr><td>液限含水率</td><td>名称</td><td>塑性图</td></tr>
<tr><td rowspan="7">细粒土</td><td colspan="2" rowspan="2">粉土</td><td rowspan="2">$I_p\leqslant10$，且粒径大于 0.075 mm 颗粒的质量不超过全部质量 50%的土</td><td>$\omega_L<40\%$</td><td>低液限粉土</td><td rowspan="6">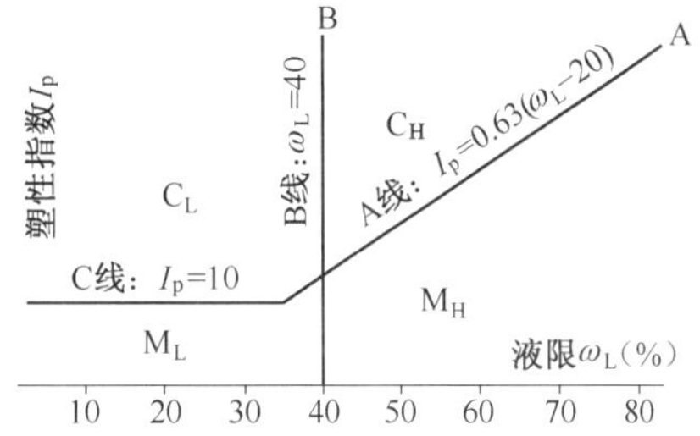
</td><td>C</td></tr>
<tr><td>$\omega_L\geqslant40\%$</td><td>高液限粉土</td><td>D</td></tr>
<tr><td rowspan="4">黏性土</td><td rowspan="2">粉质黏土</td><td rowspan="2">$10<I_p\leqslant17$</td><td>$\omega_L<40\%$</td><td>低液限粉质黏土</td><td>C</td></tr>
<tr><td>$\omega_L\geqslant40\%$</td><td>高液限粉质黏土</td><td>D</td></tr>
<tr><td rowspan="2">黏土</td><td rowspan="2">$I_p>17$</td><td>$\omega_L<40\%$</td><td>低液限黏土</td><td>D</td></tr>
<tr><td>$\omega_L\geqslant40\%$</td><td>高液限黏土</td><td>C</td></tr>
<tr><td colspan="3">有机土</td><td colspan="3">有机质含量大于 5%</td><td>E</td></tr>
</table>

注：1. 液限含水率试验采用圆锥仪法，圆锥仪总质量为 76 g，入土深度 10 mm。

2. A 线方程中的 ω_L 按去掉%符合后的数值进行计算。

(4)填料根据土质类型和渗水性可分为渗水土、非渗水土。A、B 组填料中，细粒土含量小于 10%、渗透系数大于 10^{-3} cm/s 的巨粒土、粗粒土(细砂除外)为渗水土，其余为非渗水土。

(5)基床表层以下路堤普通填料

①基床底层应采用 A、B 组填料填筑，或改良土；基床以下路堤宜选用 A、B 组填料，C 组碎石、砾石类填料，当选用 C 组细粒土填料时，应根据填料性质进行改良。

②正线路基基床以下路堤填料的颗粒应小于 75 mm，基床底层填料的颗粒应小于 60 mm。

③填料颗粒级配和细粒含量应符合第 3.1.1 条的有关规定。

④寒冷地区冻结影响范围填料应符合防冻胀要求。

⑤正线路基浸水路堤填料细粒含量应小于 10%。

⑥路基填料的选择，除根据室内试验指标按上述要求初选外，还应通过现场填筑工艺试验验证，当压实性能不能满足要求时应进行改良处理，以达到压实质量标准。

(6)基床表层以下路堤化学改良土填料

①外掺料为水泥时，宜采用普通硅酸盐水泥、矿渣硅酸盐水泥或复合硅酸盐水泥，强度等级为 42.5 或 32.5，初凝时间不宜小于 3.0 h，终凝时间不宜小于 6.0 h，安定性和强度指标应符合现行《通用硅酸盐水泥》(GB 175—2007)的要求。不应使用快硬水泥、早强水泥，不得使用受潮变质水泥。

②用水泥改良的原土料，有机质含量不大于 2%，硫酸盐含量折算成 SO_4^{2-} 不大于 0.25%。

③外掺料为石灰时，宜采用钙质生石灰，其石灰的氧化钙＋氧化镁(CaO＋MgO)含量不应小于 80%，二氧化碳(CO_2)含量不应大于 9%，生石灰粉 0.90 mm 筛的筛余不应大于 0.5%，建筑钙质生石灰未消化残渣含量(5 mm 圆孔筛余)不应大于 15%。

④用石灰改良的原土料，有机质含量不宜大于 5%，硫酸盐含量不应大于 0.8%。

⑤外掺料为粉煤灰时,其矿物成分($SiO_2+Al_2O_3+Fe_2O_3$)含量不应小于 70%,三氧化硫(SO_3)含量不应大于 3%,烧失量不应大于 8%,细度(0.045 mm 方孔筛余)不应大于 25%。

⑥经化学改良后填料的无侧限抗压强度应符合表 3.1.1-3 的要求。

表 3.1.1-3 改良土无侧限抗压强度要求表

路基部位	基床底层	基床以下
7 d 饱和无侧限抗压强度(kPa)	≥350(≥550)	≥250

注:表中括号内为改良土考虑冻融循环作用所需的强度值。

(7)基床表层级配碎石填料

①基床表层级配碎石粒径级配符合表 3.1.1-4 的要求,且其不均匀系数 C_u 不得小于 15,0.02 mm 以下颗粒质量百分率不得大于 3%。粒径级配曲线如图 3.1.1 所示。

表 3.1.1-4 基床表层级配碎石粒径级配要求表

方孔筛边长(mm)	0.1	0.5	1.7	7.1	22.4	31.5	45
过筛质量百分率(%)	0~11(5)	7~32	13~46	41~75	67~91	82~100	100

注:括号内数字适用于寒冷地区铁路。

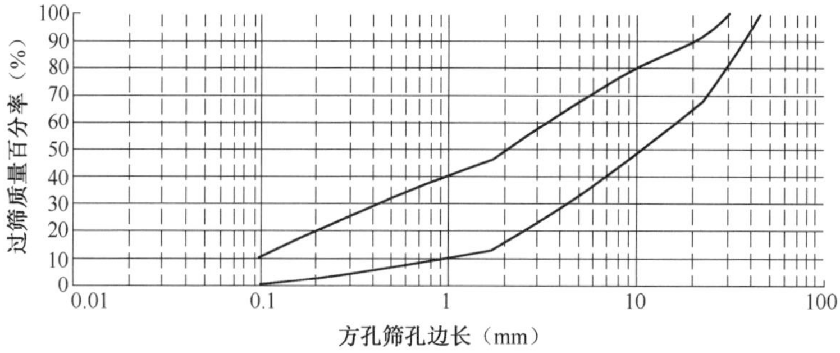

图 3.1.1 基床表层级配碎石粒径级配曲线

②基床表层级配碎石与下部填土之间满足 $D_{15}<4d_{85}$ 的要求,否则基床表层采用颗粒级配不同的双层结构,或在基床底层表面铺设土工合成材料反滤层。当下部填土为改良土时,不受此规定限制。

③粒径大于 22.4 mm 的破碎卵石粗颗粒中带有破碎面的颗粒所占质量百分率不小于 30%。

④级配碎石粒径大于 1.7 mm 颗粒的洛杉矶磨耗率不大于 30%,硫酸钠溶液浸泡损失率不大于 6%,粒径小于 0.5 mm 的细颗粒的液限不大于 25%,塑性指数不小于 6,不得含有黏土及其他杂质。

(8)过渡段级配碎石料填料

过渡段级配碎石填料粒径、级配及质量应该符合设计要求。碎石颗粒中针状、片状碎石含量不得大于 20%;质软、易破碎的碎石含量不得超过 10%;过渡段用碎石的颗粒级配范围应符合表 3.1.1-5 的要求。

表 3.1.1-5　过渡段用碎石颗粒级配范围要求表

级配编号	通过筛孔(mm)质量百分率(%)									
	50	40	30	25	20	10	5	2.5	0.5	0.075
1	100	95～100	—	—	60～90	—	30～65	20～50	10～30	2～10
2	—	100	95～100	—	60～90	—	30～65	20～50	10～30	2～10
3	—	—	100	95～100	—	50～80	30～65	20～50	10～30	2～10

3.1.2　填料生产

1. 普通填料

(1)原状土料的组别、粒径级配及技术性能符合要求,天然含水率在工艺试验确定的施工控制含水率范围内的填料可直接用于路基填筑。

(2)填料的含水率过大通过晾晒、含水率过小通过洒水拌匀至符合碾压含水率要求后方可使用。

(3)天然土料超过最大粒径限值5%以上的,在取土场过筛后再运至填筑地点。

(4)采用开山、路堑挖方或隧道出渣的硬质岩或不易风化的块石作为料源时,设专门的填料加工厂对土料进行破碎、过筛处理,使填料粒径符合填筑要求。大粒径的岩块先进行破碎解小,再输入破碎机破碎,然后经筛孔位75 mm(基床以下填料)或60 mm(基床底层用料)振动筛筛分,使填料粒径符合要求。

2. 填料级配物理改良

当填料级配致使填料压实性能不良时,掺入粗粒土或细粒土等外掺料通过机械拌和均匀进行物理改良。

3. 场拌法生产化学改良土填料

(1)根据改良土工程量及地形、地貌等规划布置拌和站,混合料搅拌机械应具有自动计量装置。混合料中不得含有大于15 mm的土块和未消解石灰颗粒。

(2)原土料及外掺料的备料场均搭建料棚,不同品种、规格的材料之间修建隔墙。

(3)按设计进行室内改良土配合比试验确定初步配合比,进行填筑工艺试验,验证室内试验配合比并确定施工工艺参数。

(4)当采用水泥基类作为改良剂时,其击实最大干密度取延迟一定时间的试验值,延迟时间根据所选工艺经试验确定。

(5)拌和前,做好备料工作,原材料的颗粒组成和含水率应达到规定的要求。

(6)外掺料使用消石灰时,在使用前7～10 d充分消解,并应保持一定的湿度。当采用生石灰时,选用磨细生石灰粉。

(7)拌和之前,对所有设备进行调试和计量检查,并测定土和外掺料的含水率,按生产配合比确定配料机料仓的输送带转速和加水量,使拌和后混和料的外掺料掺量和含水率达到要求。

(8)在拌和过程中对混合料颗粒粒径与外掺料的含量进行检验,混合料组成发生变化时重新调试设备。

(9)拌和好的混合料尽快运送到铺筑现场。在运送过程中对混合料进行覆盖,减少水分损失及避免污染。

4. 路拌法生产化学改良土填料

(1)路拌法生产改良土填料选用专用的撒布车、拌和设备。

(2)采用层铺法施工,按填筑宽度及松铺厚度,计算所需原土料和外掺料的数量、堆放位置。

(3)按计算原土料的数量,在下承层上首先摊铺原土料,初平静压一遍后,检查其填筑层的厚度,测定其含水率及干容重,如含水率过大或过小时采取翻晒或加水等措施进行处理,直至含水率合适为止。翻晒后达到含水率标准的填料应重新整平。

(4)按配合比计算外掺料单位面积的摊铺数量,采用撒布车或人工将外掺料均匀摊铺在原土料表面上。

(5)在路拌机拌和一遍后,检查混合料的含水率。含水率过大时应晾晒;含水率过小时,采用喷管式洒水车洒水。撒水车不得在正在进行拌和的以及当天计划拌和的路段上调头和停留。在洒水拌和过程中,及时检查混合料的含水率,其值应该大于最佳含水率1%左右。

(6)拌和重叠宽度不宜小于50 cm,拌和深度应深入下承层表面1 cm左右。设专人跟随路拌机,随时检查拌和深度,并配合路拌机操作员调整拌和深度。

(7)拌和后的混合料粒径、外掺料掺量经检测合格,拌和均匀、无夹层且含水率达到试验要求时,迅速组织整形和碾压。

5. 级配碎石填料

(1)基床表层和过渡段用级配碎石采用三级配或四级配进行配制。

(2)配制基床表层和过渡段用级配碎石的各种分级集料,进场验收后分类堆放。

(3)根据各种不同规格集料采用相应标准的筛分结果,按本节基床底层用级配碎石及过渡段用级配碎石的粒径级配要求设计基本配合比。

(4)级配碎石按设计配合比进行室内击实试验和现场填筑工艺试验,确定生产用配合比。

(5)正式拌和之前,对所有设备进行调试和计量检查,并测定各种集料的含水率,按生产配合比确定配料机料仓的输送带转速和加水量。

(6)掺水泥级配碎石的重型击实最大干密度取延迟一定时间的试验值,延迟时间根据所选工艺经试验确定,但不得大于4 h。

(7)在拌和过程中对混和料的级配、灰剂量(仅对掺加水泥的级配碎石而言)和含水率进行检验,当混合料组成发生变化及时重新调试设备。

(8)经检测合格的混合料尽快运送到铺筑现场。混合料在运送过程中进行覆盖,减少水分损失及环境污染。

3.1.3 填料检验

1. 普通填料

(1)普通填料的质量应满足设计要求,填筑前应在料场进行取样检验,当填料土质发生变化或更换取土场时应重新进行检验,按表3.1.3-1的检验频次和方法检验。

表3.1.3-1 普通天然填料在料场检验项目及频次

项目名称	检验项目	检验数量	试验方法
颗粒分析试验	粒径	每10 000 m^3检验1次,当填料土质发生变化或更换取土场时应重新进行检验	按《铁路工程土工试验规程》(TB 10102—2010)规定的方法
	颗粒级配		
	细粒含量		
击实试验或最大干密度试验	最大干密度		
	最佳含水率		

(2)普通填料出场时，抽检填料含水率，每工班检验数量不少于2次，出场含水率应在工艺试验确定的填料出场控制含水率范围内。

2. 改良土填料

(1)化学改良土的原土料质量应符合设计和《高速铁路路基工程施工质量验收标准》(TB 10751—2010)第5.3.1条的规定，使用前应在取土场进行取样检验，当填料土质发生变化或更换取土场时应重新进行检验，检验频次和方法按表3.1.3-2检验。

表3.1.3-2　原土料检验项目及频次

项目名称	检验项目	检验数量	试验方法
有机质试验	有机质含量	每50 000 m^3 检验1次原土料有机质和硫酸盐含量，当填料土质发生变化或更换取土场时应重新进行检验，同一土源不少于1次	按《土工试验方法标准》(GB/T 50123—1999)规定的方法
硫酸根的测定	硫酸盐含量		

(2)化学改良土的外掺料质量应符合设计和《高速铁路路基工程施工质量验收标准》(TB 10751—2010)第5.3.2条的规定，按表3.1.3-3的检验频次和方法检验。

表3.1.3-3　外掺料检验项目及频次

材料名称	检验项目	检验数量	试验方法
石灰	细度、CO_2 含量、$CaO+MgO$ 含量、未消化残渣含量	同一厂家、同品种、同规格的外掺料，每200 t、检验1组；水泥进场时间超过3个月或明显受潮湿时重新复检；粉煤灰等同类外掺料的 SO_3 和 $SiO_2+Al_2O_3+Fe_2O_3$ 含量每2 000 t检验1组	JC/T 478.1—1992、JC/T 478.2—92
水泥等胶材	凝结时间、安定性、强度		GB/T 1346—2001、GB/T 17671—1999
粉煤灰等同类外掺料	细度、烧失量、SO_3 和 $SiO_2+Al_2O_3+Fe_2O_3$ 含量		GB 1596—2005 GB/T 176—2008

(3)化学改良土使用前应对同土源、同外掺料进行配合比和无侧限抗压强度验证试验，改良土出场前应进行标准试验，含水率和外掺料剂量检测应在混合料出场前进行，改良土混合料质量按表3.1.3-4检验。

表3.1.3-4　改良土混合料检验项目及频次

项目名称	检验项目	检验数量	试验方法
验证试验	配合比	同土源、同外掺料做1次改良土配合比验证无侧限抗压强度试验，当土源或外掺料发生变化时，重新进行验证试验	按《铁路工程土工试验规程》(TB 10102—2010)规定的方法
	无侧限抗压强度		
	延迟时间		
标准试验	最大干密度	每5 000 m^3 混合料做一次击实试验。当土源或外掺料发生变化时，重新进行检验	
	最佳含水率		
出场检验	含水率	每工班检查不少于2次，当遇雨天含水率有显著变化时，应增加含水率检测次数	
	外掺料剂量	每工班检验2次	

注：掺水泥的改良土同时做延迟时间试验。

(4)物理改良土使用前每10 000 m^3 进行1次配合比试验，检验混合料的粒径、颗粒级配及细粒含量，当填料土质发生变化或更换取土场时应重新进行检验。检验频次和方法按表3.1.3-5检验。

3. 级配碎石

(1)级配碎石质量应满足设计要求，生产前应进行配合比设计，当料源发生变化时应重新进行设计。

(2)级配碎石生产期间，每工班抽样检验1次粒径级配、黏土及其他杂质含量、大于22.4 mm的粗颗粒中带有破碎面的颗粒含量。

(3)过渡段用碎石级配生产期间，每工班抽样检验1次颗粒级配、针状和片状碎石含量、质软和易破碎的碎石含量。

(4)级配碎石出场前应进行最大干密度试验和含水率检测(掺水泥级配碎石还应检测水泥剂量)。

(5)级配碎石质量按表3.1.3-5检验。

表3.1.3-5 级配碎石质量检验项目及频次

项目名称	检验项目	检验数量	试验方法
配比设计	配合比	当料源发生变化时应重新进行设计	按《铁路工程土工试验规程》(TB 10102—2010)规定的方法
	颗粒级配及不均匀系数		
	0.02 mm以下颗粒含量		
	大于22.4 mm的粗颗粒中带有破碎面的颗粒含量		
	黏土及其他杂质含量		
	针片状颗粒含量		
	软弱颗粒含量		
	最大干密度		
	最佳含水率		
	延迟时间		
	剂量标准曲线		
标准试验	最大干密度	每5 000 m^3检验1次，当级配碎石材质发生变化或更换石场时应重新进行检验	
	最佳含水率		
出场检验	含水率	每工班检查不少于2次，当遇雨天含水率有显著变化时，应增加含水率检测次数	
	水泥剂量	每工班检验2次	

注：延迟时间、剂量标准曲线和水泥剂量检测仅限掺水泥的级配碎石。

3.1.4 路基填筑工艺性试验

1. 目的

现场填筑工艺性试验，是将设计标准和室内试验数据转化为施工控制参数的必要环节，在大规模施工之前，或材料来源发生变化后，按规定进行现场工艺性试验，以确保填筑工艺合理，保证填筑质量。

通过对比试验，确定最合理的松铺厚度、含水率控制范围、最佳的机械组合、最经济的压实遍数、合理的机械走行速度、合理的分段长度以及最合理的施工控制方法。

2. 方案编制

(1)选定试验段的位置及长度；

(2)确定试验段的人员及机械、试验检测设备配置；

(3)确定试验检测的内容；

(4)确定数据采集的方式；

(5)成果的总结。

3. 工艺性试验实施

(1)路基填筑工艺性试验流程如图3.1.4所示，工艺试验记录按表3.1.4所示样式填写。

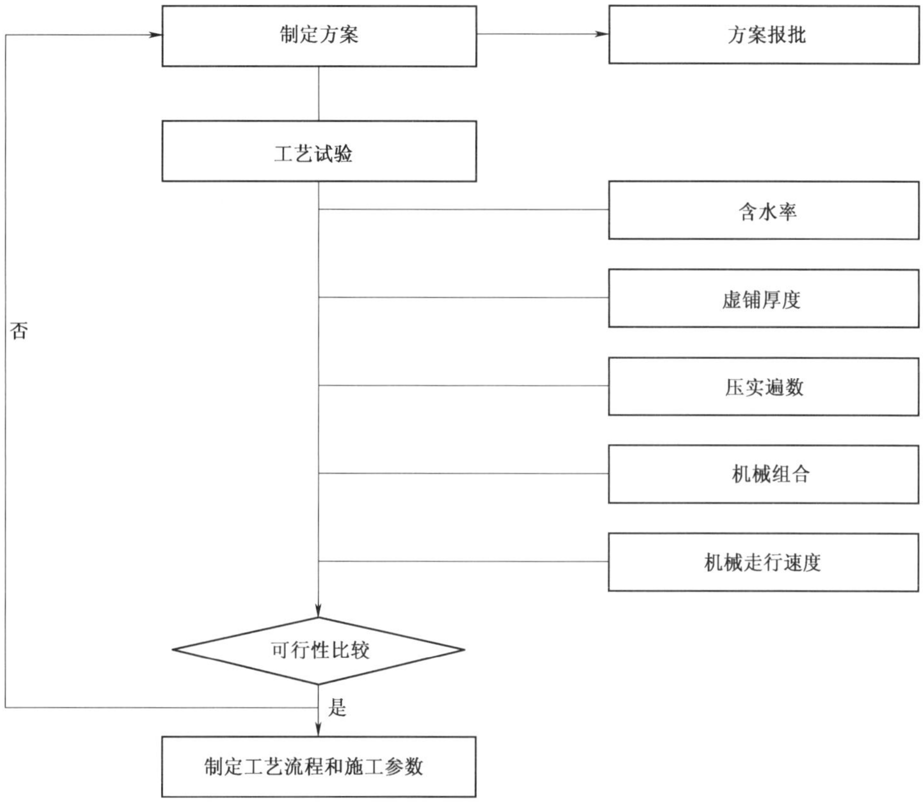

图3.1.4　现场工艺性试验流程

表3.1.4　路基填筑工艺试验记录表

序号	填土种类	含水率		虚铺厚度	压实厚度	压实遍数	走行速度	机械组合	密实度检测值					填筑加宽量	备注
		最佳含水率	实测含水率						地基系数 K_{30}	压实系数 K	孔隙率 n	E_{vd}	E_{v2}		

注：序号从0编起，1及以后为填土层数，0层表示原地面处理情况；备注栏说明填层位于路基何部位（基底、本体、基床底层、基床表层）；压实遍数中应注明静压、振动压遍数。

(2)路基试验段长度一般为100～200 m，各种形式的过渡段分别进行填筑工艺试验。

(3)普通填料的碎石类、砾石类土每层现场填筑的最大压实厚度为40 cm(基床以下)或35 cm(基床底层)，砂类土和改良细粒土填料每层现场填筑的最大压实厚度为30 cm，分层填筑的最小分层厚度为 10 cm;级配碎石每层现场填筑的最大压实厚度不宜大于 30 cm,最小填筑压实厚度为 15 cm;过渡段采用小型机械压实部位的填料和级配碎石每层现场填筑的最大压实厚度为 15 cm。

(4)普通填料填筑工艺试验现场选用重型振动压路机,通过试验确定不同功能压实机械条件下不同填料施工含水率的控制范围、松铺厚度和相应碾压遍数、机械配套方案及施工组织方式。

(5)改良土填筑工艺试验现场选用重型振动压路机,改良土的含水率控制在最佳含水率±2%范围内,通过试验得出不同功能压实机械条件下不同改良土填料的松铺厚度、相应的碾压遍数及填筑施工的延迟时间、机械配套方案及施工组织方式。

(6)级配碎石填筑工艺试验现场选用重型振动压路机,过渡段距离结构物 2 m 以内的部位采用小型压实机械压实,通过试验确定生产配合比、松铺厚度和相应碾压遍数、机械配套方案及施工组织方式,过渡段掺水泥级配碎石应得出合理的填筑施工延迟时间。

(7)填筑工艺性试验应根据施工进展情况,按不同部位分别进行试验,现场主要有以下路基填筑工艺性试验:

①基床以下填料填筑工艺试验;

②基床底层填筑工艺试验;

③基床表层级配碎石填筑工艺试验;

④过渡段填筑工艺试验;

⑤改良土填筑工艺试验。

工艺性试验取得的工艺参数经现场监理单位确认后,方可对路基进行大面积填筑施工。

4. 总结报告

(1)路基填筑工艺试验主要整理、总结以下内容:

①绘制不同虚铺厚度的压实系数 K、地基系数 K_{30} 或变形模量 E_{v2}(E_{v2}/E_{v1} 比值)和动态变形模量 E_{vd} 随碾压遍数变化的关系曲线,并根据相应的试验结果,确定适宜的碾压遍数和松铺厚度。

②绘制在固定某一适宜填筑厚度条件下压实系数 K、地基系数 K_{30} 或变形模量 E_{v2}(E_{v2}/E_{v1} 比值)和动态变形模量 E_{vd} 随含水率变化的关系曲线,并根据相应的试验结果,确定施工控制含水率范围。

③绘制掺水泥的化学改良土、掺水泥级配碎石在固定某一适宜填筑厚度条件下压实系数随延迟时间变化的关系曲线,并根据相应的试验结果,确定适宜的延迟时间范围。

④整理分析化学改良土填筑工艺试验无侧限抗压强度试验验证数据,最终确定化学改良土适宜的外掺料掺入比。

⑤对软土地基地段,应据沉降及边坡位移观测,确定合适的填筑速率和填层厚度。

(2)路基填筑工艺性试验段完成后,及时编制试验段总结报告并报监理单位确认,报告主要包括以下内容:

①机械设备组合;

②压路机碾压行走速度、碾压方式、碾压遍数;

③填料的施工含水率控制范围;

④适宜的松铺厚度;

⑤改良土外掺料掺入比(此项仅对改良土填筑工艺试验时需要)。

3.2　基床表层以下路基填筑

3.2.1　区段划分

路基填筑区段的长度根据使用机械的能力、数量确定，一般宜在 200 m 以上或以构造物为界。各区段或流程内严禁几种作业交叉进行，现场设置明显标识。

路基填筑主要配备推土机、平地机、压路机、自卸汽车、挖桩机、小型夯实机等设备。

3.2.2　施工工艺及控制要点

(1)路堤填筑应按“三阶段、四区段、八流程”的施工工艺组织施工。基床以下路堤填筑工艺流程如图 3.2.2-1 所示。

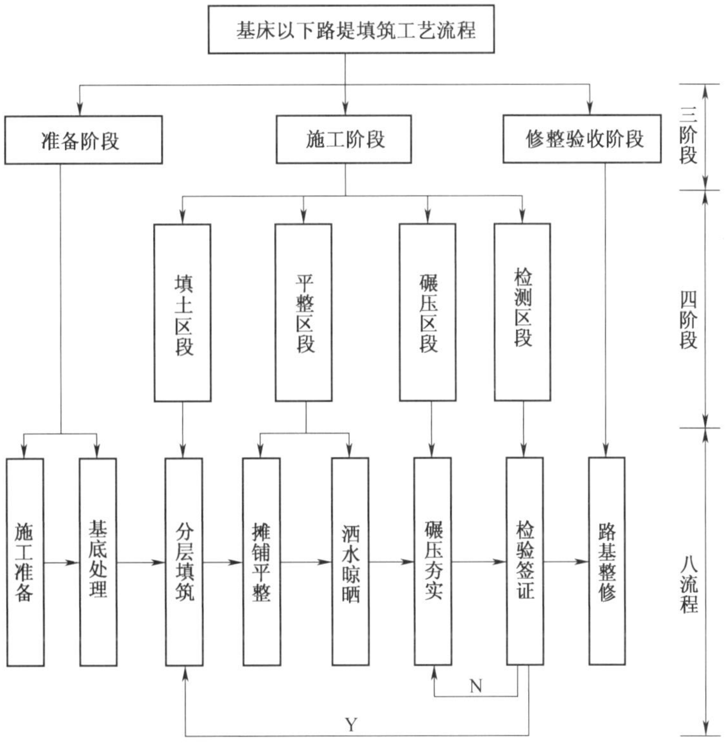

图 3.2.2-1　基床表层以下路堤填筑施工工艺流程图

(2)路堤填土施工顺序：下层面处理→测量放样、抄平→布填料→推土机摊铺整平→轻型压路机初压→重型振动压路机复压→平地机精平→重型压路机终压，具体施工顺序如图 3.2.2-2 所示。

①不同性质的填料分层填筑，不得混填，每一段路基填筑段、每一水平层的全宽应用同一种填料填筑，每种填料层累计总厚度不小于 50 cm。

②填土区段按照网格化布料，用推土机或平地机摊铺平整，使填层在纵向和横向平顺均匀，以保证压路机碾压轮表面能基本均匀接触层面进行压实，达到最佳碾压效果。

③推土机摊铺平整的同时，对路肩进行初步压实，保证压路机进行压实时，压到路肩而不致下滑。路堤应沿横断面全宽、纵向分层填筑。当原地面高低不平时，先从最低处分层填筑，

两边向中部填筑。路基边坡两侧超填宽度不小于 50 cm，竣工时应刷坡整平。初压工序之后用平地机精平，局部凹坑采用人工修整。

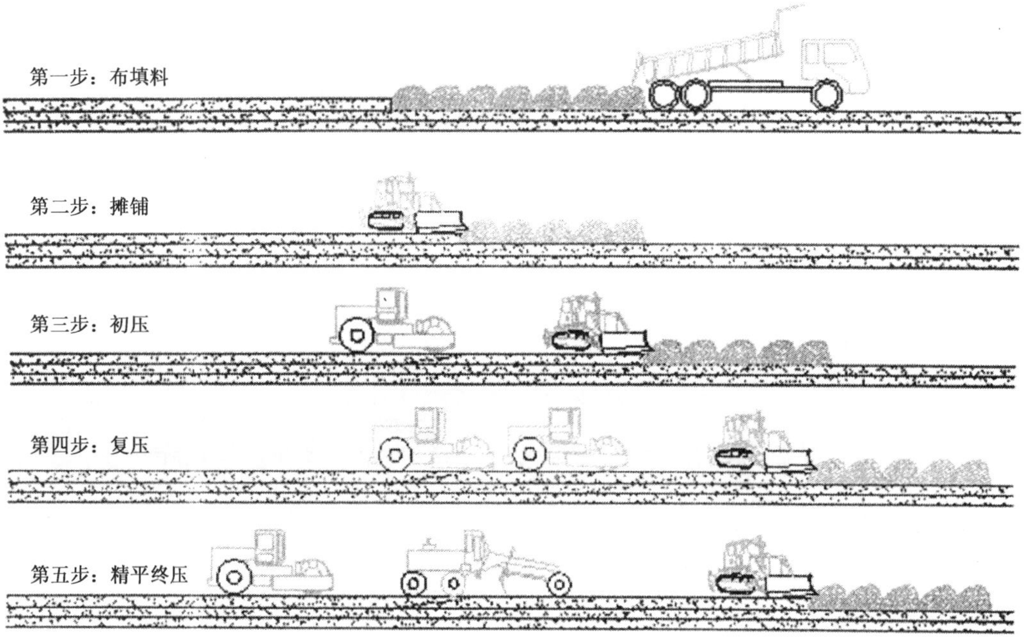

图 3.2.2-2 基床以下路堤填土压实层纵向施工顺序示意图

(3)每一填筑层施工前均进行施工放线，放出填层中线和填筑边线。根据测设的填筑边线，按松铺厚度挂线，用于控制铺土边界和铺土厚度。

(4)现场根据工艺性试验确定的虚铺厚度确定分层填筑厚度。填料摊铺时，在已压实好的路基面上设置方格网(洒石灰)，控制填料摊铺数量，虚铺厚度采用路基两侧设标竿和红色施工绳等措施进行控制。

(5)进行碾压前对填筑层的分层厚度和大致平整程度进行检查，确认层厚和平整程度符合要求；碾压前向压路机司机进行技术交底，内容包括：碾压里程范围、压实遍数、机械走行速度、压实顺序、压实时纵横向重叠长度及有关安全注意事项。

(6)碾压顺序

①直线地段：先两侧后中间，先慢后快，先静压后振动，如图 3.2.2-3 所示。

②曲线地段：从曲线内侧向外侧，先慢后快，先静压后振动，如图 3.2.2-4 所示。

③第一遍采取静压使填土表面平整度较好，振动压实效果比未采取静压的效果好，故按照静压、弱振、强压、静压四步骤进行。

④各种压路机的最大碾压行驶速度不超过 4 km/h，纵向搭接长度不小于 2 m，上下层填筑接头应错开 3 m。

(7)压路机按图 3.2.2-5、图 3.2.2-6 所示走行，相邻两行碾压轮迹至少重叠 40 cm，保证不漏压。

(8)路堤各段不能同步填筑时，纵向接头处在已填筑路堤端挖出硬质台阶，台阶宽度不小于 2 m，高度同填筑层厚度。

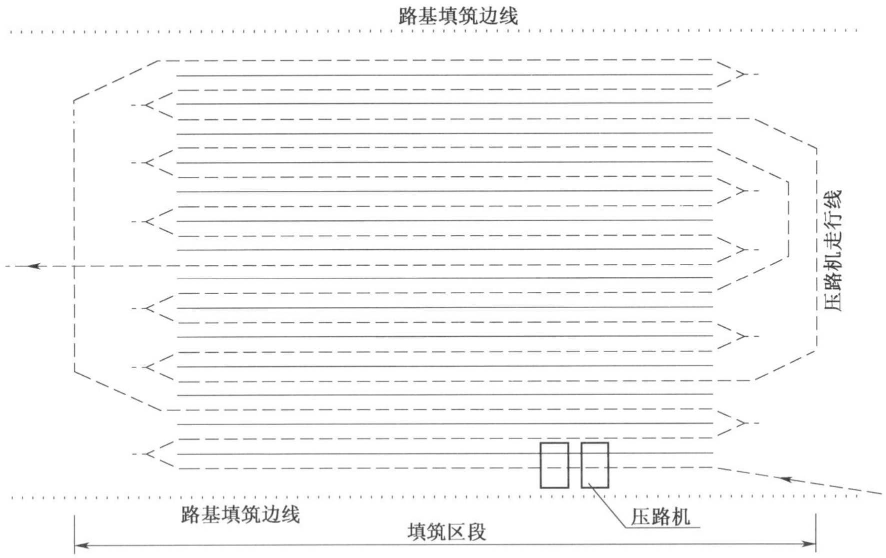

图 3.2.2-3　直线段路堤填筑碾压顺序图

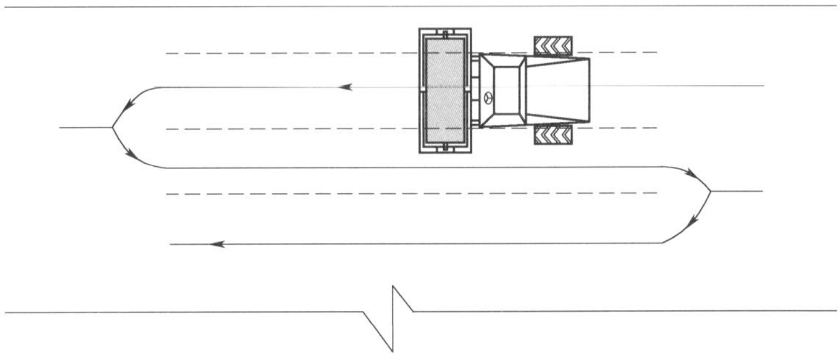

图 3.2.2-4　曲线段压路机碾压走行路图

图 3.2.2-5　路基碾压现场照片 1

图 3.2.2-6　路基碾压现场照片 2

(9)路基路肩部分采用斜向进退碾压法。斜向进退碾压法是将压路机的走向与边线成约45°的交角走行,至前轮缘外端1/4悬空后即行后退,如此反复进退碾压,压实至要求的密实度为止。采用斜向进退碾压法碾压路肩时,压路机下必须设专人指挥进退,防止倾覆。

(10)碾压遍数:按照不少于填筑工艺性试验确定的压实遍数进行压实。对细粒土和砂类土一般先采用轻型压路机静压2遍,再用重型振动压路机碾压4～6遍;对碎石土填料采用重型振动压路机碾压5～7遍。

(11)填方断面边坡线按每侧超宽不小于50 cm进行控制,为保证断面几何尺寸准确无误,直线段边桩设置间距20 m,曲线段边桩设置间距10 m。每隔20～50 m用标竿和红色施工绳做成标准几何断面,如图3.2.2-7所示。

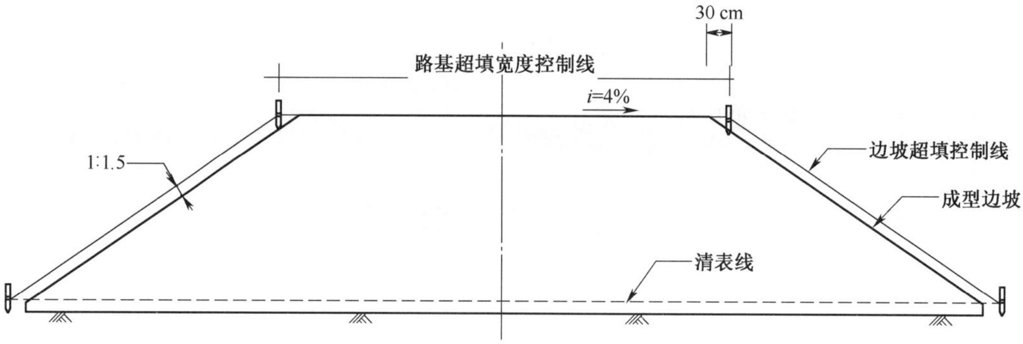

图3.2.2-7　路基横断面控制图

(12)地面自然横坡或纵坡陡于1∶2.5～1∶5时,将原地面挖成台阶,台阶宽度大于1 m。纵向搭接时,采用人力开挖宽度大于2 m的搭接平台,进行台阶处理,如图3.2.2-8所示。

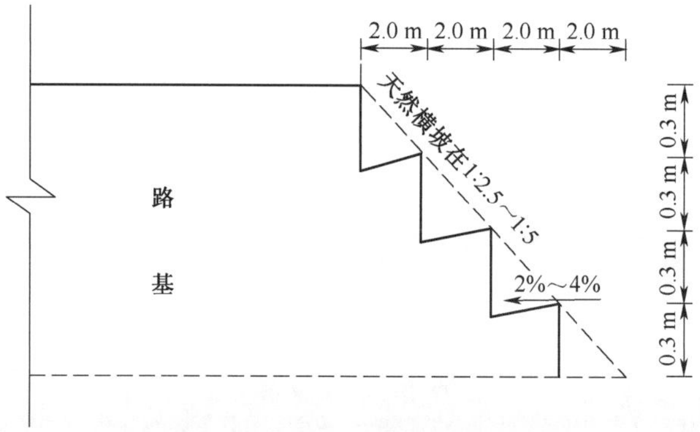

图3.2.2-8　斜坡处理大样图

(13)当上、下两填层采用不同种类或颗粒条件的填料时,其粒径应符合$D_{15}/d_{85} \leqslant 4$的要求(下层为化学改良土时,不受限制),否则采取铺设隔离作用的土工合成材料加固措施。

(14)每层填筑时,应向路基两侧形成4%的人字横向排水坡。

(15)在路堤本体最后几层施工时逐步进行刷坡,将刷坡土利用作填料。遇到高边坡路基,刷坡采用挖机为主人工配合上下多次挂线刷坡。

(16)平地机整平修正时易将粗集料刮到表面,造成离析和粗细集料成"窝"或"带",平地机来回刮平的次数越多，离析现象愈严重，平整时应设专人负责消除平地机整形后的"窝"或"带"。

(17)当路堤高度小于基床厚度(3.0 m)时，原地面应按设计进行整平碾压、夯实、翻挖回填、换填或其他加固措施。A、B组填料填筑现场如图3.2.2-9、图3.2.2-10所示。

图3.2.2-9　A、B组填料填筑现场照片1

图3.2.2-10　A、B组填料填筑现场照片2

3.2.3　质量检测

(1)基床以下路堤的压实标准应根据填料类别按表3.2.3-1采用双指标控制。

表3.2.3-1　普通填料和物理改良土填筑基床以下路堤检验项目及频次

检验指标	压实标准		检验数量	试验方法
	砂类土及细砾土	碎石类及粗砾土		
压实系数 K	≥0.92	≥0.92	每压实层每沿线路纵向连续长度每100 m、站场路基折合正线双线每100 m，抽样检验压实系数6点，其中：区间正线路基左、右距路基边线1 m处各2点，路基中部2点；每填高约90 cm抽样检验地基系数(无砟轨道可采用 K_{30} 或 E_{v2})4点，其中：区间正线路基距路基边线2 m处左、右各1点，路基中部2点	按《铁路工程土工试验规程》(TB 10102—2010)规定
地基系数 K_{30}(MPa/m)	≥110	≥130		

注：无砟轨道可采用 K_{30} 或 E_{v2}。当采用 E_{v2} 时，其控制标准为 E_{v2}≥45 MPa且 E_{v2}/E_{v1}≤2.6。

(2)浸水路堤浸水与不浸水分界防护高程的允许偏差按表3.2.3-2检验。

表3.2.3-2　浸水路堤浸水与不浸水分界防护高程的允许偏差、检验数量及检验方法

检验项目	允许偏差	施工单位检验数量	检验方法
分界防护高程	$^{+100}_{0}$ mm	沿线路纵向每100 m抽样检验3点	测量仪器测量或尺量

(3)基床以下路堤顶面路基压实宽度、横坡的允许偏差按表3.2.3-3检验。

表3.2.3-3　基床以下路堤顶面路基压实宽度、横坡的允许偏差、检验数量及检验方法

序号	检验项目	允许偏差	施工单位检验数量	检验方法
1	顶面路基压实宽度	不小于设计宽度	沿线路纵向每100 m抽样检验5个断面	尺量
2	顶面横坡	±0.3%		坡度尺量

(4)基床底层普通填料、物理改良土压实标准应根据填料类别按表3.2.3-4采用地基系数

K_{30}、动态变形模量 E_{vd} 和压实系数 K 三项指标控制。化学改良土压实标准按表 3.2.3-4 采用压实系数 K 和 7 d 饱和无侧限抗压强度双指标控制。

表 3.2.3-4 普通填料和改良土填筑基床底层检验项目及频次

检验指标	压实标准			检验数量	试验方法
	化学改良土	砂类土及细砾土	碎石类及粗砾土		
地基系数 K_{30} (MPa/m)	—	≥130	≥150	每压实层每沿线路纵向连续长度每 100 m、站线路基折合正线双线每 100 m,抽样检验压实系数 6 点,其中:区间正线路基左、右距路基边线 1 m 处各 2 点,路基中部 2 点;每填高约 90 cm 每抽样检验地基系数(无砟轨道可采用 K_{30} 或 E_{v2})、动态变形模量各 4 点,其中:区间正线路基距路基边线 2 m 处左、右各 1 点,路基中部 2 点	按《铁路工程土工试验规程》(TB 10102—2010)规定
动态变形模量 E_{vd} (MPa)	—	≥40	≥40		
压实系数 K	≥0.95	≥0.95	≥0.95		
7 d 饱和无侧限抗压强度 q_u (kPa)	≥350(550)	—	—		

注:1. 无砟轨道可采用 K_{30} 或 E_{v2}。当采用 E_{v2} 时,其控制标准为 $E_{v2} \geq 80$ MPa 且 $E_{v2}/E_{v1} \leq 2.5$。

2. 括号内数字为寒冷地区化学改良土考虑冻融循环作用所需强度值。

3. 化学改良土每 100 m 抽样检验 3 处无侧限抗压强度(同一连续作业段左、中、右各 1 处)。

(5)基床底层厚度、顶面宽度、顶面横坡的允许偏差按表 3.2.3-5 检验。

表 3.2.3-5 基床底层厚度、顶面宽度、顶面横坡的允许偏差、检验数量及检验方法

序号	检验项目	允许偏差	施工单位检验数量	检验方法
1	厚度	±30 mm	沿线路纵向每 100 m 抽样检验 3 点	测量仪器测量
2	顶面宽度	不小于设计值	沿线路纵向每 100 m 抽样检验 3 个断面	尺量
3	顶面横坡	±0.3%	沿线路纵向每 100 m 抽样检验 3 个断面	坡度尺量

3.2.4 质量通病及防治措施

(1)路基中线偏位

路基填筑过程中容易产生中线偏位,造成此现象的原因主要是导线点受到破坏,施工过程中中线复测的频率不够,没有按要求设立保护控制桩。为防止此类现象的发生,在施工中采取如下预防措施:

①进行导线测量,并加固导线点,一直保护至交工验收。

②路基施工前,根据复测路线中桩、设计图标、施工工艺和有关规定,定出路基地界桩和路堤坡脚、路堑堑顶、边沟、取土坑、护道、弃土堆等的具体位置桩。在距中心一定安全距离处设立控制桩,其间隔不大于 50 m,桩上标明桩号和路中心填挖高度。

③在放完边桩后,应进行边坡放样,对深挖高填地段,每挖深或填高 60～80 m 复测一次中线桩,测定路基高程和宽度,以控制边坡的坡度。

④机械施工中,在边桩处设立明显填挖标志,并在不大于 200 m 间距段落内、距中心桩一定距离设立控制桩。

(2)路基填前清表不彻底,潜伏着滑坡、不均匀沉降等隐患。在施工中采取如下防治措施:

①应将路基范围内的树根全部挖除,并将坑穴填平夯实。

②在填方和借方地段的原地面应进行表面清理,清理深度应根据种植土厚度决定,清出的种植土应集中堆放。填方地段在清理完地表后,应整平压实达到规定要求,经检查验收后,方可进行填方作业。

(3)在施工中,路基压实度不能满足施工要求,主要原因包括:压实遍数不够;压路机质量偏小;填土松铺厚度过大;碾压不均匀,局部有漏压现象;含水率偏离最佳含水率,或超过有效压实规定值;没有对紧前层表面浮土或松软层进行处治;土场土质种类多,出现不同类别土混填;填土颗粒过大超标,颗粒之间空隙过大,或采用不符合要求的填料,如粉质土、有机土及高塑指的黏土等。

采取的预防措施:

①确保压路机的质量及压实遍数符合规范要求。

②选用重型振动压路机碾压,保证碾压均匀。

③压路机应进退有序,碾压轮迹重叠、铺筑段落搭接超压应符合规范要求。

④填筑土应在最佳含水率±2%时进行碾压。

⑤当下层因雨松软或干燥起尘时,应彻底处治至压实度符合要求后再进行当前层施工。

⑥优先选择级配较好的粗粒土等作为路基填料,填料最小强度应符合要求,优先选择级配较好的A、B组填料。

(4)路基中部压实度符合要求,但路肩部位压实度不足。主要原因包括:路基填筑宽度不足,未按超宽填筑要求施工;压实机具碾压不到边;路基边缘漏压或压实遍数不够;采用三轮压路机碾压时,边缘带碾压频率低于路基正线。

采取的防治措施:

①路基施工应按设计的要求进行超宽填筑。

②控制碾压工艺,保证机具碾压到边。

③认真控制碾压顺序,确保轮迹重叠宽度和段落搭接超压长度。

④提高路肩部位压实遍数,确保碾压频率高于路基中部。

(5)不同土质填筑,路基出现裂缝或局部"弹簧"现象,压实度达不到要求。产生原因:取土源在深度上不同土质交错分层,混杂运输,填筑时也未采取措施;取土源土质相同而含水率差异很大;不同土质填筑时,没有根据填料的性质(强度、透水性等)差异合理确定填筑方案。

采取的防治措施:

①取土源遇有土质交错分层时,可分层挖土,分堆存放,分别使用;对于含水率大的土通常采用晾晒的办法疏干水分,工程紧迫时可采取掺加一定剂量的生石灰或水泥等措施。

②填料土质不同时,填筑方案应符合下列规定:

a. 以透水性较差的土填筑路堤下层时,做成4%的双向坡;如用于填筑上层时,除干旱地区外,不得覆盖在透水性较好填料填筑的路堤边坡上。

b. 不同性质的土应分层填筑,不得混填,尤其是不能用透水性差的土壤包裹透水性好的土壤,以免在填方区形成"水囊"。每种填料层累计总厚不小于0.5 m。

c. 不因潮湿或冻融影响的填料填在上层,强度较小的土填在下层。

(6)雨后路基边坡严重冲刷。产生原因:过早修坡而边坡防护工程未能及时紧跟;未设临时急流槽和拦水埂;每次雨水冲刷后未能及时修补边坡;路基亏坡,整修时采用"补贴法",致使边坡不密实，两层皮，整体性差；路基施工没按超宽填筑、超宽压实的要求做，致使亏坡。

采取的预防防治措施：

①修坡后边坡防护工程应及时跟上。

②设临时急流槽和拦水埂。

③雨水冲刷后应及时修补路基边坡。

④路基施工应超宽填筑、超宽碾压，一般较设计宽度每侧超填不少于 50 cm，以确保边坡密实。

⑤路基亏坡，整修时应分层填筑压实，严禁补贴，确保路基整体性和边坡密实。

3.3 基床表层级配碎石填筑

3.3.1 搅拌站设置

搅拌站尽量靠近填筑施工现场设置，远离村落，交通便利。土源点离施工现场较近时，搅拌站设置于取土场或附近；级配碎石拌和站要尽量利用改良土拌和站的既有设施，必要时独立设置。

一个搅拌站占地面积原则上应不小于 10 000 m^2，地面应硬化，采用砌筑浆砌片石料仓。搅拌站一般安装 2 台以上 WSB500 粒料搅拌设备，配置 315 kV · A 以上的变压器，3 台以 ZL50 型装载机上料。

3.3.2 区段划分

基层表层级配碎石施工区段划分的长度应根据使用机械的能力、数量确定。每个区段的长度一般宜在 100 m 以上。各区段或流程只能进行该区段和流程的作业，严禁几种作业交叉进行。

3.3.3 施工工艺及控制要点

1. 施工工艺流程

基床表层级配碎石的填筑按“四区段、六流程”施工工艺组织施工，“四区段”通常指基床表层上料、平整、碾压、检测四个区段，“六流程”通常指填筑作业分为填料拌和运输、摊铺、整平、碾压、检测和整修养护六个流程，基床表层施工工艺流程如图 3.3.3-1 所示。

2. 级配碎石配合比的设计

(1)级配碎石的级配范围要满足规定。在实际工作中，最有效的判定方法是配比的筛分结果，要达到或接近规范要求的级配中值，为最佳配比。特别是在 0.075 mm、0.5 mm、1 mm、16 mm 几个点上要力求达到中值。

(2)为保证筛分曲线圆滑，容易击实，配比筛分结果应满足颗粒不均匀系数 $C_u \geqslant 5$ 及曲率系数 $C_c = 1 \sim 3$。

(3)为防止道砟及下部土层颗粒嵌入基床表层，基床表层与上部道砟与下部填土之间的颗粒级配均要满足太沙基的反滤准则，即 $D_{15}/d_{85} < 4$。如不能满足反滤准则，基床表层可采用颗粒级配不同的双层结构，或在基床底层表面铺设土工合成材料。

(4)为了验证理论配合比的正确性，应按照《铁路工程土工试验规范》(TB 10102—2010)

进行四项试验。

①颗粒分析试验，制定级配范围。

②界限含水率试验，判定液限 ω_L。

③重型击实试验确定最佳含水率 w_{opt} 及最大干密度 ρ_{max}。级配碎石含水率一般可选取一个合适的含水率范围(如5%～7%)为宜。

(5)根据理论配合比，做工程试验段，通过实践对配比进行调整，以确定施工最佳配比及工艺参数。

①调整含水率。级配碎石填筑中可能有多次补水过程(搅拌、摊铺碾压、养护)，要根据天气等现实条件及实际经验，反复试验确定。施工过程中的含水率是保证级配碎石路面质量极为重要的因素。

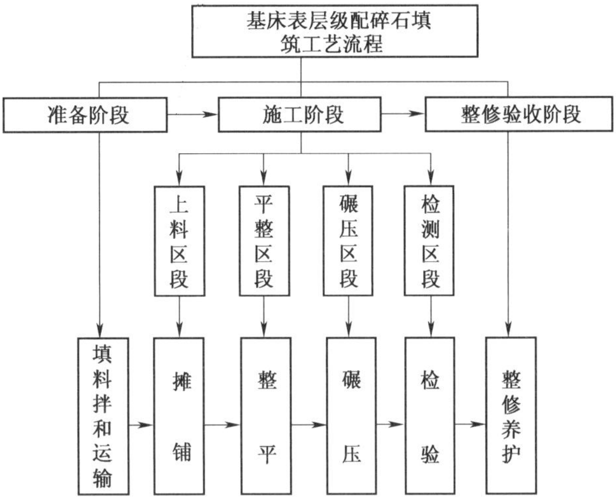

图 3.3.3-1　基床表层级配碎石填筑工艺流程图

②调整颗粒集料含量。在理论配比计算中常常大颗粒偏高，易于离析，造成表面观感差，空隙率高，粗细颗粒应根据实际情况作局部调整(一般是增加细颗粒，减少大颗粒含量)。调整后的配比，除做工程检测外，关键指标仍需通过试验进行判定。

3. 填筑前的准备

(1)将基床底层顶面的浮土、松散层及其他杂物、垃圾等清理干净。

(2)上层开铺前，下承层表面用洒水车洒水，保证其湿润，以增强上下层的结合。

(3)由测量人员测放出道路中线、施工边线，选定控制断面和观测点。施工过程中随时拉线检查线路纵坡和横坡。

(4)在施工现场附近引设临时水准点，严格控制高程；按10 m一桩，放中线和边线，采用摊铺机摊铺时设置钢丝绳基准线。

(5)在大面积填筑前，根据初选的摊铺、碾压机械及试生产出的填料，进行现场填筑压实工艺试验，确定填料级配、施工含水率、松铺厚度和碾压遍数、机械配套方案、施工组织。试验段长度不宜小于100 m。

(6)对基床底层进行验收，内容有路基中线、路基高程、宽度、平整度、横坡以及压实度、地基系数 K_{30}、动态变形模量 E_{vd} 或无侧限抗压强度等。经复测各项技术指标都符合设计和规范要求的情况下，才可以进行基床表层级配碎石施工。否则，对路堤本体必须处理，达到要求为止。

(7)认真做好级配碎石的试验段，条件可能力争多做对比试验，通过填筑压实试验与质量检测试验，确定填筑工艺参数，制定施工工艺，送监理审查同意后再大规模施工。

(8)根据设计要求，填筑路基施工时，与接触网基础，电缆沟槽同步施工。

4. 级配碎石搅拌和储运

(1)基床表层级配碎石必须采用场拌法生产。一般采用稳定土厂拌设备，装载机配合上料，电脑程控计量，厂拌计量设备要经计量局检定，并有专人操作维修，日常要对计量仪器进行校核。

(2)在生产厂、搅拌场、搅拌设备料斗内,集料储备应分类存放、相互隔开。其中石屑要现用现备,防止因多备造成遇雨水化板结失去胶黏力。

(3)为确保材料清洁,在堆放场地要防止黏土、杂物及粉尘混入;装料时要防止将泥土铲入;装车前车内要进行清扫,车厢应严密,防止小颗粒渗漏。

(4)在正式拌制级配碎石拌和料之前,先调试所用的厂拌设备,使拌和料的颗粒组成、级配和含水率都能达到规定的要求,并通过试验段的试拌、试铺进一步合理配合比,以使基床表层的级配碎石填层具有更好的强度和刚度。

(5)为防止拌和好的材料在装料至汽车时发生离析,尽量保持拌和机出料口位于自卸车车斗的中部,并且尽量减小出料口与车斗的高差。混合料运输过程中宜用防水篷布覆盖,减少水分蒸发,运输途中,尽量保持汽车平稳运输,不得突然大起大落、剧烈颠簸,以防止加速集料离析。搅拌的混合料要现拌现用,不得存放。施工中拌和能力、运输能力、摊铺能力相互匹配、相互衔接。

(6)运料汽车在摊铺机前 10～30 cm 处停住,不得撞击摊铺机。卸料过程中汽车挂空挡,靠摊铺机推动前进,以确保摊铺层的平整度。

(7)拌和中须根据配比要求,结合天气、运输等条件,认真掌握好含水率,含水率对级配碎石的质量影响极大,水少难以压实,水多造成离析。

5. 填料摊铺

对于有砟轨道,基床表层下层用平地机,配合推土机进行施工,上层采用摊铺机摊铺;对于无砟轨道,采用摊铺机摊铺。长度 1 000～2 000 m 为宜。

(1)均匀卸车

由专人负责指挥卸车。用平地机摊铺时采用方格网控制填料量,方格网纵向桩距不得大于 10 m,并结合"挂线法"控制虚铺厚度。用摊铺机时,采用"挂线法"控制虚铺厚度,虚铺厚度按填筑工艺性试验确定的参数严格执行,虚铺厚度基床表层一般 20～35 cm,每层的填筑压实厚度不大于 30 cm,最小填筑压实厚度不小于 15 cm。

(2)推土机初平(不采用摊铺机摊铺的级配碎石)

卸料后及时用推土机将混合料均匀摊铺,推土机摊铺时按桩位所示高程的虚铺厚度粗略摊平,目测局部有较大凹凸不平的采用人工横向拉线,将不平的地方人工用铁锹找平,同时人工对级配碎石边线进行粗略顺直调整,力求表面平整、边线基本顺直。

(3)平地机精平(不采用摊铺机摊铺的级配碎石)

用平地机将摊铺基本均匀平整的混合料进行精平,施工时,调整平地机刮刀的高程和倾斜角度,以便按规定的路拱坡度和虚铺厚度进行精确摊铺。

用压路机在已精平的路段上快速碾压一遍,以暴露潜在的不平整,及时采用人工局部平整。

(4)摊铺机摊铺

摊铺采用双机联铺,双机联铺方法如图 3.3.3-2 所示,前后机位相距约 10 m,熨平板重叠 8～10 cm。

用摊铺机摊铺时,根据摊铺机的摊铺能力配置运输车,减少停机待料时间。双机联铺时虽然没有施工缝，但是两机布料在交缝区的均匀性和一致性会比单机布料器范围内的均匀性、一致性稍差。因此两台摊铺机的布料宽度不能绝对相等，保持上下基层交缝区错开，如图 3.3.3-3 所示，保证基床表层整体性良好。

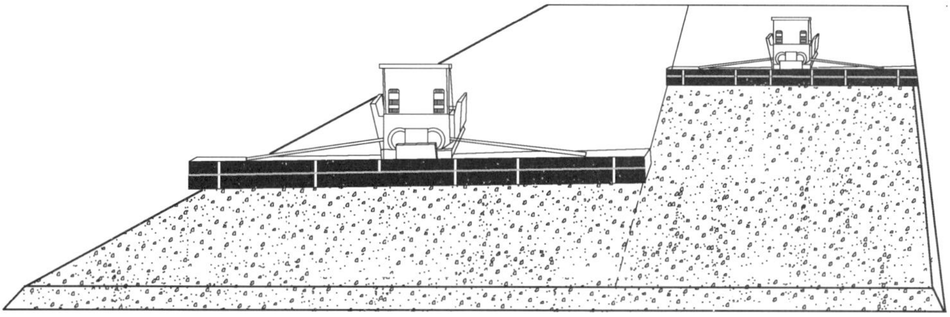

图 3.3.3-2　基床表层双机联铺示意图

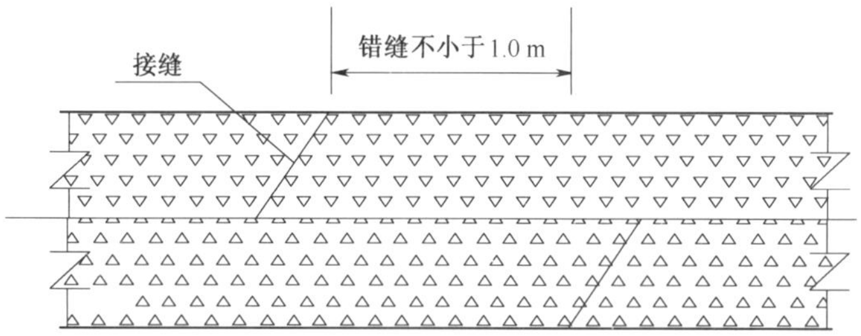

图 3.3.3-3　纵向交缝区上下层错缝示意图

根据工艺试验确定的松铺系数，算出松铺厚度作为摊铺控制标准，在路肩边线处用张紧钢丝引导法控制高程、层厚、横坡。

联铺时中间接缝处安装一组传感器控制两侧高程，如图 3.3.3-4 所示。碾压过程中安排一个测量小组进行跟踪测量、检测。

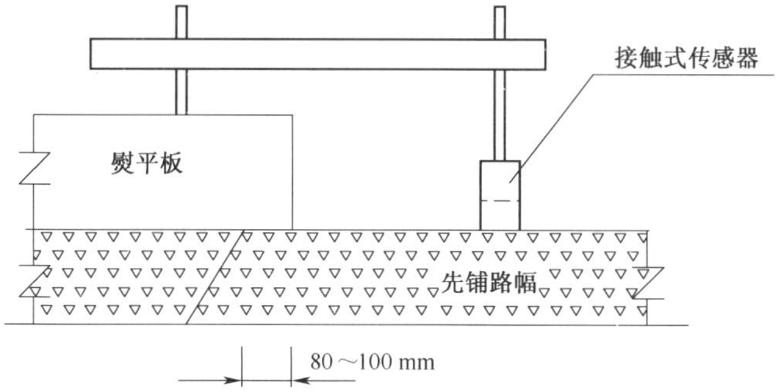

图 3.3.3-4　双机联铺接缝处高程控制示意图

联机摊铺的摊铺强度控制在 400 t/h 左右，与拌和站的能力保持匹配。摊铺间隔时间不得超过 30 min，超过 30 min 时应按接缝处理。摊铺速度控制在 1.5～2.0 m/min，施工过程中摊铺机不得随意变速、停机，保持摊铺的连续性和匀速性。防止过快造成混合料离析。

摊铺时混合料的含水率宜高于最佳含水率1%，以补偿摊铺和碾压过程中的水分损失。在摊铺机后面设专人消除粗细集料离析现象，特别是粗集料窝或粗集料带应该铲除，并用新混合料填补或补充细混合料并拌和均匀。

两作业段的横缝衔接处应搭接拌和碾压，第一段在末端只留0.5 m进行初步碾压，第二段施工时，前段留下的未压实部分混合料必须铲除，再将已碾压密实且高程符合要求的末端挖成一横向与路面垂直的断面，然后再摊铺新的混合料，并同第二段一起碾压。

(5)人工辅助整平

机械摊铺平整后，要派足够的人工辅助整平，这是一个重要环节。对个别低凹或离析处人工找平，除去较大的颗粒，补平用料应选用小粒径碎石及石粉现场拌和为宜，不宜用大骨料。

6. 碾压

(1)碾压设备一般选用自行式振动压路机。一般遵循先轻后重、先慢后快的原则，如先静压2遍使大面平整，人工修整找平，然后重振2～3遍，轻振1～2遍，最后静压1～2遍收光，具体程序及遍数由填筑工艺性试验确定，不能照搬照套，既要防止碾压遍数不足，又要密切注意振动对表层的破坏作用，防止出现过振压实。

(2)整形后当表面尚处湿润状态时立即进行碾压，以防止水分丢失。直线段由两侧向中间碾压，曲线段由内侧向外侧碾压。碾压时横向重叠不小于0.4 m；纵向衔接处塔接长度不小于2 m；各区段交接处，纵向搭接压实长度不小于2 m(接缝处填料应翻开并与新铺填料混合均匀后再进行碾压)，上下层填筑接头应错开不小于3 m。对靠电缆沟槽附近处的级配碎石，应采用冲击夯补压夯实。碾压顺序可参考图3.3.3-5、图3.3.3-6施工。

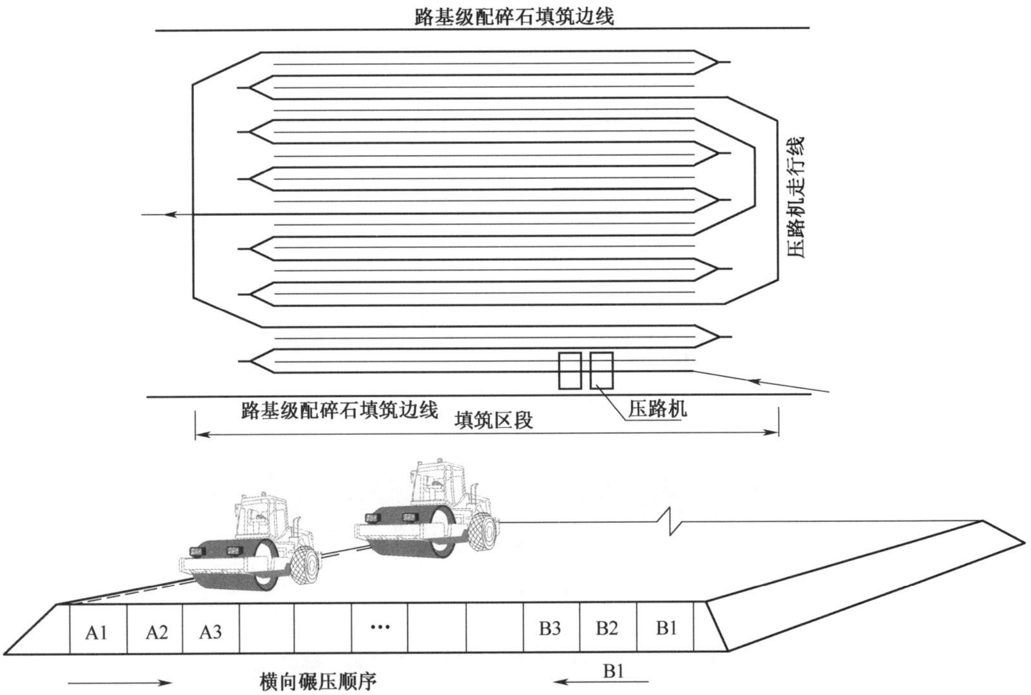

图3.3.3-5 直线地段路堤填筑碾压顺序示意图

(3)碾压中应控制好含水率，碾压前检测级配碎石含水率，当含水率大于最佳含水率1%

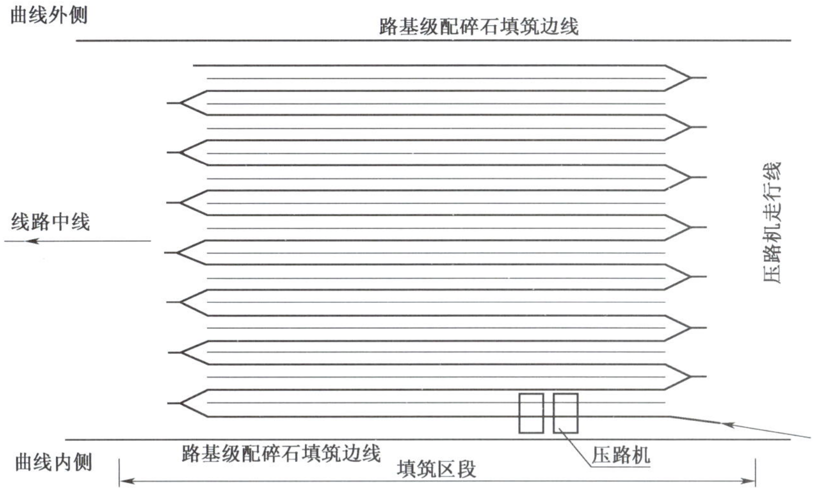

图 3.3.3-6 曲线地段路堤填筑碾压顺序示意图

以上时，应适当晾晒；当含水率小于最佳含水率应洒水，实际含水率应考虑碾压过程中的水分损失，采用人工洒水方式，可用喷雾器喷洒水雾，以求均匀并容易控制水量。洒水后静置 3 h 左右，等水分充分浸润集料后再进行碾压。

7. 整修养护

(1)对碾压成型的级配碎石层，由于石粉的水化黏结作用，有一定的板结过程，一般 1 d 的强度可达 60%左右，3 d 可达 70%左右，7 d 可达 85%左右，因此养护期以 7 d 为宜。

(2)养护期内禁止跑车扰动；保持含水率，按时喷雾洒水；防止大雨冲淋，细粒渗漏，如用草帘子、塑料布等进行覆盖养护。

(3)养护期后要做好成品保护工作，应严格限制车辆、控制车速，严禁在已完成的或正在碾压的路段上调头或急刹车。

8. 级配碎石填筑现场(图 3.3.3-7、图 3.3.3-8)。

图 3.3.3-7 级配碎石施工 1

图 3.3.3-8 级配碎石施工 2

3.3.4 质量检测

(1)基床表层级配碎石的压实标准应按表 3.3.4-1 采用地基系数 K_{30}、动态变形模量 E_{vd}

和压实系数 K 三项指标控制。

表 3.3.4-1 基床表层级配碎石检验项目及频次

检验指标	标准值	检验数量	试验方法
压实系数 K	≥0.97	每压实层每沿线路纵向连续长度每 100 m、站场路基折合正线双线每 100 m，抽样检验动态变形模量和压实系数各 6 点，其中：区间正线路基左、右距路基边线 1.5 m处各 2 点，路基中部 2 点；抽样检验地基系数(无砟轨道可采用 K_{30} 或 E_{v2})4 点，其中：区间正线路基左、右距路基边线 1.5 m 处各 1 点，路基中部 2 点	按《铁路工程土工试验规程》(TB 10102—2010)规定
地基系数 K_{30} (MPa/m)	≥190		
动态变形模量 E_{vd} (MPa)	≥55		
水泥剂量	设计值的 0～+1.0%	每过渡段每层抽样检验 3 处(左、中、右各 1 处)	

注：1. 无砟轨道可采用 K_{30} 或 E_{v2}。当采用 E_{v2} 时，其控制标准为 E_{v2}≥120 MPa 且 E_{v2}/E_{v1}≤2.3。

2. 过渡段基床表层掺加水泥级配碎石应检测水泥剂量。

(2)基床表层填筑厚度的允许偏差按表 3.3.4-2 检验。

表 3.3.4-2 基床表层填筑厚度的允许偏差、检验数量及检验方法

检验项目	允许偏差	施工单位检验数量	检验方法
级配碎石厚度	－20 mm	沿线路纵向每 100 m 抽样检验 3 点	测量仪器测量
砂垫层厚度	不小于设计值	沿线路纵向每 100 m 抽样检验 3 点	测量仪器测量

(3)基床表层级配碎石表面中线高程、路肩高程、中线至路肩边缘距离、宽度、横坡、平整度的允许偏差按表 3.3.4-3 检验。

表 3.3.4-3 基床表层级配碎石表面允许偏差、检验数量及检验方法

序号	检验项目	允许偏差	施工单位检验数量	检验方法
1	中线高程	±10 mm	沿线路纵向每 100 m 抽样检验 5 点	测量仪器测量
2	路肩高程	±10 mm	沿线路纵向每 100 m 抽样检验 5 点	测量仪器测量
3	中线至路肩边缘距离	$^{0}_{+20}$ mm	沿线路纵向每 100 m 抽样检验 5 处	尺量
4	宽度	不小于设计值	沿线路纵向每 100 m 抽样检验 5 处	尺量
5	横坡	±0.5%	沿线路纵向每 100 m 抽样检验 5 个断面	坡度尺量
6	平整度	不大于 15 mm	沿线路纵向每 100 m 抽样检验 10 点	3.0 m 直尺量

3.3.5 质量通病及防治措施

1. 表面松散，形成集料窝

填筑表面大粒径骨料集中，形成集料窝，表面松散，碾压不实，形成积水囊区。主要原因包括：由于混合料拌和好后堆放时间长，由于自然滑落，细颗粒中间多，两侧粗颗粒多，加上刮风下雨，造成表层细颗粒减少；在铺筑时，因粗颗粒集中必然造成填筑层松散，压不实，形成集料窝；或在混合料运输中，由于急转弯、急刹车，使混合料离析。

防治措施：级配碎石随拌随用，避免熟料堆放。运输时应避免急转弯、急刹车；可采取局部挖除重新填筑，并使用冲击夯实的方法进行处理。

2. 小波浪、平整度差

压实表面有起伏的小波浪和拉沟，表面粗糙、平整度差。主要原因包括：(1)摊铺机受料斗两翼板积料多、翻动过速，易造成混合料离析；供料速度不均、机械猛烈起步和紧急制动、摊铺速度快慢不匀、行走装置打滑易产生厚度不均、起小波浪等通病。熨平板底面磨损或严重变形时，铺层容易产生拉沟。(2)振捣梁在摊铺过程中对混合料捣实的同时，还将其向前推移，如果混合料的大颗粒过多，就会出现全铺层拉沟。原基面有波浪，再次摊铺后，易产生波浪。(3)摊铺时搭接宽度不合适，过宽压实不足，过窄形成斜坡。

防治措施：

(1)调整摊铺机有关参数，保持供料和摊铺速度均匀。

(2)选用合理的合格的级配碎石料。

(3)搭接的宽度前后一致，一般搭接宽度为 3～5 cm。新铺时，应对已铺层接茬处边缘铲修重直。碾压新层时，也应将其接茬边缘铲齐。并保证工序的衔接，加强对接茬处的碾压。

(4)摊铺中应避免停机待料，减少摊铺层的波浪和不平顺性。

3.4　改良土路堤填筑

对细粒土进行改良，应优先采用场拌法。改良土掺料配比应通过室内试验和现场压实情况进行设计和调整。大规模填筑前，应取有代表性的段落进行填筑工艺性试验，以取得施工工艺参数。

改良土可采用场拌与集中路拌两种施工方法。

3.4.1　改良土场拌法施工

1. 搅拌站设置

改良土拌和站设置在取土场内。面积在 10 000 m^2 以上的，拌和机选择功效高、性能稳定的定型产品、满足工厂化生产的 WCB500 型拌和机。每处拌和站布设 1 台，相关配套设备有 YST-600A 型碎土机 1 台、装载机 2～3 台等。

2. 区段划分

改良土施工区段划分一般以构造物为界。较长的段落可以分段连续施工，每段控制在 200～300 m 左右。

3. 施工工艺及控制要点

(1)施工工艺流程

场拌改良土施工分为准备阶段、施工阶段、整修验收阶段共三个阶段组织施工，其中施工阶段包括上料区段、平整区段、碾压区段和检测区段。场拌改良土施工工艺流程如图 3.4.1-1 所示。

(2)原状土破碎

检测素土的含水率，当含水率大时，将土运至晾晒场地摊开晾晒并用三铧犁、旋耕机等机械将尺寸大的土块破碎。破碎前清除土中石块及树根等杂物，以免损坏液压碎土机。

在碎土机的出料口安装好孔径为 15 mm 的筛子，人工配合清理筛余物，并装入料仓内进行二次粉碎。如土料改良拌制后的含水率高于最佳含水率的 2%，在取土场或晾晒场地将其晾晒，再进行粉碎。粉碎好的土料覆盖，防止雨淋或水分损失。

当填料天然含水率大，破碎困难，采用预掺改良材料碎土的施工方法，预掺材料量不大于 2%。预拌过程设专人检查拌和物外观，要求大面上色泽均匀一致，无灰团灰条和大于 15 cm 的素土块。

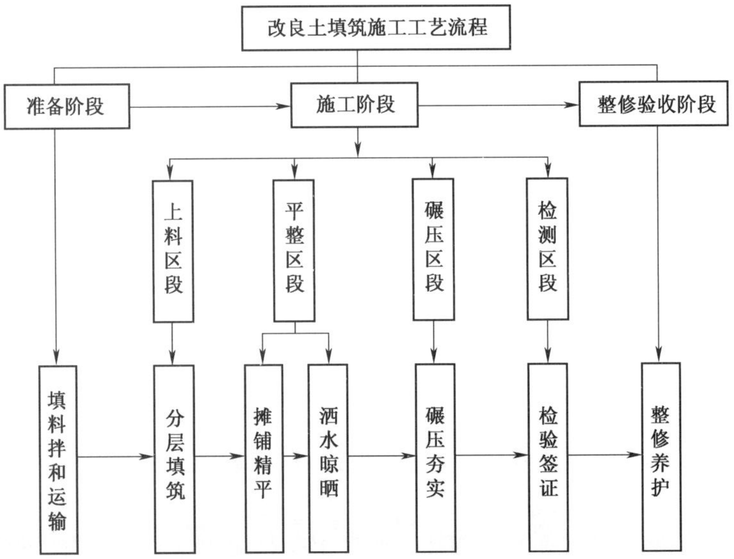

图 3.4.1-1　场拌法改良施工工艺流程图

粉碎后及时拌制，不能及时拌制时使用雨布覆盖，防止雨淋或受潮再次硬结。

(3)拌和

改良土拌和料采用稳定土搅拌设备在拌制场集中进行拌制，用运送机把粉碎土运至搅拌设备的料仓内，用泵把外掺料泵入粉料仓内，进行配料拌制。拌制后外掺料量应均匀，并定时在出料口检测改良材料含量。

改良土拌和料的最佳含水率控制方案：如土的天然含水率距最佳含水率差距不大，在场拌设备拌制时将水成雾状均匀地喷入改良土中拌制均匀；如土的天然含水率距最佳含水率差距较大时应考虑在取土场分块灌水焖土。如土的天然含水率过大，事先进行适度的晾晒或加入适量的磨细生石灰来降低含水率。

混合料中不应含有 15 mm 的土块和未消解的掺合料颗粒。拌和成品混合料经皮带机运送进入储料仓。

改良土二级场拌法机械布置如图 3.4.1-2 所示。

(4)运输

采用大型自卸车运输，成品仓前一般准备数台车在等待装料，防止成品仓储料过多时间过长造成“粘”、“堵”、“拱”、“卡”现象。

气候干燥水分蒸发过快的天气条件下运输时，车斗加苫布覆盖，以保证混合料的含水率维持在允许的误差范围内。

运料车不能从新铺且未碾压成型的层面上行驶。

(5)摊铺

改良土填筑下承层为细粒土时，对表面进行拉毛、润湿处理。

改良土全断面均匀摊铺，不应出现纵向接缝。横向中断超过一定时间后，设置横向施工缝，两工作段的横向接缝应搭接施工。

路幅较宽采用两台摊铺机同时施工时，前后保持 5～10 m 间距同步作业，以免形成纵向施工接缝。

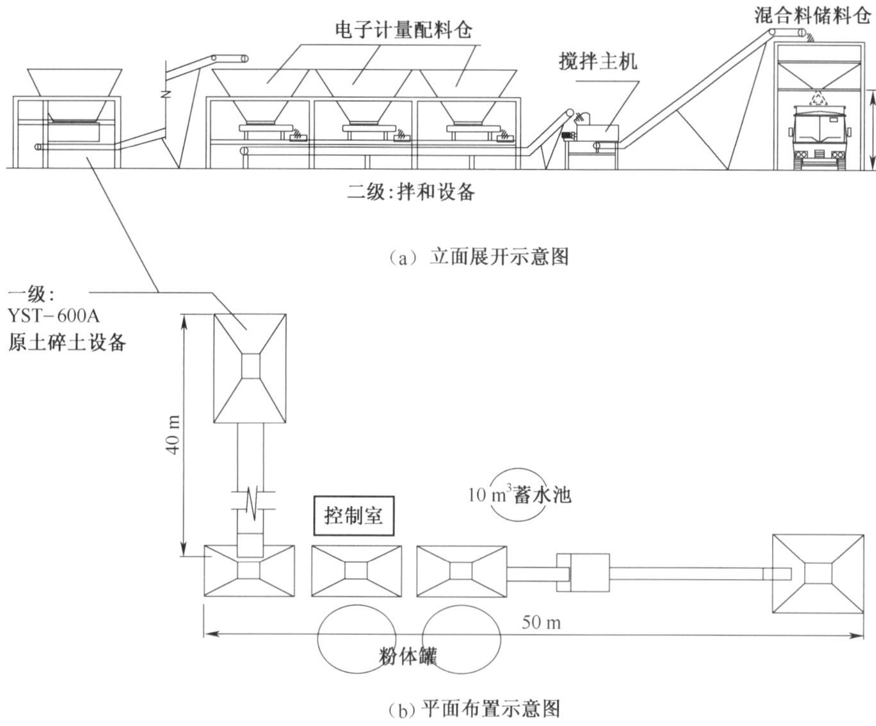

图 3.4.1-2 改良土二级场拌法机械布置图

采用平地机摊铺施工时,应符合下列规定:

①改良土卸车数量和间距应采用方格网控制。

②卸在路基上的改良土及时进行摊铺平整,先初平,后精平。

③初平后改良土的厚度不超过工艺试验确定的松铺厚度,表面应平整,并具有 2%~7% 的横向排水坡。

④初平后改良土用压路机快速碾压 1~2 遍,然后再整平并碾压 1 遍。局部坑洼处,将表面厚度不小于 5 cm 范围内耙松,并用新拌和混合料进行找平。

⑤整型应注意接缝处的平整,保证接缝平顺。

采用摊铺机铺筑时,以日进度需要量和搅拌设备的产量为度,合理计算卸料需要量。每层的摊铺厚度按工艺试验确定的参数严格控制。摊铺时,根据摊铺能力及拌和能力配置运输车辆,使摊铺机的摊铺作业能够不间断地连续进行。如作业区段较长,搅拌设备拌和能力较大,可采用两台摊铺机梯队作业(两台摊铺机的间距 10 m 左右)一次性全断面摊铺。

(6)碾压

改良土碾压过程中,表面应始终保持湿润,防止发生松散、起皮等现象。

改良土碾压按照工艺试验确定的工艺参数进行。碾压时沿线路纵向行与行之间横向重叠宽度不小于 40 cm,各区段交接处纵向搭接长度不小于 2.0 m,上下两层填筑接头应错开不小于 3.0 m。

要重视对预埋管线等结构物周围的填料摊铺整形和碾压。压路机在构造物接头处不能靠近压实时,采用小型压实机具压实。预埋管线等结构的施工与路基工程同步实施。并对各类与路基同步施工的结构物制订有针对性和详细的作业指导书并加强检查与监测,确保路基表层及与路基同步施工结构物的施工质量和安全。

(7)养护

当一层填筑合格后,若不能立即铺筑上层的或暴露于表层的改良土必须保湿养护,如果随即在其上面进行下一填筑层的施工,可以不进行特别的养护。

养护可采用洒水或用草袋覆盖的方法,养护期一般不少于 7 d。

养护期间要保持层面湿润,除洒水车外不准任何车辆通行。

3.4.2 改良土集中路拌法施工

1. 区段划分

改良土施工区段划分一般以构造物为界。较长的段落可以分段连续施工,每段控制在200~300 m 左右。

2. 施工工艺及控制要点

(1)施工工艺流程

场拌改良土施工分为准备阶段、施工阶段、整修验收阶段共三个阶段组织施工,其中施工阶段包括上料区段、平整区段、碾压区段和检测区段。集中路拌改良土施工工艺流程如图3.4.2-1 所示。

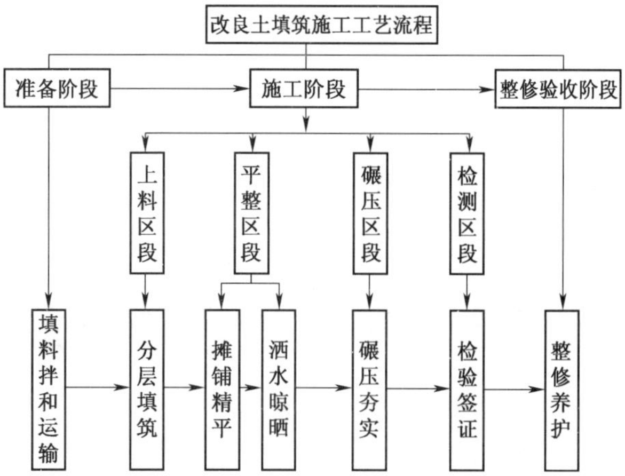

图 3.4.2-1 集中路拌法改良施工工艺流程图

(2)填料集中路拌

①合理规划集中路拌法场地,将拌和区域内草皮、树根及不符合要求的土层全部清除。拌和区域四周开挖一定深度的排水沟,防止场内其他区域水分的渗透。

②路拌机进行试拌并确定拌和深度。

③检测拌和深度内不同位置的含水率,含水率过小或过大时采用洒水闷料或翻松晾晒的措施。翻松晾晒的深度大于拌和深度。

④外掺料单位面积摊铺数量按配合比及路拌机拌和深度计算,采用撒布车或人工将外掺料均匀摊铺在原土料表面上。

⑤改良土采用路拌机进行粉碎、拌和。拌和重叠宽度不小于 50 cm,拌和深度不大于试拌确定的深度。施工时设专人跟随路拌机,随时检查拌和深度,并配合路拌机操作员调整拌和

深度。

⑥改良土基本拌和均匀后检测含水率，含水率过小或过大时采用洒水闷料或翻松晾晒的措施。

改良土集中路拌现场如图 3.4.2-2 所示。

(3)运输

改良土拌和好后检测粒径、外掺料掺量、含水率，检测合格后可装车并尽快运至施工现场。运输过程中进行覆盖，以减少水分损失及环境污染。

(4)摊铺

改良土填筑下承层为细粒土时，对表面进行拉毛、润湿处理。

图 3.4.2-2　改良土路拌施工现场

改良土全断面均匀摊铺，不应出现纵向接缝。横向中断超过一定时间后，设置横向施工缝，两工作段的横向接缝应搭接施工。

摊铺施工时，应符合下列规定：

①改良土卸车数量和间距应采用方格网控制。

②卸在路基上的改良土及时进行摊铺平整，先初平，后精平。

③初平后改良土的厚度不超过工艺试验确定的松铺厚度，表面应平整，并具有 2%～4% 的横向排水坡。

④初平后改良土用压路机快速碾压 1～2 遍，然后再整平并碾压 1 遍。局部坑洼处，将表面厚度不小于 5 cm 范围内耙松，并用新拌和混合料进行找平。

⑤整型应注意接缝处的平整，保证接缝平顺。

(5)碾压

改良土碾压过程中，表面应始终保持湿润，防止发生松散、起皮等现象。

改良土碾压按照工艺试验确定的工艺参数进行。碾压时沿线路纵向行与行之间横向重叠宽度不小于 40 cm，各区段交接处纵向搭接长度不小于 2.0 m，上下两层填筑接头应错开不小于 3.0 m。

要重视对预埋管线等结构物周围的填料摊铺整形和碾压。压路机在构造物接头处不能靠近压实时，采用小型压实机具压实。预埋管线等结构的施工与路基工程同步实施。并对各类与路基同步施工的结构物制订有针对性和详细的作业指导书并加强检查与监测，确保路基表层及与路基同步施工结构物的施工质量和安全。

改良土现场碾压如图 3.4.2-3 所示。

(6)养护

当一层填筑合格后，若不能立即铺筑上层的或暴露于表层的改良土必须保湿养护，如果随即在其上面进行下一填筑层的施工，可以不进行特别的养护。

养护可采用洒水或用草袋覆盖的方法，养护期一般不少于 7 d。

养护期间要保持层面湿润，除洒水车外不准任何车辆通行。

改良土现场养护如图 3.4.2-4 所示。

图 3.4.2-3 改良土碾压施工现场

图 3.4.2-4 改良土养护施工现场

3.4.3 质量检测

(1)化学改良土压实标准按表 3.4.3 采用压实系数 K 和 7 d 饱和无侧限抗压强度双指标控制。

表 3.4.3 化学改良土填筑基床以下路堤检验项目及频次

检验指标	标准值	检验数量	试验方法
压实系数 K	≥0.92	每压实层每 100 m 抽样检验压实系数 6 点,其中:区间正线路基左、右距路肩边线 1 m处各 2 点,路基中部 2 点;每 100 m 抽样检验 3 处无侧限抗压强度(同一连续作业段左、中、右各 1 处)	按《铁路工程土工试验规程》(TB 10102—2010)规定,无侧限抗压强度试样应从已摊铺好填料的地段现场抽样,在室内按要求的压实密度成型,并按规定进行养护和无侧限抗压强度试验
7 d 饱和无侧限抗压强度 q_u(kPa)	≥250		

(2)化学改良土外掺料剂量每层每 100 m 抽样检验 3 处(左、中、右各 1 处)。允许偏差为试验配合比的外掺料剂量(以百分率表示)−0.5%～+1.0%。

(3)化学改良土填筑基床以下路基顶面宽度应不小于设计宽度。沿线路纵向每 100 m 抽样检验 5 处。

3.4.4 质量通病及防治措施

(1)碾压好的路基放置两三天后出现较大的裂纹。可能原因:碾压时含水率过大或掺灰量不够。

防治措施:严格控制碾压时的含水率,如含水率过高应摊铺晾晒后再进行碾压;石灰可以降低含水率,又可以对土起到固化作用,适当的参灰量有利于强度的形成。

(2)局部压实度检测不合格。可能原因:平整度不符合要求或碾压遍数不足。

防治措施:碾压前严格按照推土机一遍初平,平地机三遍精平施工,严格控制碾压遍数及边坡处的超填和碾压。

(3)碾压好的路基表面在第二天早上出现石灰团。可能原因:路拌时石灰未充分消解。

防治措施:加强石灰的消解,可采取水消解法。如果取土场土的含水率较大可用土覆盖两三天的方法来消解,既消解石灰,又可降低土的含水率。

3.5　加筋土路堤填筑

3.5.1　区段划分

加筋土路堤填筑区段划分一般以构造物为界。较长的段落可以分段连续施工，每段控制在200～300 m左右。

3.5.2　施工工艺及控制要点

(1)施工工艺流程(图3.5.2-1)

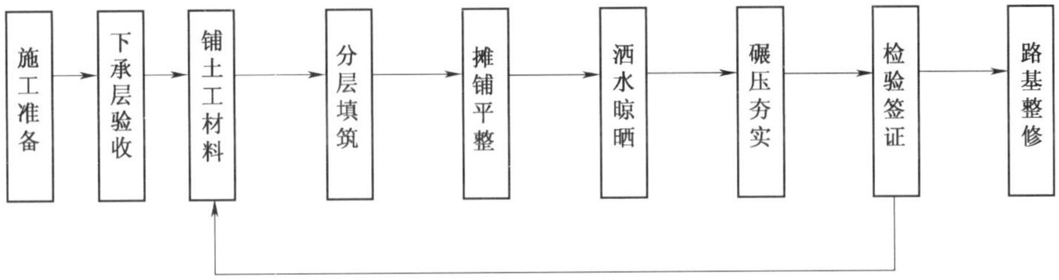

图3.5.2-1　加筋土路堤填土施工工艺流程图

(2)加筋土路堤填筑施工工艺参照基床以下路堤填筑，增加的工序为在合格的下层面上人工铺设土工材料，固定牢固。

(3)铺设土工合成材料

①土工合成材料铺设时，将强度高的方向置于垂直于路堤的轴线方向；拉直、绷紧、不得有褶皱和破损。

②土工合成材料的纵轴向与路堤横断面方向一致，且不宜露出边坡面(边坡处格栅内缩10 cm)也不宜设接头。

③铺设土工合成材料的下承层表面事先整平、压实，并清除表面坚硬凸出物。

④水平铺设土工合成材料按放样位置从一头开始，沿线路纵向拉紧铺设，接头处搭接为0.3～0.5 m，并记录搭接里程。铺设多层时，使上、下层接头相互错开，错开距离不小于0.5 m。

⑤土工合成材料受力方向的连接牢固，受力方向连接强度不低于设计抗拉强度，另一方向应密贴排放。

⑥土工合成材料的固定应按设计位置展平后，用插钉从一端向另一端依次固定。

⑦土工合成材料铺好后按设计要求铺回折段，并及时用砂覆盖。

(4)加筋土路堤填筑应分层摊铺、分层碾压，除符合路基基床以下部分施工有关要求外，还需注意以下事项：

①土工合成材料铺设后应及时填筑填料，其受阳光直接暴晒时间不得过长。

②一般路基上填料的摊铺及填筑从路堤中线开始，对称地向两侧填土；软土地基上填料的摊铺及填筑应从两侧开始，平行于路堤中线向中心对称进行，地基面上首层填料宜用轻型压实机具压实，只有当土工合成材料上的填料厚度大于0.6 m后，才能采用重型压实机械。

③施工机械不得直接在土工合成材料上行走作业。

④加筋土路堤与两端路堤应该同步施工。

⑤加筋土路堤的边坡防护宜与路堤填筑同步施工。

(5)加筋土填筑中土工格室和土工格栅施工如图 3.5.2-2、图 3.5.2-3 所示。

图 3.5.2-2　土工格室施工

图 3.5.2-3　土工格栅施工

3.5.3　质量检测

(1)路堤填筑分层压实质量和检验方法、频次按所处路基相应部位要求进行检验。

(2)加筋材料的铺设位置、层数、方向及连接方法应符合设计要求,沿线路纵向每 100 m 抽样检验 5 处。

(3)加筋材料铺设的允许偏差按表 3.5.3-1 的规定。

表 3.5.3-1　加筋材料铺设的允许偏差、检验数量及检验方法

序号	检验项目	允许偏差	施工单位检验数量	检验方法
1	铺设范围	不小于设计值	沿线路纵向每 100 m 抽样检验 3 处	尺 量
2	搭接宽度	$^{+50}_{0}$ mm		
3	层间距	±30 mm		测量仪器测量
4	搭接缝错开距离	±50 mm		尺 量
5	回折长度	±50 mm		

(4)基床以下加筋土路基压实宽度、横坡的允许偏差按表 3.5.3-2 检验。

表 3.5.3-2　基床以下路堤顶面路基压实宽度、横坡的允许偏差、检验数量及检验方法

序号	检验项目	允许偏差	施工单位检验数量	检验方法
1	顶面路基压实宽度	不小于设计宽度	沿线路纵向每 100 m 抽样检验 5 个断面	尺量
2	顶面横坡	±0.3%		坡度尺量

3.5.4　质量通病及防治措施

施工期间,土工合成材料破损引起强度降低,从而影响土工合成材料的耐久性。可能原因:材料选择不当;填筑填料中含有大石块或碎石;铺设材料后未及时铺筑填料,造成人工损伤或自然条件下老化;大型机械在未碾压完成的填筑层上行驶;碾压机械配置不合理等。

防治措施：

(1)选择采用热熔加工工艺生产的土工合成材料，其分子链沿肋和节点连续，韧性好，不会造成施工中的严重损伤和撕裂。不宜选用经冲孔、冷拉加工工艺生产的土工合成材料。

(2)在铺设土工合成材料后，必须立即铺填填料，防止出现人工损伤和自然条件造成的老化。

(3)每填层必须平整、厚度相同、达到要求的密实度，以防填料压实后凹凸不平、局部不均匀变形，造成土工合成材料的刺破、顶穿、磨损、拉伤和撕裂等损坏。

(4)大型设备不得在尚未碾压完成的填层上行驶；推土机、压路机等在填层上作业时只能前进和后退，应避免急转弯。

(5)填料不允许直接卸在土工合成材料上，应卸在已摊铺完毕的填料面上，且卸料高度不得超过 1 m。

(6)一般采用轻型和中型光轮静碾碾压，不采用重型机械碾压，不宜振动夯实。

第 4 章　路堑开挖施工技术

4.1　机械开挖路堑施工技术

机械开挖路堑适用于不需要爆破开挖的土质路堑、强风化和全风化的岩质路堑，机械开挖路堑岩土分类如表 4.1 所示。

表 4.1　机械开挖路堑岩土分类

项目		类　别
细粒土		黏土、粉质黏土、粉土
粗粒土		漂石土、块石土、卵石土、碎石土、圆砾土、角砾土
风化岩	强风化	结构和构造层理不甚清晰，矿物成分已显著变化，组织结构已大部分破坏。 岩体被节理，裂隙分割成碎石（2～20 cm），碎石用手可折断。 用镐可以挖掘，手摇钻不易钻进
	全风化	组织结构已基本或大部分破坏，但尚可辨认。 有微弱的残余结构强度。 用镐挖，易挖掘，干钻可钻进

4.1.1　开挖方法

机械开挖路堑施工采用推土机配合挖掘机装车，再自上而下开挖，分段流水作业，施工时根据测设边桩位置，边坡部位留 0.2～0.3 m 的保护层以利于人工修坡。施工时边坡逐层控制，每 10 m 插杆挂线人工修刷；边坡上若有坑穴，采用挖台阶浆砌片石嵌补。

常见机械开挖路堑施工方法有以下几种：

(1)短而深的路堑开挖采用横挖法。即以路堑整个横断面的宽度和深度，从一端或两端逐渐向前开挖的方式。若就近填土，采用推土机推土。若填土(弃土)较远宜用挖掘机配合自卸汽车进行，每层台阶高度为 3～5 m，边坡采用人工分层修整。施工方法如图 4.1.1-1 所示。

(2)长而深且两端地面纵坡较缓的路堑采用通道纵向开挖法。先沿路堑纵向挖掘一通道，然后将通道向两侧拓宽，上层通道拓宽至路堑边坡后，再开挖下层通道。施工方法如图 4.1.1-2 所示。

(3)沿路堑以全宽深度不大的纵向分层挖掘前进时采用分层纵挖法。施工方法如图 4.1.1-3 所示。

(4)当路堑的一侧堑壁较薄，路堑过长，弃土运距过远，沿路堑纵向选择一个或几个适宜处将堑壁较薄处横向挖穿，使路堑分成若干段，各段再纵向开挖。施工方法如图 4.1.1-4 所示。

(5)当路线纵向长度和挖深均很大时采用混合式开挖，即将横挖法和通道纵挖法混合使用。先沿线路路堑纵向开挖通道，然后沿横向坡面开挖。每个坡面应设置一个施工小组或一台机械作业。施工方法如图 4.1.1-5 所示。

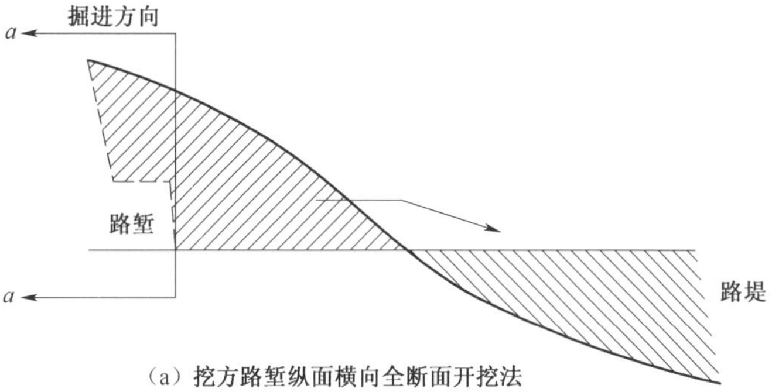

（a）挖方路堑纵面横向全断面开挖法

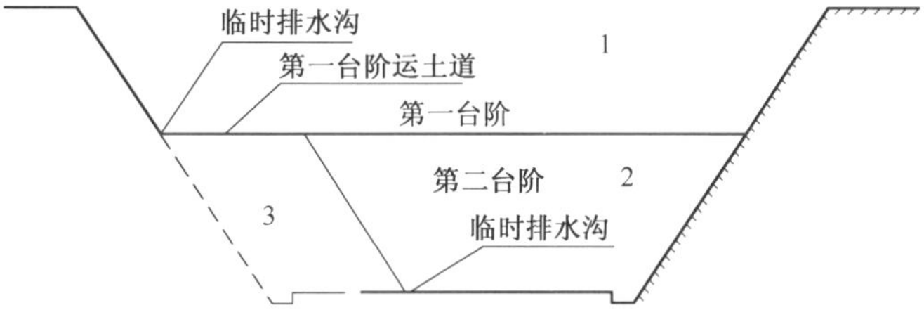

（b）a–a 截面图

图 4.1.1-1　机械开挖路堑横挖法示意图

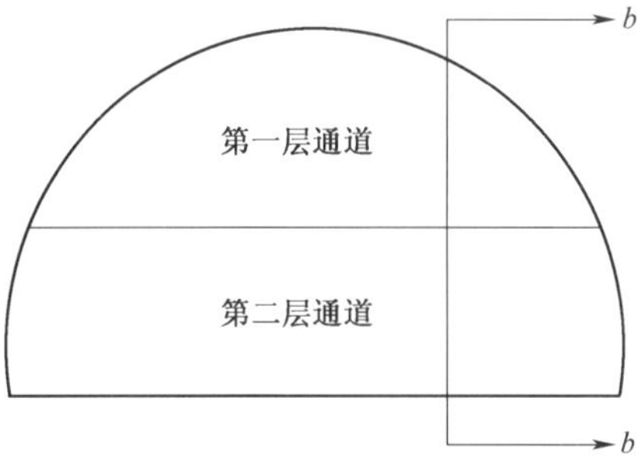

（a）通道纵向开挖法

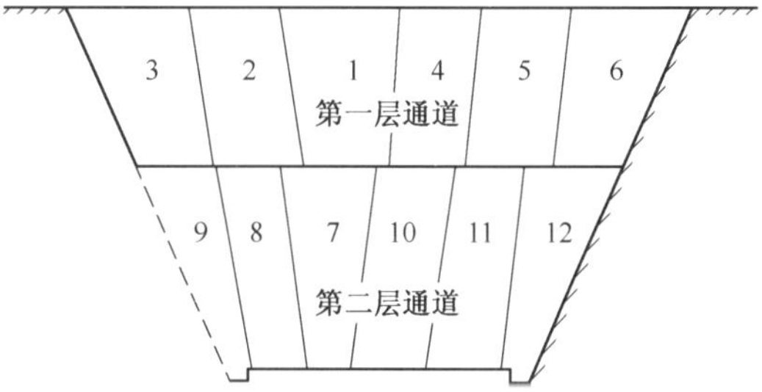

（b）b–b 截面图

图 4.1.1-2　机械施工路堑通道纵挖法示意图

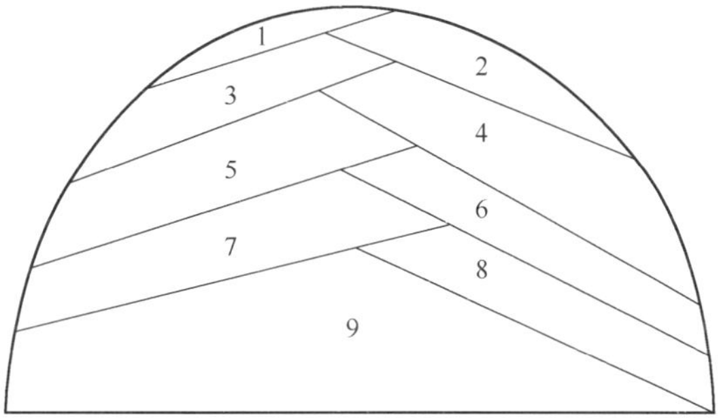

图 4.1.1-3　机械开挖路堑分层纵挖法示意图

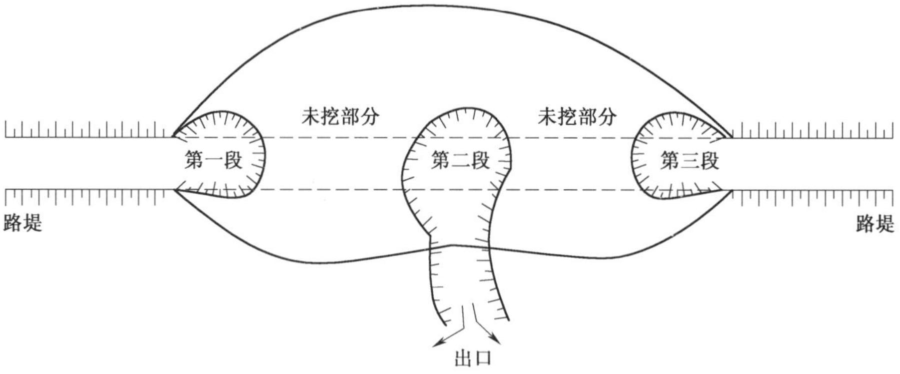

图 4.1.1-4　机械开挖路堑分段纵挖法示意图

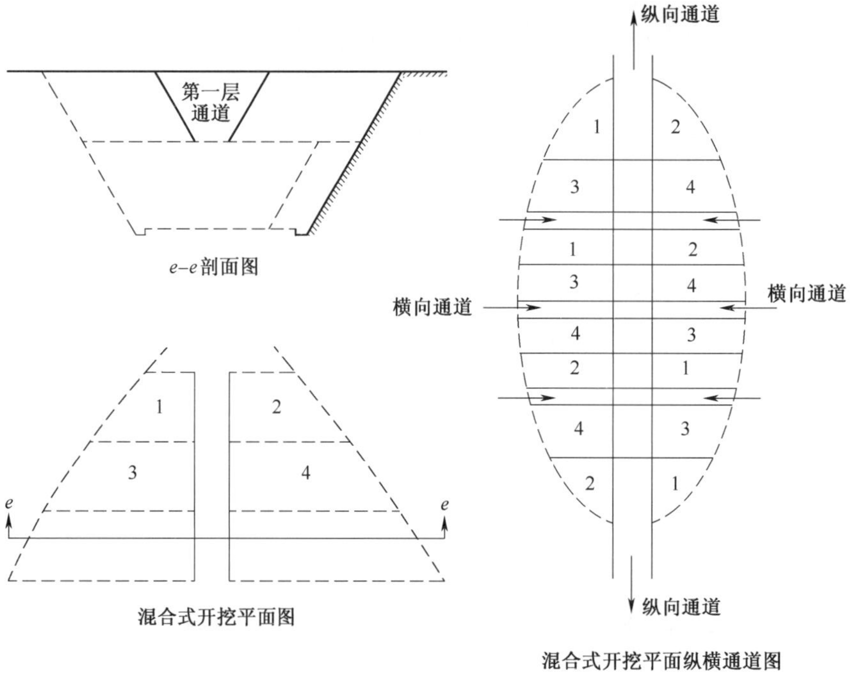

图 4.1.1-5　机械开挖路堑分段纵挖法示意图

机械开挖路堑施工前，定出路基地界桩和路堑堑顶、弃土堆等具体桩位，并完成路基范围内的既有房屋、道路、河沟、电力设施、上下水道、坟墓及其他建筑物拆迁或改造。施工前妥善做好场地排水，提前做完截水沟，防止堑内积水。认真处理开挖过程中发现的泉眼等不良地质。路堑开挖常用推土机、铲运机、挖掘机、装载机，一种或几种机械联合作业。推土机适用于开挖长度小于 100 m，深度小于 3 m，坡度陡的路堑。铲运机适用于开挖长度大于 100 m 的路堑。路堑开挖前做好堑顶天沟，并做好防渗工作；在施工期间需修建排水设施，并与永久性排水设施相结合，流水不得排入农田耕地，污染水源，也不得引起淤积和冲刷。路堑开挖中，如遇土质变化，需要修改施工方案及边坡坡度时，及时与监理、设计及甲方协商沟通，不得私自改变设计。

4.1.2　设备选择及配套

1. 设备选择

设备选择主要根据路堑开挖工程量及现场施工条件来进行机械配置。

(1)分层顺坡开挖

针对路堑长度较短(不超过 70 m),开挖深度不大于 3 m,坡面较坡时,宜采用推土机作业。

(2)分层纵挖

挖掘的路堑长度较长(超过 70 m)时,宜使用铲运机作业。铲运机斗的容积为 4～8 m^3 的适宜的运距为 100～400 m,容积为 9～12 m^3 的适宜的运距为 100～700 m,自行式铲运机的适宜运距可照上述运距加倍。

(3)全断面或台阶开挖

用挖掘机挖装、自卸汽车运输出土方法施工。

(4)机具组合配套

结合分层开挖、分段开挖、分段分层开挖方式及土质软硬等情况,可分别选用推土机、铲运机、挖掘机、装载机、自卸汽车等土方专用机械及辅助机械的组合配套。

2. 主要施工机械设备配置

主要施工机械设备:推土机、挖掘机、装载机、自卸汽车、拖式铲运机等。

(1)挖掘机

路基工程使用的挖掘机主要是反铲式液压挖掘机。其选择从以下三方面考虑:

①根据总工程量和高峰工程量、工期、成本、施工条件等因素,选择合理机型,从而确定铲斗容量及生产率。

②根据土质、施工方法,选择挖掘机工作装置型式。

③根据现场动力条件、道路状况、行走距离和频度,确定挖掘机的动力装置和行走装置的型式。

(2)装载机

主要用于配合挖掘机或推土机的装载作业,进行松散填料的装车作业。

(3)自卸汽车

自卸汽车较其他设备用量大。从项目技术管理、物资供应、设备保养和维修及技术工人的陪训等管理方面的因素考虑,选用的车辆型号越少越好;最好选用标准化、系统化、成批定型生产的自卸汽车。自卸汽车的车厢容积(或载重量)应与工程使用的机械相配套。在工程运输中,运载的物料主要是砂、土、石料等,密度较小,自然休止角也小,汽车的吨位利用系数(实际载重量比额定载重量)小,经济性有所下降。但由于载重量降低,能更好地适应施工现场复杂的道路,爬坡能力增强,并能适当地延长车辆的使用寿命,减少维修工作量。因此在大型工程施工中,往往选用载重量稍有富裕的自卸汽车。

依照上述原则,填料运输应采用自卸汽车,考虑地形、道路、运距、成本等确定车辆型式和数量,其生产能力应等于或略大于挖装生产能力。一般车辆容积应是挖掘机铲斗容积的 3～5 倍。一个班组的车辆的容积规格应相同,以便现场控制铺土厚度时统一卸土间距。

4.1.3　工艺控制要点

1. 施工工艺流程(图 4.1.3)

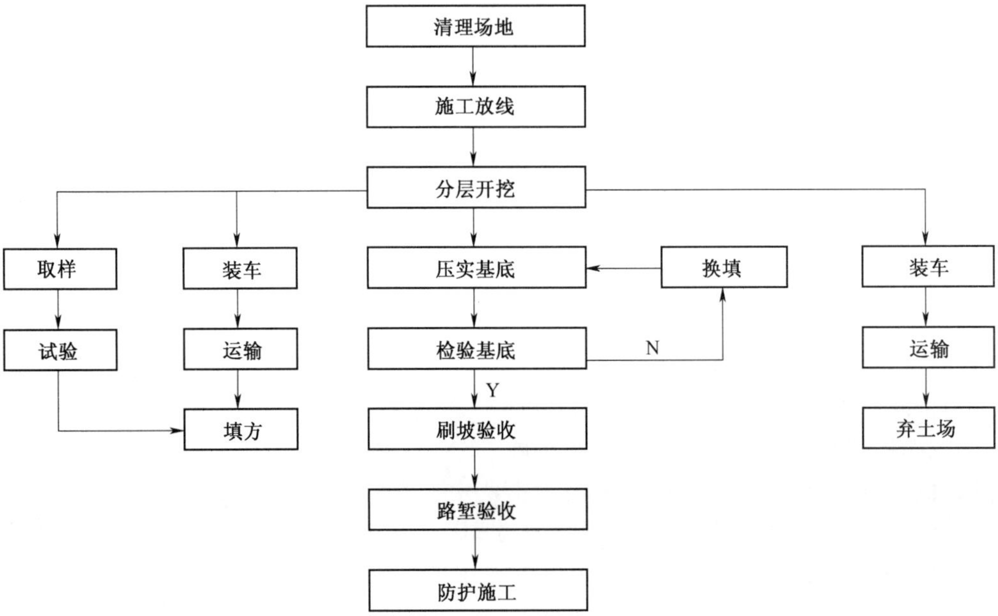

图 4.1.3 机械开挖路堑施工工艺流程图

2. 工艺控制要点

(1)坡面线性控制

人工清表后、准确无误放样出开挖线,并 10 m 打桩撒白灰线贯通。开挖每一循环要对边坡坡率、高程、边坡位置进行检测。

(2)边坡稳定性控制

开挖前结合地形做好防排水措施、完善排水系统,地表水和地下水及时引排,路堑开挖面设置排水坡防止路床受水浸泡。路基刷坡用刷坡机械进行刷坡,机械刷坡时应根据路肩线用坡度尺控制坡度。人工刷坡时应采取挂方格网控制边坡平整度和坡度,方格网桩距不宜大于 10 m。边坡较高时应自上而下分级、逐层顺坡开挖;路堑较长时,可适当开设马口;对边坡较高的软弱、松散岩质路堑,宜采用分级开挖、分级支挡、分级防护及坡脚预加固措施。

(3)基床施工

路堑开挖至距设计高程前预留 10～20 cm 厚不开挖,表面做成向两侧的排水坡,待基床施工时,再将其挖除。不易风化硬质岩石基床,应将表面做成向两侧 4%的排水坡,做到表面平顺,肩棱整齐,对凹凸不平处宜用不小于 C25 混凝土补齐。强风化硬质岩石、软质岩石及土质路堑基床表层进行换填级配碎石处理,施工工艺及压实质量应符合基床表层级配碎石施工要求。

4.1.4 质量检验

路堑边坡变坡点位置、边坡及侧沟平台施工允许偏差应按表 4.1.4 进行检验。

表 4.1.4　路堑边坡变坡点位置、边坡及侧沟平台施工的允许偏差、检验数量及检验方法

序号	检验项目	允许偏差	施工单位检验数量	检验方法
1	变坡点位置	±100 mm	沿线路纵向每 100 m 单侧边坡各抽样检验 6 点	测量仪器测量或尺量
2	平台位置	±100 mm		测量仪器测量或尺量
3	平台宽度	±50 mm		尺量

4.1.5　质量通病及防治措施

机械开挖路堑容易出现的质量通病为开挖边坡线性不顺、边坡滑塌等。原因包括：开挖顺序不当、开挖方向不当、雨水冲刷或浸泡、开挖线有误或检测频率过小等。

防治措施：

(1)完善防排水系统、避开雨期施工、设置基床表层排水坡。

(2)边坡开挖应自上而下开挖，水平分层开挖，纵向坡度不得小于 4%。

(3)影响边坡稳定的地表水和地下水应及时引排，在路堑的表面设排水坡，以利排水。

(4)应对高边坡进行变形观测。

4.2　爆破开挖路堑施工技术

4.2.1　开挖方法

路堑破爆开挖一般采用松动爆破，石质边坡面宜采用光面或预裂爆破。开挖施工常用全断面开挖、分台阶分部开挖等方法。

爆破开挖施工方法适用于硬质岩、软质岩、岩体结构比较稳定，机械开挖无法施工或生产效率低的路堑开挖。爆破开挖路堑岩石分类如表 4.2.1 所示。

表 4.2.1　爆破开挖的路堑岩石分类表

岩石类别		强度 R_c(MPa)	代表性岩石
硬质岩	极硬岩	>60	花岗岩、闪长岩、玄武岩等岩浆岩
	硬岩	30～60	硅质岩、钙质胶结的砾岩及砂岩、石灰岩、白云岩等沉积岩；片麻岩、石英岩、大理岩、板岩等变质岩
软质岩	较软岩	15～30	泥岩、页岩、煤、石膏等沉积岩；千枚岩、绿泥石片岩、云母片岩等变质岩
	软岩	5～15	
	极软岩	<5	

注：1. 强度系数 R_c(MPa) 指新鲜岩块饱和单轴极限抗压强度。

2. 岩石微风化、中等风化，用镐难挖掘，采用岩心钻方可钻进，需爆破开挖。

4.2.2　主要施工机械设备

主要施工机械设备：潜孔钻机、手风钻、风镐、空压机、挖掘机、装载机、推土机和自卸车等。

4.2.3　施工工艺及控制要点

1. 施工工艺流程(图 4.2.3-1)

2. 施工准备

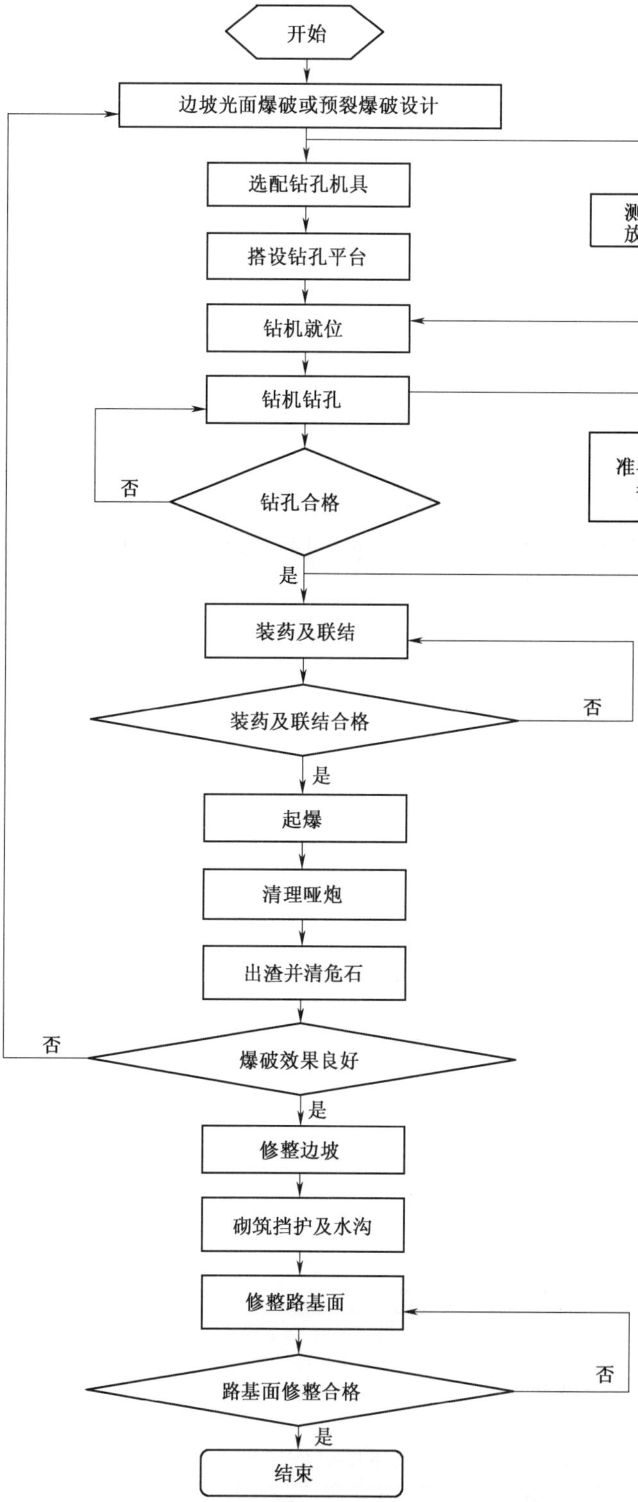

图 4.2.3-1 爆破开挖路堑施工工艺流程图

(1)现场准备

对于爆破周围环境进行仔细观察分析,认真调查研究,掌握当地交通、水电供应等情况;对施工范围内的道路、水系、管线和构筑物要取得详细资料，并安排拆除或搬迁。

(2)人员准备

爆破作业是项细致复杂、技术性很强的工作，人员组织上要专业分工，作业人员要进行技术培训，必须要有现场负责人并进行统一调度。

(3)料具准备

按照相关规定修建易爆物仓库，建立管理制度，并通过地方公安部门检查验收及备案。根据爆破量和起爆方式，备齐所需要的材料和机具。

(4)技术准备

根据地形岩质、路堑断面的形状、进度要求进行爆破设计；并结合土石方调配方案，编制施工组织设计、施工工艺设计和工序质量控制设计。路堑爆破开挖，应采用光面爆破或预裂爆破方法，严禁采用峒室药包等大爆破。

3. 开工条件

(1)施工组织设计、施工工艺设计和工序质量控制设计已编制，施工准备工作已完成。

(2)爆破作业区各种管线构造物已拆迁，或采取相应的保护措施；与当地政府取得联系，并得到行政管理部门批准。

4. 爆破设计

以光面爆破为例。介绍参数选择和计算方法。

(1)爆破参数

钻孔直径 D：80～100 mm。

开挖高度 H：根据工点实际情况确定，一般取 5～15 m，通常以 10 m 为佳。

边坡坡度：边坡坡度与地质条件有关，深孔光面爆破受钻孔条件限制，一般小于 1∶0.5。

最小抵抗线 W

$$W=K\cdot D$$

式中 K——计算系数，一般取 15～25；

D——钻孔直径。

孔距 α 一般采用两种方法选取：$\alpha=(8\sim12)D$；$\alpha=(0.6\sim0.8)W$。

(2)装药量计算

①经验计算法

$$Q=qL+Q_{底}$$

式中 Q——单孔装药量；

q——线装药密度，$q=kaW$；另外，也可根据经验取值，预留光爆层时 $q=180\sim200$ g/m，有准光爆层时 $q=200\sim220$ g/m；

k——光面爆破的单位用药量，预留光爆层时取 75 g/m^3，有准光爆层时取 90 g/m^3；

a——孔距；

W——抵抗线；

L——炮孔深度；

$Q_{底}$——光面爆破底部加强药量，预留光爆层时取 $Q_{底}=(3\sim5)QL_1$，有准光爆层时取 $Q_{底}=(5\sim8)QL_1$，实际爆破时，要根据炮孔深度确定底部装药长度和药量增量；

L_1——底部加强药量装药长度，一般取 $L_1=1.5\sim2.0$ m。

②预裂爆破主要参数(表 4.2.3-1)

表 4.2.3-1 预裂爆破主要参数

岩石类别	极限抗压强度(MPa)	参数	钻孔直径为 d(mm)				
			50	75	100	125	150
坚石	60 以上	a	0.45～0.65	0.75～0.95	1.1～1.3	1.45～1.65	1.8～2.1
		q'	215～340	355～560	390～620	485～765	555～875
		q''	孔深 $L>10$ m 时,$q''=5q'$ $L=5\sim10$m 时,$q''=4q'$ $L=3\sim5$ m 时,$q''=3q'$				
次坚石	30～60	a	0.4～0.5	0.6～0.75	0.9～1.1	1.2～1.4	1.5～1.8
		q'	155～215	250～355	280～390	345～485	395～555
		q''	孔深 $L>10$ m 时,$q''=4q'$ $L=5\sim10$ m 时,$q''=2.5q'$ $L=3\sim5$ m 时,$q''=q'$				
软石	5～30	a	0.3～0.4	0.5～0.5	0.75～0.85	1～1.2	1.2～1.5
		q'	60～155	100～250	115～280	140～345	160～395
		q''	孔深 $L>10$ m 时,$q''=4q'$ $L=5\sim10$ m 时,$q''=2.5q'$ $L=3\sim5$ m 时,$q''=q'$				

注:1. 表中,a—钻孔间距,m;q'—线装药密度(全孔装药量扣除孔底部增加装药量除以装药段长度),g/m;q''—孔底装药密度,g/m。

2. 表列 q'值按 40%耐冻胶质炸药计列,并以不耦合系数在 2～3 之间为选用条件。

3. 堵塞长度在 0.8～1.0 间选取。

5. 爆破实施

采用光面或预裂爆破时,应按设计线装药,将炸药和导爆索用细绳捆绑在竹片上装入孔中,并将竹片未绑炸药一侧置于保护岩层一侧。

(1)对于开挖深度大于 6.0 m,且石方数量较大的工点,采用小型潜孔钻机钻孔,实施梯段松动控制爆破。

(2)对于开挖深度小于 6.0 m,且石方数量较小的工点,采用风枪钻孔,实施梯段松动控制爆破。

(3)为提高破碎效果,降低大块率,并降低爆破震动效应,采用宽孔距、小排距梅花形布孔,并采用导爆管毫秒雷管实施逐排微差挤压爆破。

(4)为确保边坡稳定、美观,路堑边坡可采用预留光爆层法进行光面爆破或进行预裂爆破。采用潜孔钻机钻孔进行爆破的工点,采用潜孔钻机沿边坡钻孔进行光面爆破或预裂爆破,如边坡设计有平台,可分平台进行光爆。如设计坡面无平台时,可从堑顶沿坡面钻孔,一次钻到坡脚进行光爆或预裂爆破。采用风枪钻孔进行光面爆破,因受钻孔深度限制,可采用小台阶式光面爆破。无论采用何种光爆方法,确保眼痕率达到 80%以上。

(5)为确保基底平整坚实,不论采用潜孔钻机还是风枪钻孔进行爆破,到最底层 2.0 m 时,均用风枪钻孔进行爆破,并严格控制钻孔深度和孔底高程,适当缩小孔距和排距,采用逐排微差起爆方法。

(6)深孔梯段爆破的炮眼布置如图 4.2.3-2～图 4.2.3-7 所示。

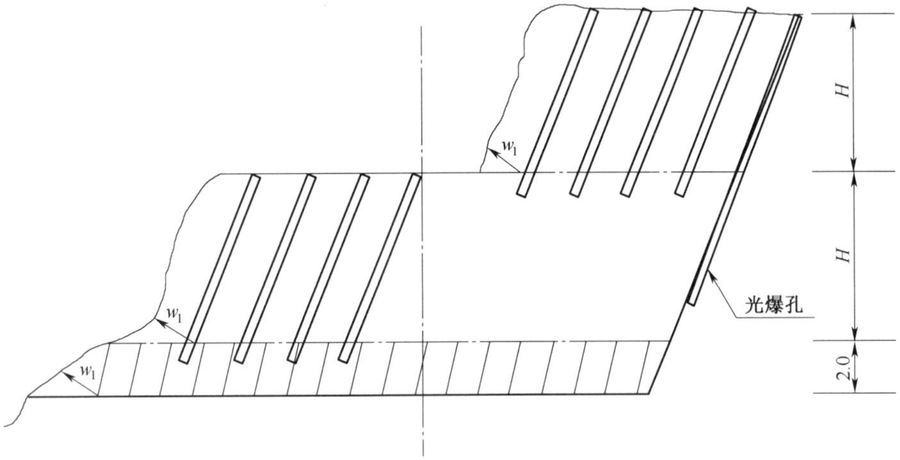

图 4.2.3-2　半路堑横向爆破炮孔横断面布置示意图

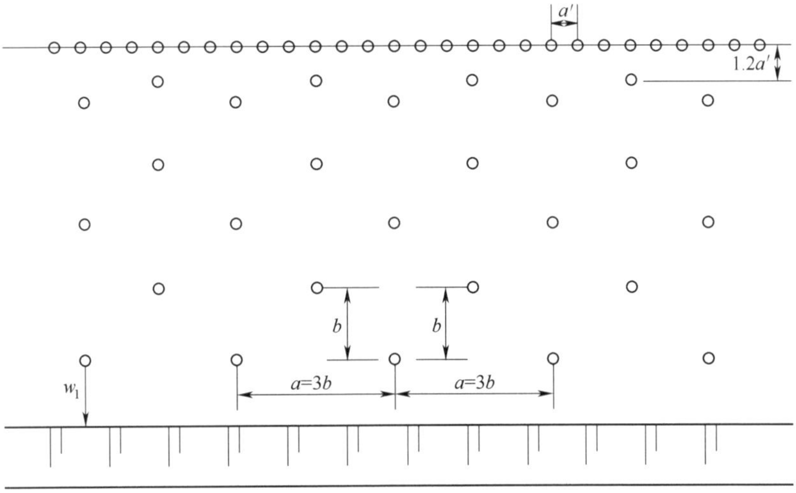

图 4.2.3-3　宽孔距小排距梅花形半路堑横向爆破炮孔平面布置

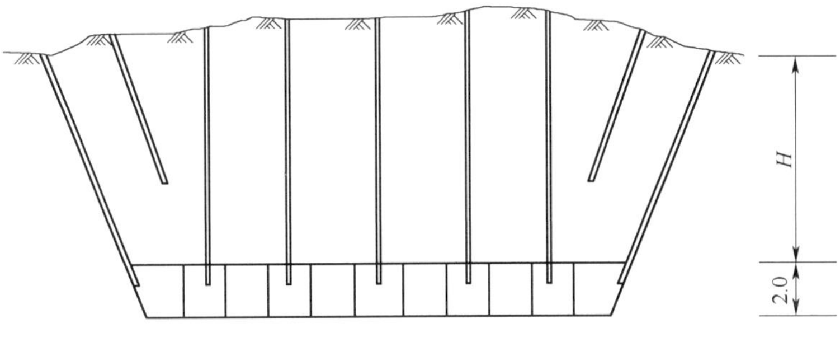

图 4.2.3-4　低挖深地段(一般为 6～8 m)炮孔布置示意图

6. 搭建钻孔平台

钻孔作业在高陡的坡顶上进行，钻机移位及架设均需要人工来完成，必须保证人员和机械

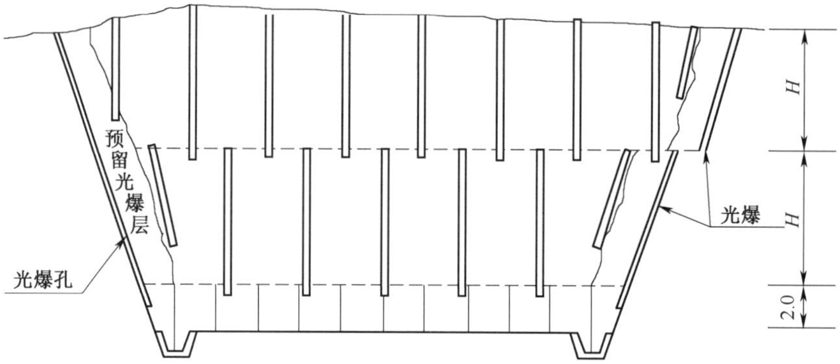

图 4.2.3-5　高挖深地段(一般挖深超过 10 m)炮孔布置示意图

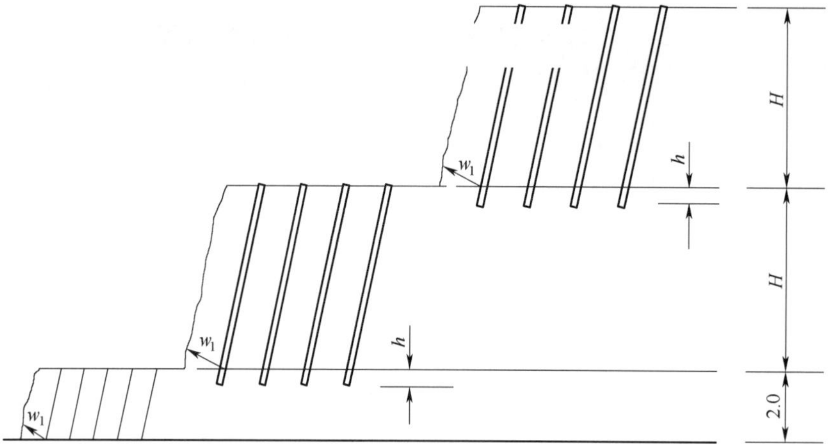

图 4.2.3-6　宽孔距小排距梅花形全路堑开挖纵断面布孔示意图

的安全。搭建钻孔平台就是为了施工作业的安全。

光爆孔精度要求高,三角架式钻机定位较难,为减少钻孔偏差,钻孔平台应有一定宽度,以利于钻机的调整。平台宽度一般为 1.5～2.0 m。在进行多层光爆施工时应预留出下面各层的钻孔平台宽度。

7. 测量放线

光面爆破后边坡一次成型,若要进行变动将浪费大量的人力物力,所以边坡测量放线需严格控制误差。

8. 钻机对位

钻孔精度是光面爆破成败的重要因素。要想保证钻孔精度,把炮孔钻在同一平面上,使用三角架式钻机,除提高钻孔技术外,还要按“对位准、方向正、角度精”三要点来操作。

(1)钻机对位要准

为了保证钻机在同一平面上对位,在钻机平台上铺设钢管作为钻机移动轨道。钢管一般铺设在边坡线外 30 cm 处,根据设计的光爆孔孔距用油漆在钢管上表明孔位。

(2)钻孔方向要正

沿边坡开挖线拉一条测线,量测机架两侧至测线距离,当两者距离相同时,则说明钻机安

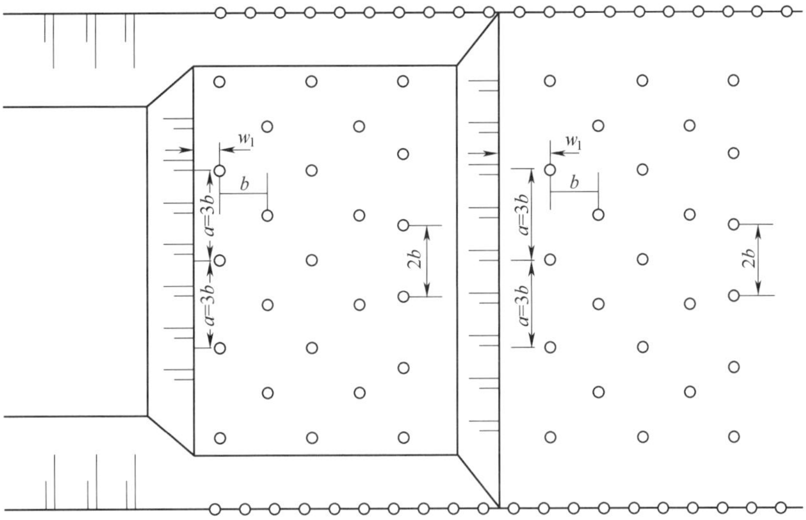

图 4.2.3-7　宽孔距小排距梅花形全路堑开挖平面布孔示意图

放准确。

(3)钻孔角度要精确

精确的钻孔角度是光面爆破后坡面平整、光滑的保证。钻孔角度大于边坡坡度时，将使抵抗线偏小，会产生飞石，小于边坡坡度时，则抵抗线增大，会使光爆层炸而不塌。保证钻孔精度应用仪器测定钻杆角度，符合要求后，固定钻机进行钻孔作业。

9. 钻孔

钻孔作业基本要领：

(1)熟悉岩石性质，摸清不同岩层的凿岩规律。

(2)孔口要完整，孔壁要光滑，保证排渣顺利。

(3)软岩慢打，硬岩快打。

10. 装药

用不耦合装药，不耦合系数取 2～5。装药结构形式有两种：

(1)用低爆速、小直径的光爆专用药卷或现场加工的传爆性能好的细长药卷时采用均布连续装药。

(2)用普通 2 号岩石硝铵炸药卷或水胶、乳化炸药卷(常用于有水炮孔中)时采用加导爆索间隔捆绑成药串的间隔装药。

炮孔底部加强装药段，其装药长度和炸药增量可按表 4.2.3-2 确定：孔口堵塞长度应不小于最小抵抗线，一般为 0.81 m。堵塞时用纸团塞紧在堵段下部，然后用黄黏土堵实。

表 4.2.3-2　炮孔底药增量

炮孔深度(m)	<3	3～5	5～10	10～15	>15
底药长度(m)	0.5	0.5～1.0	1.0～1.5	1.0～1.5	1.5～2.0
增量(倍)	0.5～1	1～1.5	1.5～2	2～3	>3

11. 警戒

光面爆破与主体爆破同时进行，警戒距离按主体爆破的要求确定；单独实施光面爆破的警戒范围不得小于 200 m。

12. 起爆

起爆方法有两种。一是用设计段数的电雷管或非毫秒雷管绑于内药柱或药串上起爆；二是用导爆索连接起爆。

在与主炮孔同时施爆的时候，先爆孔要滞后于主爆孔 50～150 ms（硬岩可取小值，软岩宜取大值）起爆。

13. 出渣

(1)可采用推土机、挖掘机、装载机、自卸汽车等机械出渣，自卸汽车配合装卸机械施工。

(2)用装卸机、挖掘机在铲挖工作面与车辆间进退运行采用 V 形或 L 形循环方式，装载机进铲方向应大致与工作面垂直，避免偏载。装车行走速度控制在 0.7～1.8 m/s。

(3)汽车运输道路车道宽度、纵坡、曲线半径应符合有关规定，路面结构要满足重载车辆运行的需要。倾卸时要采取安全防护措施。

14. 整修边坡

(1)爆破后边坡和堑顶山体稳定，边坡平顺，不破碎，及时清除凸面悬危石、浮石、渣堆杂物。

(2)边坡上出现的坑穴、凹槽用浆砌片石嵌补平整。

15. 修整基床表面

在岩石路堑的侧沟平台上应按施工图预留信号、电力电缆、排水沟槽。开挖时不得损坏边坡脚，必须保证侧沟平台和基床表面平整，有凹坑或损坏处用混凝土或浆砌片石补齐。

4.2.4 爆破开挖路堑施工质量通病及防治措施

爆破开挖路堑施工主要易出现质量通病为爆破后边坡出现裂缝、松动、滑移等现象，严重影响边坡的稳定性。

可能原因包括：

(1)没有充分考虑爆破体的地质条件，采用了不当的爆破技术参数，如采用过大的爆破指数，造成边坡超爆、开裂、松动。

(2)采用了过大的爆破岩土单位体积消耗量系数值，使一次爆破药量过大，扩大了爆破作用范围。

(3)没有预留足够的边坡保护层厚度，将边坡坡面破坏；开坡放炮引起坡脚松动破坏，或将坡脚坡面开成爆破漏斗坑，破坏了边坡土体的内力平衡，使上部土体（或岩体）失去稳定。

防治措施：

(1)爆破设计时，在临近最终边坡的爆破区考虑预留一定厚度的边坡保护层，使边坡处于爆破压碎圈半径范围以外。

(2)根据地质条件，通过计算选择用药量和适宜的药包布置方式，相应的爆破参数；对不良地质、地段避免采用有影响边坡稳定的爆破方法，控制用药量。

(3)为减轻爆破对边坡的振动，尽量采用分段延时起爆。

(4)爆破时防止松动坡脚，或在坡脚或坡面开成爆破漏斗坑。

(5)对坡脚松动可用设挡土墙与岩石锚杆，或挡土板、柱与土层锚杆相结合的办法来整治。锚桩、锚杆均设在边坡松动层以外的稳定岩（土）层内。

(6)对坡面因振动出现较大的裂隙，可用砌石或砂浆封闭；对裂缝的悬石采用岩石锚杆与稳定岩层拉结。

第 5 章　过渡段施工技术

高速铁路对线路平稳性要求很高，在过渡段处由于路基与桥涵、隧道等结构物刚度差别较大，会引起轨道刚度突变，同时不同结构的沉降不一致，会导致轨面不平顺，因而引起列车与线路结构的相互作用加强，影响线路结构的稳定、影响高速列车运行的安全和舒适。因此对过渡段施工材料、工艺要求高。

常见路基过渡种类有路堤与桥台过渡段、路堤与横向结构物过渡段、路堤与路堑过渡段、路堑与隧道过渡段等几种，过渡段内分层填筑掺入 5% 水泥的级配碎石，其他部位分层采用 A、B 料填筑，过渡段与其相连的路堤按一体同时施工。

5.1　路基与桥台过渡段施工

5.1.1　施工工艺

1. 施工工艺流程(图 5.1.1)

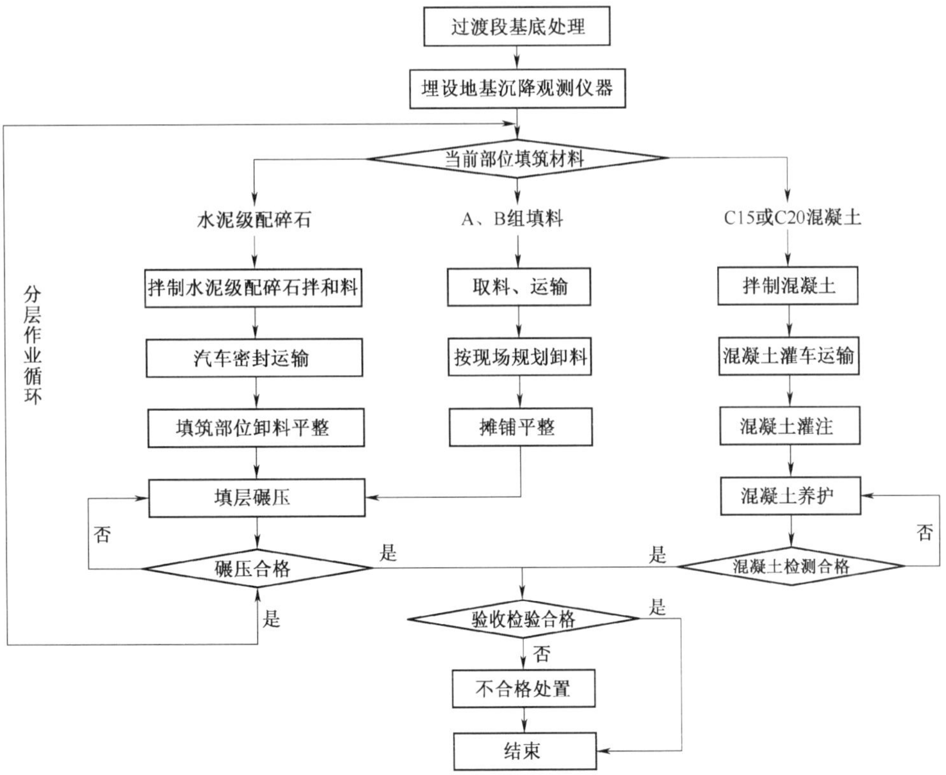

图 5.1.1　路桥过渡段施工工艺流程图

2. 基底处理

过渡段基底处理过程中及处理后严格按照施工图要求做好地面排水，特别是软土、松软土、膨胀土和黄土地基地段，确保降水及地表径流不汇入施工区和地基、基坑内；基底范围及两侧的排水、防渗和地下水的拦截、引排要符合施工图要求；过渡段基底处理按施工图要求与桥台、相邻路堤、相邻路堑的基底处理同时进行，过渡段如需要地基处理，先进行地基处理，后进行桥台基础施工。

3. 基坑回填

桥台后基坑严格按照施工图选用回填材料及时分层回填压实，避免积水，若基坑采用混凝土回填时，泵送混凝土回填桥台基础和台背后过渡段混凝土；若基坑采用碎石回填时，对过渡路堤范围内进行清表整平碾压，按程序进行地基承载力检验，满足相关规定后，按施工图埋设透水软管，采用机械分层（填料分层厚度不宜大于 30 cm）铺设砂层及掺水泥碎石，压路机碾压。

4. 台背渗水墙砌筑

桥台与路基结合部设厚 0.15 m 带排水槽的渗水墙，渗水墙采用无砂混凝土块砌筑，渗水墙底部设软式透水管，将渗流水横向排出路基外。

5. 水泥级配碎石拌制

水泥级配碎石拌和料用稳定碎石拌和设备在拌制场集中进行拌制，拌和料需拌制均匀，采用不同料径的碎石和石屑，按预定配合比在搅拌设备内拌制级配碎石拌和料。在正式拌制级配碎石拌和料之前，必须先调试场拌设备，使拌和料的颗粒组成、水泥用量以及含水率都达到规定的要求。并通过试验段的试拌、试铺总结的各种施工参数进一步优化配合比，以使过渡段水泥级配碎石填层具有更好的强度和刚度。

6. 填料运输

装料时，车要有规律地移动，使拌和料在装车时不致产生离析。采用大吨位自卸车运输并保证足够的运输车辆，车辆运输过程中用防水篷布覆盖。

7. 过渡段本体分层填筑

填筑路堤时，按照不同土质路堤填筑技术要求，分层填筑，分层厚度按试验段确定厚度。分层填筑时，根据自卸车和规格，按试验确定的倒土密度进行卸土，并设专人指挥倒土，确保填层厚度符合要求。填筑时应从最低一层台阶填起，均匀把土摊铺在路堤整个宽度上，为保证过渡段边缘有足够的压实度，其两侧各加宽 50 cm。

8. 碾压

过渡段的碾压采用大、小型振动压实机械相结合进行碾压，台背后 2 m 范围内禁止大型振动机械驶入，避免其对桥台造成挤压，碾压时先静压后振压，先慢后快，由弱振至强振；直线段由两边向中间，曲线段由内侧向外侧，纵向进退进行，横向轮迹重叠不少于 40 cm，做到无漏压、无死角，碾压均匀，达到规定的压实度。

9. 养护

掺水泥碎石垫层施工完毕后，及时进行养护并严禁车辆通行。

5.1.2 施工控制要点

（1）地基处理、基坑回填、防渗水措施必须严格按照设计要求施工。

（2）原材料必须进行严格的检测，验收合格后方可施工。

(3)层厚控制

对压路机碾压部位每层最大压实厚度不超过 30 cm,最小压实厚度不小于 15 cm,具体厚度参照试验结果,小型机具压实部位每层松铺厚度控制在 15～20 cm。在桥台背部左中右用红油漆标出分层松铺厚度和填层序号。

(4)填料平整及均匀性控制

基床表层以下部分采用推土机粗平、平地机精平,靠近结构物人工配合进行局部处理,确保层厚及拌和料均匀。表层与过渡段后一般路基表层作为同一整体施工。

(5)级配碎石基床施工缝设置、处理

纵向单层单机摊铺一次摊铺成型,不留施工纵缝。横向施工缝设置:每工作日结束时自然形成横向施工缝;中途停机 30 min 以上时按施工缝处理。施工缝采用平口接口,即在第一段施工终止前将端头摊铺平齐压实。接缝施工时,用切缝机将第一段在施工高程和平整度合格处予以切齐,清除切除的级配碎石,洒适量水分滋润切缝处,然后再摊铺新的级配碎石混合料。上、下层的施工横缝保持错开 3 m 的间距。禁止上下层的横缝位置重叠影响基床整体性。

(6)养护

碾压后立即封闭交通,除洒水车外,其他车辆不得通行,养护期结束后施工车辆可限制通行,速度小于 15 km/h,严禁急转弯或急刹车。

(7)上下层间处理

在摊铺上层前先要对下层面进行处理,首先要清除污染物,如洒落的泥土等;其次要将下层层面适当拉毛;然后清扫干净拉毛产生的碎屑,并适当洒水滋润,以保证上下层之间的结合性良好。

(8)边坡平顺及压实控制

非绿化区边坡压实采用夯实设备进行边坡压实,对于设计有绿化要求的坡面采用人工夯拍与种植植被相结合的方法进行。

5.1.3　质量检测

1. 过渡段基底处理

过渡段基底处理应按设计要求与桥台、横向结构物、相邻路堤、相邻隧道的基底处理同时进行,开挖处理后的基底压实质量按表 5.1.3-1 检验。

表 5.1.3-1　过渡段基底处理后检验项目、数量和方法

检验指标	标准值		检验数量	试验方法
	过渡段路堤高度<3.0 m	过渡段路堤高度≥3.0 m		
动态变形模量 E_{vd} (MPa)	≥40	≥30	每个过渡段抽样检验 3 点,其中:距路基边线 1 m 处左、右各 1 点,路基中部 1 点	按《铁路工程土工试验规程》(TB 10102—2010)规定

2. 过渡段基坑回填

(1)基坑采用混凝土回填时,混凝土强度等级应符合设计要求,基坑采用碎石或灰土回填时,应分层填筑,碾压压实,过渡段基坑回填质量按表 5.1.3-2 检验。

表 5.1.3-2 过渡段基坑回填检验项目、数量和方法

检验指标	标准值		检验数量	试验方法
	混凝土回填	碎石或灰土回填		
强度(MPa)	符合设计要求	—	每个过渡段基坑抽检 2 组 28 d 抗压强度	《普通混凝土长期性能和耐久性能试验方法标准》(GB/T 50082—2009)
动态变形模量 E_{vd}(MPa)	—	≥30	每个过渡段基坑每层抽检 2 点	按《铁路工程土工试验规程》(TB 10102—2010)规定

(2)基坑回填顶面高程采用水准仪测量,其允许偏差为±50 mm,每个基坑抽样检验 2 点。

3. 基床表层以下过渡段级配碎石填层

(1)基床表层以下过渡段级配碎石填层的压实质量和水泥剂量按表 5.1.3-3 检验,采用地基系数 K_{30}、动态变形模量 E_{vd}和压实系数 K 三项指标控制,级配碎石中水泥掺加量应符合设计要求。

表 5.1.3-3 过渡段级配碎石填层检验项目及频次

检验指标	标准值	检验数量	试验方法
压实系数 K	≥0.95	每压实层抽样检验压实系数 3 点,其中距路基两侧填筑级配碎石边线 1 m 处左、右各 1 点,路基中部 1 点;每填高约 30 cm 抽样检验动态变形模量 3 点,其中 1 点必须靠近桥台或横向结构物边缘处;每填高约 60 cm 抽样检验地基系数 2 点,其中距路基两侧填筑级配碎石边线 2 m 处 1 点,路基中部 1 点	按《铁路工程土工试验规程》(TB 10102—2010)规定
地基系数 K_{30}(MPa/m)	≥150		
动态变形模量 E_{vd}(MPa)	≥50		
水泥剂量	设计值的 0~+1.0%	每过渡段每填高约 90 抽样检验 3 处(左、中、右各 1 处)	

(2)基床表层以下过渡段级配碎石填层的允许偏差按表 5.1.3-4 检验。

表 5.1.3-4 基床表层以下过渡段级配碎石填层的允许偏差、检验数量及检验方法

序号	检验项目	允许偏差	施工单位检验数量	检验方法
1	纵向填筑长度	不小于设计值	每层抽样检验 3 点,左、中、右各 1 点	尺量
2	纵向填筑坡度	不大于设计值	每层抽样检验 3 点,左、中、右各 1 点	尺量计算

4. 基床表层以下过渡段两侧及锥体填土

(1)基床表层以下过渡段两侧及锥体填筑压实质量按表 5.1.3-5 检验。

表 5.1.3-5　基床表层以下过渡段两侧及锥体填筑检验项目及频次

检验指标	压实标准			检验数量	试验方法
	化学改良土	砂类土及细砾土	碎石类及粗砾土		
地基系数 K_{30}(MPa/m)	—	≥130	≥150	每压实层抽样检验压实系数3点，每压实60 cm厚抽样检验地基系数2点；基床底层每压实层抽样检验压实系数和动态变形模量各3点；改良土每60 cm厚抽样检验1组无侧限抗压强度	按《铁路工程土工试验规程》(TB 10102—2010)规定
动态变形模量 E_{vd}(MPa)	—	≥40	≥40		
压实系数 K	≥0.95	≥0.95	≥0.95		
7 d饱和无侧限抗压强度 q_u(kPa)	≥350(550)	—	—		

注：括号内数字为寒冷地区化学改良土考虑冻融循环作用所需强度值。

(2)浸水路堤防护高程的允许偏差按表5.1.3-6检验。

表 5.1.3-6　浸水路堤防护高程的允许偏差、检验数量及检验方法

检验项目	允许偏差	检验数量	检验方法
防护高程	$^{0}_{+100}$ mm	每个过渡段抽样检验2点	测量仪器测量或尺量

(3)基床表层以下过渡段填筑的允许偏差按表5.1.3-7检验。

表 5.1.3-7　过渡段填筑的允许偏差、检验数量及检验方法

序号	检验项目	允许偏差	检验数量	检验方法
1	顶面路基宽度	不小于设计值	每过渡段每检测层抽样检验2点	尺量
2	边坡坡率(偏陡量)	3%设计值	每过渡段每侧抽样检验6点	坡度尺量

5. 过渡段混凝土填层

(1)混凝土所用水泥、粗骨料、细骨料、矿物掺和料、外加剂等材料的品种、规格、质量应符合设计要求，进场检验按《铁路混凝土工程施工质量验收标准》(TB 10424—2010)第6.2.1～第6.2.7条检验。

(2)模板应支承牢固、无变形、漏浆，模板安装按《铁路混凝土工程施工质量验收标准》(TB 10424—2010)第4.2.1条、第4.2.2条检验。

(3)混凝土强度应符合设计要求，其施工和检验按《铁路混凝土工程施工质量验收标准》(TB 10424—2010)第6.3.1条、第6.4.1条～第6.4.11条检验。

(4)过渡段混凝土填层的允许偏差按表5.1.3-8检验。

表 5.1.3-8　过渡段混凝土填层的允许偏差、检验数量及检验方法

序号	检验项目	允许偏差	检验数量	检验方法
1	中线高程	±10 mm	每过渡段抽样检验3点	测量仪器测量
2	中线位置	20 mm	每过渡段抽样检验3处	测量仪器测量，尺量
3	纵向长度	不小于设计值	每过渡段抽样检验3处，左、中、右各1处	尺量

续上表

序号	检验项目	允许偏差	检验数量	检验方法
4	横向宽度	不小于设计值	每过渡段抽样检验3处	尺量
5	厚度	±10 mm	每过渡段抽样检验3个断面，沿过渡段纵向均匀分布	测量仪器测量，尺量
6	横坡	±0.5%	每过渡段抽样检验3个断面	坡度尺量
7	平整度	不大于12 mm	每过渡段抽样检验3处	2.0 m靠尺和塞尺量

5.1.4 质量通病及防治措施

过渡段主要存在质量通病为工后不均匀沉降。可能原因包括：雨水浸泡；地基处理不完善；填料压缩变形；施工过程压实不严格、层厚过大、台背结构物后碾压遍数不够；过渡段未进行加载预压等。

防治措施：

(1)在过渡段路堤填筑前，在原地基土拱上设置泄水管或盲沟。泄水管参考设置方法为：对基底作必要的处理后，填筑横坡为3%～4%的夯实黏土土拱，再在土拱上挖一条成双向坡的地沟，然后在台背全宽范围内满铺一层隔水材料，在地沟内四周铺设有小孔的硬塑料泄水管，塑料泄水管的出口应伸出路基外，然后在硬塑料管四周填筑透水性好、粒径较大的砂石材料，再分层填筑过渡段透水材料，直至基床表层底面，以疏干台后填料的水分。

(2)严格按照设计、规范对过渡段进行基底处理，处理措施从台后至路基应考虑由强至弱的渐变结构形式。

(3)过渡段中使用强度高、刚度大的优质填料，如级配良好的级配粗粒料或素混凝土等。

(4)每层、每段均严格按照规范设计要求和工艺参数进行填筑施工。避免为了赶工期，填土的压实质量控制不够严格，使填土本身出现过大的沉降变形；另一方面，由于桥头路基位置特殊，桥台背后填料往往会由于作业面狭窄而压实机械压实不到位，压实质量下降，应控制此处分层厚度，采用小型机具加强碾压。

(5)按照设计规范要求进行对靠近桥台等结构物附近实施超载预压。

5.2 路堤与横向结构物过渡段施工

5.2.1 施工工艺

1. 施工工艺流程(图5.2.1)

2. 基底处理

过渡段基底处理过程中及处理后严格按照施工图要求做好地面排水，特别是软土、松软土、膨胀土和黄土地基地段，确保降水及地表径流不汇入施工区和地基、基坑内；按照施工图要求，做好基底范围及两侧的排水、防渗和地下水的拦截、引排等工作；过渡段基底处理按施工图要求与横向结构物、相邻路堤的基底处理同时进行，过渡段采用打入桩、挤密桩地基处理措施时，先施工过渡段打入桩、挤密桩，后施工横向结构物基础桩基。

3. 基坑回填

横向结构物基坑严格按照施工图选用回填材料及时分层回填压实，避免积水，若基坑采用

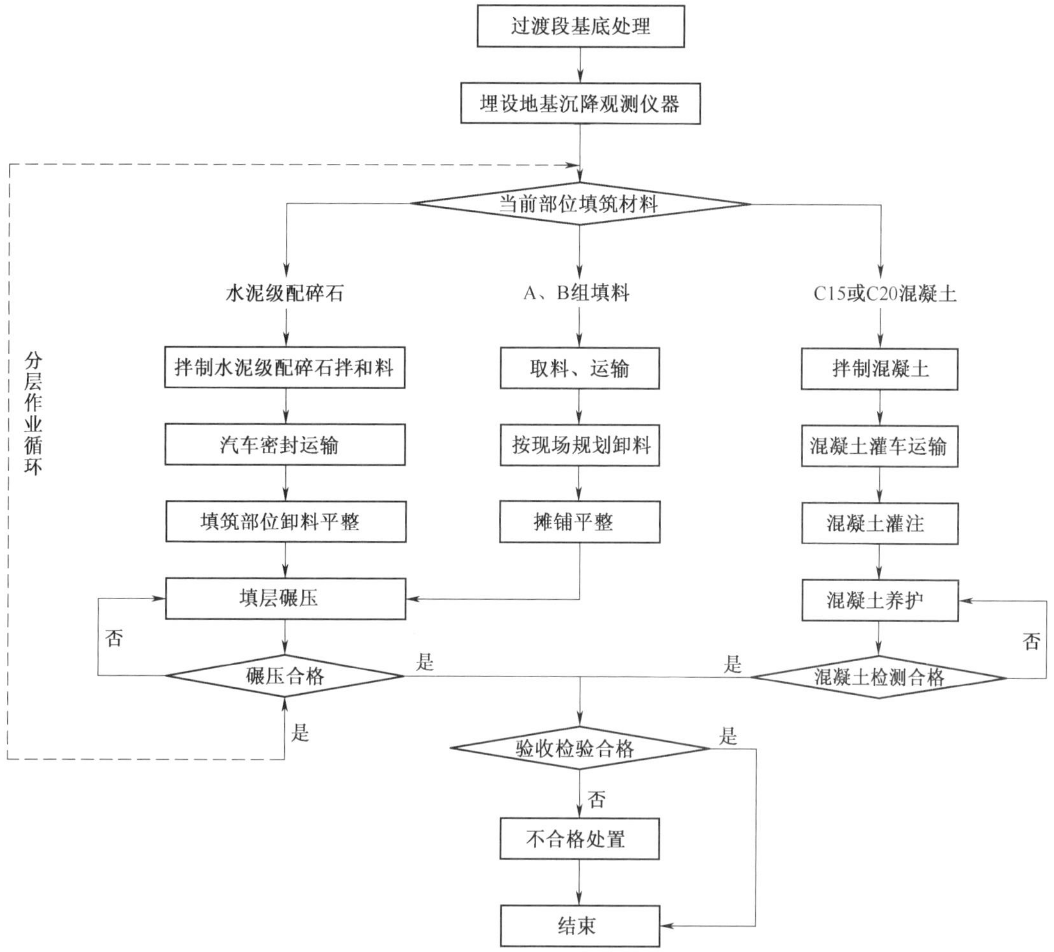

图5.2.1　路堤与横向结构物过渡段施工工艺流程图

混凝土回填时，优选泵送混凝土回填；若基坑采用碎石或灰土回填时，对过渡路堤范围内进行清表整平碾压，按程序进行地基承载力检验，满足相关规定后，按施工图埋设透水软管，分层填筑碎石或灰土并用小型振动设备压实。混凝土强度符合设计要求，碎石、灰土填筑满足 $E_{vd} \geqslant$ 30 MPa。

4. 水泥级配碎石拌制

水泥级配碎石拌和料用稳定碎石拌和设备在拌制场集中进行拌制，拌和料需拌制均匀。在正式拌制级配碎石拌和料之前，必须先调试场拌设备，使拌和料的颗粒组成、水泥用量以及含水率都达到规定的要求。并通过试验段的试拌、试铺总结的各种施工参数进一步优化配合比，以使过渡段水泥级配碎石填层具有更好的强度和刚度。

5. 填料运输

装料时，车辆要有规律地移动，使拌和料在装车时不致产生离析。采用大吨位自卸车运输并保证足够的运输车辆，车辆运输过程中用防水篷布覆盖。

6. 过渡段本体分层填筑

过渡段分层填筑厚度按试验段确定厚度控制。分层填筑时，根据自卸车和规格，按试验确定的倒土密度进行卸土，并设专人指挥倒土，确保填层厚度符合要求。填筑时从最低一层台阶填起，均匀把土摊铺在路堤整个宽度上，为保证过渡段边缘有足够的压实度，其两侧各加宽 50 cm。

7. 碾压

过渡段的碾压采用大、小型振动机械结合进行碾压，横向构筑物两侧各 2 m 范围内禁止大型振动机械驶入，避免对其桥台造成挤压，碾压时先静压后振压，先慢后快，由弱振至强振；直线段由两边向中间，曲线段由内侧向外侧，纵向进退进行，横向轮迹重叠不少于 40 cm，做到无漏压、无死角，碾压均匀，达到施工及质量标准规定的压实度。

8. 养护

掺水泥碎石施工完毕后，及时进行养护并严禁任何车辆通行。

5.2.2 施工控制要点

(1)施工前，做好横向结构物两侧的排水施工，防止水流对填料的浸泡或冲刷，基底原地面平整后，用振动碾压机碾压密实。

(2)在横向结构物两侧基础等达到施工图及验收标准强度要求后，及时进行两端过渡段填筑；拌和料填筑过程中，每层填料的松铺厚度不大于 30 cm，具体填筑厚度及碾压遍数通过试验确定，并与相邻路堤同步施工。

(3)距结构物 2 m 范围内及横向结构物顶部填筑厚度小于 1 m 范围内用小型压实机械压实。靠近横向结构物的部位，平行于横向结构物背壁面进行横向碾压。

(4)碾压时，采用先静压、后弱振、再强振的方式，最后静压收光。直线地段，由两侧路肩开始向路中心碾压；曲线地段，由内侧路肩向外侧碾压。行与行之间重叠压实宽度不小于 40 cm。

(5)横向结构物两侧的过渡段填筑必须对称进行，防止由于不对称填筑造成横向结构物的偏压；在填筑过程中注意做好防排水工作，每层均应做成横向人字坡和纵向排水，并与相邻路堤同步施工。

(6)每层拌和料施工完毕后需按要求进行养护，养护期内采取措施控制车辆通行。

5.2.3 质量检测

参照路桥过渡段施工第 5.1.3 节质量检测。

5.2.4 质量通病及防治措施

过渡段主要存在的质量通病为工后不均匀沉降，导致路基下沉。可能原因包括：雨水浸泡；地基处理不完善；填料压缩变形；施工过程压实不严格、层厚过大、台背结构物后碾压遍数不够；过渡段未进行加载预压等。

防治措施：

(1)在过渡段路堤填筑前，做好原地面排水工作。

(2)严格按照设计、规范对过渡进行基底处理，处理措施从构筑物两侧向路基应考虑由强变弱的渐变方式。

(3)过渡段中使用强度高、刚度大的优质填料，如级配良好的级配粗粒料或素混凝土等。

(4)每层、每段均严格按照规范设计要求和工艺参数进行填筑施工。严格控制填土的压实质量，避免填土本身出现过大的沉降变形；另一方面，由于横向结构物路基位置特殊，结构物背后填料往往会由于作业面狭窄而压实机械压实不到位，压实质量下降。应控制分层厚度，加强碾压。

(5)按照设计要求进行对靠近结构物附近实施堆载预压。

5.3　路堤与路堑过渡段

5.3.1　施工工艺

1. 施工工艺流程(图 5.3.1)

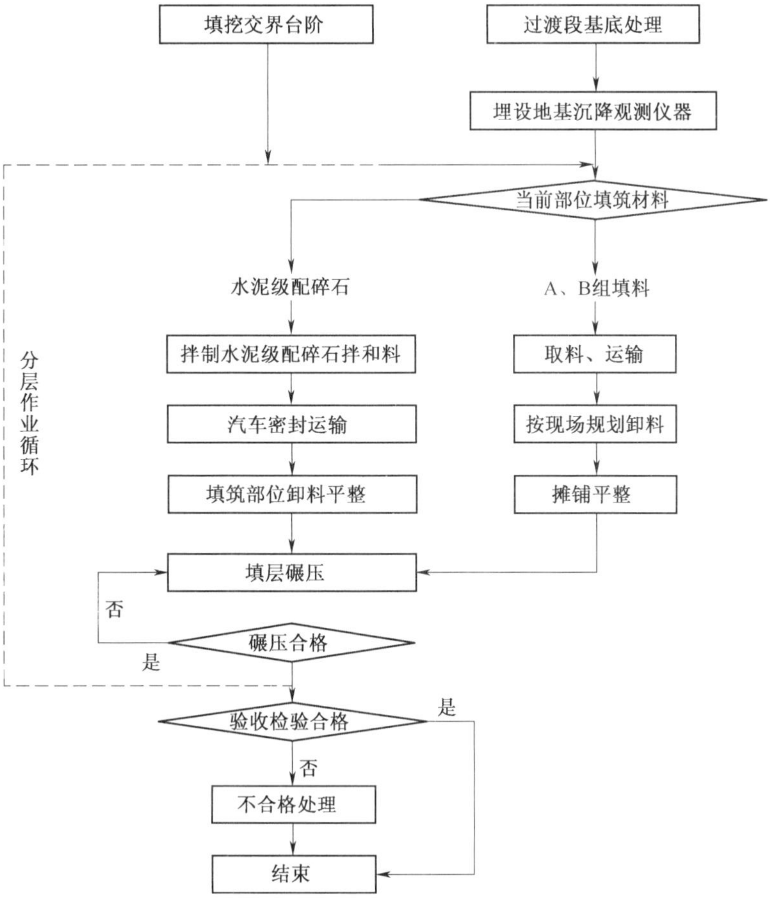

图 5.3.1　路堤与路堑过渡段施工工艺流程图

2. 路堤基底处理与路堑表层处理

原地面处理前,按照施工图要求,对地基地质资料进行核查,原地面处理后的外观做到:基底无草皮、树根等杂物,无积水;原地面基底密实、平整;坑穴处理彻底,无质量陷患;横坡符合施工图要求。

路堑施工前及时完善排水系统,做好堑顶截、排水。临时排水设施应与原有排水系统及永久性排水设施相结合。堑顶为土质或含有软弱夹层时,天沟要及时铺砌或采取其他防渗措施。开挖前检查坡顶、坡面危石、裂缝和其他不稳定情况并妥善处理。

3. 台阶开挖

路堤与硬质岩石路堑连接时,过渡段自路堑一侧顺原地面纵向开挖台阶,每段台阶自原坡面挖入深度不小于1.0 m，台阶高度0.6 m左右，台阶开挖可采用预裂爆破方式进行。过渡段基床表层20 m范围内采用机械摊铺水泥级配碎石，表层以下自路堤一侧采用机械分层摊铺填筑级配碎石并与相邻的路堤和基床填筑同步进行。级配碎石与路堤填料之间的分界线与线路走向保持垂直，使轨道下基础保持均质；路堤与路堑连接处横向按施工图埋设软式透水管，将水引入路堤坡脚排水沟中。

路堤与软质岩或土质路堑连接时，路堑一侧沿坡面开挖台阶，每台阶挖入深度不小于1.0 m，台阶高度为0.6 m，路堤本体和基床底层、表层均采用机械分层摊铺碾压，台阶部位采用横向碾压。

4. 埋设排水管

路堤与路堑连接处横向按施工图人工埋设软式透水管，将水引至路堤坡排水沟中。

5. 拌制水泥级配碎石

水泥级配碎石拌和料用稳定碎石拌和设备在拌制场集中进行拌制，拌和料需拌制均匀，在正式拌制级配碎石拌和料之前，必须先调试场拌设备，使拌和料的颗粒组成、水泥用量以及含水率都达到规定的要求。并通过试验段的试拌、试铺总结的各种施工参数进一步优化配合比，以使过渡段水泥级配碎石填层具有更好的强度和刚度。

6. 填料运输

装料时，车辆要有规律地移动，使拌和料在装车时不致产生离析。采用大吨位自卸车运输并保证足够的运输车辆，车辆运输过程中用防水篷布覆盖。

7. 分层摊铺

填筑时，按照过渡段不同填料技术要求分层摊铺，分层厚度按试验确定的厚度。分层摊铺时，根据自卸车的车型和规格，按试验段确定的倒土密度进行卸土，并设专人指挥倒土，确保填层厚度符合要求。填筑时应从最低一层台阶填起，均匀把土摊铺在路堤整个宽度上，为保证过渡段边缘有足够的压实度，其两侧各加宽50 cm。与相邻的路堤和基床底层同步填筑，每层施工过程中必须按施工图要求做好防排水措施。

8. 分层碾压

大型压路机能碾压到的部位，靠近堤堑结合处，沿堑坡边缘进行横向碾压；大型压路机压不到的部位，采用小型振动压实设备分层进行碾压，填料的松铺厚度不宜大于20 cm，碾压遍数应通过试验确定。

9. 养护

水泥级配碎石施工完毕后应及时进行养护，养护期间禁止车辆通行。

5.3.2 施工控制要点

(1)过渡段填筑前，平整地基表面，碾压密实；并挖除堤堑交界坡面的表层松土，按设计要求开挖台阶。

(2)过渡段的填筑施工与相邻路堤同步进行。

(3)靠近堤堑结合处，沿堑坡边缘进行横向碾压。

(4)大型压路机能碾压到的部位，靠近堤堑结合处，沿堑坡边缘进行横向碾压；大型压路机压不到的部位，采用小型振动设备分层压实，填料的松铺厚度不大于20 cm，实际松铺厚度及碾压遍数通过试验确定。

5.3.3　质量检测

(1)开挖坡面的纵向坡度及台阶开挖高度应符合设计要求，每个过渡段抽检3点。

(2)级配碎石填筑参照第5.1.3节进行质量检测。

(3)普通填料填筑参照第3.2.3节进行质量检测。

5.3.4　质量通病及防治措施

过渡段主要存在的质量通病为工后不均匀沉降，导致路基不均匀下沉。可能原因包括：雨水浸泡；地基处理不完善；填料压缩变形；施工过程压实不严格、层厚过大、碾压遍数不够；过渡段未进行加载预压等。

防治措施：

(1)在过渡段路堤填筑前，做好原地面排水工作。

(2)严格按照设计、规范对过渡进行基底处理。

(3)过渡段中使用强度高、刚度大的优质填料，如级配良好的级配粗粒料等。

(4)每层、每段均严格按照规范设计要求和工艺参数进行填筑施工。

第6章　路基变形观测及评估

高速铁路路基作为变形控制要求十分严格的土工构筑物，需要进行沉降变形动态监测，以指导路基填筑施工及确定无砟轨道结构施工和铺轨时间。根据监测数据经数理统计分析，预测出工后沉降值，确保路基工后沉降满足设计要求，杜绝因工后沉降过大而产生路基病害。本章主要介绍无砟轨道路基变形观测及评估。

6.1　路基变形观测概述

6.1.1　变形概念

铁路路基因组成材料颗粒之间存在空隙，在运营荷载的长期作用下，沉降变形是不可避免的。铁路路基为满足在列车高速运行条件下线路的平顺，保障运营舒适和行车安全，必须严格控制路基总沉降量和工后沉降。从引起路基变形的受力条件分析，主要有下列三个方面因素所组成：

(1)路基面在列车荷载作用下发生的变形；

(2)路堤本体在自重作用下的压实沉降；

(3)地基的压密沉降。

根据有关资料显示，路基面在列车荷载作用下发生的变形，虽然在列车运营期间始终存在，但通过提高路基面材料的质量、提高压实标准等控制措施，该部分变形大多在5 mm以内；路堤本体在自重作用下的压实沉降随路堤填料的性质、填筑高度的不同虽大小不一，但一般都在路基填筑高度的0.1%～0.55%范围，路基填筑施工后1～2年基本完成；而地基的压密沉降，因路基高度和地基条件的不同，沉降差异较大，这部分变形一般经历的时间比较长，是路基沉降变形监测的重点。

6.1.2　变形控制目的

路基沉降变形监测的目的，是以实际变形监测数据为基础，采用科学的方法对路基的沉降变形综合分析和评估，验证设计并检验施工质量，全面掌握路基的变形动态，分析和推算路基的最终沉降量和工后沉降。这既是保障路基工程质量的需要，也是铁路工程科学设计、科学施工的重要体现和基本要求。

6.1.3　变形观测组成

沉降动态变形监测主要内容包括路基面沉降监测、路基本体沉降监测、基底沉降监测、深厚层地基分层沉降监测、软土地基水平位移监测等方面。

6.1.4　变形控制指标

(1)路基工后沉降应符合扣件调整能力和线路竖曲线圆顺的要求。工后沉降不宜超过 15 mm；沉降比较均匀并且调整轨面高程后的竖曲线半径满足 $R_{sh} \geqslant 0.4V_{sj}^2$ 的要求时，允许的工后沉降为 30 mm。路基与桥梁、隧道或横向结构物交界处的工后沉降不应大于 5 mm，不均匀沉降造成的折角不应大于 1/1 000。

(2)为了保证路基填筑过程中的安全，在采用排水固结加固的软土地基上填筑路堤时，应控制填筑速率。其控制标准为：路堤中心地面沉降速率不应大于 10 mm/昼夜，坡脚水平位移速率不应大于 5 mm/昼夜。

6.2　路基变形观测实施

6.2.1　观测方案编制

路基变形观测实施前应编制专项观测方案，其主要内容包括：观测网的建立等级、变形监测系统的设置原则、变形观测点的精度要求和观测方法、测量仪器的配置及主要技术要求、观测小组设置要求，以确保观测工作的顺利开展。

1. 变形监测网的主要技术要求(如表 6.2.1-1、表 6.2.1-2)。

表 6.2.1-1　垂直位移监测网主要技术要求

等级	相邻基准点高差中误差(mm)	每站高差中误差(mm)	往返较差、附合或环线闭合差(mm)	监测已测高差较差(mm)	使用仪器、观测方法的要求
一等	0.3	0.07	0.15	$0.2\sqrt{n}$	DS05 型仪器，按国家一等水准测量的技术要求施测
二等	0.5	0.13	0.3	$0.4\sqrt{n}$	DS05 型仪器，按国家一等水准测量的技术要求施测
三等	1.0	0.30	0.6	$0.8\sqrt{n}$	DS05 或 DS1 型仪器，按二等水准测量的技术要求施测
四等	2.0	0.70	1.40	$2.0\sqrt{n}$	DS1 或 DS3 型仪器，按三等水准测量的技术要求施测

表 6.2.1-2　水平位移监测网主要技术要求

等级	相邻基准点点位中误差(mm)	平均边长(m)	测角中误差(″)	测边中误差(mm)	水平角观测测回数		
					0.5″级仪器	1″级仪器	2″级仪器
一等	1.5	≤300	0.7	1.0	9	12	—
		≤200	1.0	1.0	6	9	—
二等	3.0	≤400	1.0	2.0	6	9	—
		≤200	1.8	2.0	4	6	9
三等	±6.0	≤450	1.8	4.0	4	6	9
		≤350	2.5	4.0	3	4	6
四等	12.0	≤600	2.5	7.0	3	4	6

2. 观测设备的精度要求

沉降变形的水准测量精度不低于 1 mm，读数取位至 0.1 mm；剖面沉降管的测量精度为 ±4 mm/30 m，灵敏度 0.01 mm；单点沉降计量程 20 cm，观测精度为 1%量程，灵敏度为 0.05 mm；静力水准仪量程 10 cm，精度 1 mm，灵敏度 0.01 mm。

3. 沉降变形观测要求

现场变形观测应做到固定测量人员、固定测量仪器、固定测量线路、固定测量时间。现场应做好观测设施的保护，确保施工过程中不受扰动或破坏。

6.2.2 监测网的建立

监测网包括水平位移监测网、垂直位移监测网。

水平位移监测网采用独立坐标系统按三等平面监测网建立，对于软土地基等设计有特别技术要求的复杂工点，可根据需要按二等的规定执行，并一次布网完成。不能利用CPⅠ和CPⅡ控制点的监测网，至少与一个CPⅠ或CPⅡ控制点联测，以便引入无砟轨道铁路工程测量平面坐标系统，实现水平位移监测网坐标与施工平面控制网坐标的相互转换。

垂直位移监测网可根据需要独立建网，按二等水准测量精度施测，高程采用施工高程控制网系统。不能利用水准基点的监测网，在施工阶段至少与一个施工高程控制点联测，使垂直位移监测网与施工高程控制网高程基准一致；全线二等水准贯通后，将垂直位移监测网与二等水准基点联测，将垂直位移监测网高程基准归化到二等水准基点上。观测时按国家一等水准测量的技术要求施测。

6.2.3 观测断面设置

断面观测点包括沉降观测桩、沉降板、剖面沉降管、单点沉降计、分层沉降计、定点式剖面沉降测试压力计等沉降观测设备，还包括测斜管、水位井、孔隙水压计、位移桩等辅助设备。目前主要采用沉降观测桩、沉降板、剖面沉降管、单点沉降计和位移桩。

1. 观测断面的设置原则

路基沉降变形观测断面应根据不同的地质条件、结构部位等具体情况，沉降观测断面的间距一般不大于50 m，对地势平坦、地质条件均匀良好、高度小于5 m的路堤或路堑可放宽到100 m；对于地形、地质条件变化较大地段应结合实际情况适当加密观测断面。

路基与桥台、路基与隧道及路基与横向结构物过渡段，应于结构物起点5～10 m、20～30 m、50 m处各设一个断面，路基与横向结构物过渡段宜在结构物顶斜向设置横剖面沉降管，并于结构物两侧2 m处各设一观测断面。

2. 观测点设置原则

为了利于测点看护，集中观测，统一观测频率，各观测点项目数据的综合分析，各部位观测点须设在同一横断面上。

3. 一般路堤地段断面观测点设置

(1)一般路堤地段沉降观测桩每断面设置3个，位于基床表层顶面，布置于双线路基中心及左右线中心外侧各2 m处；沉降板设置1个，布置于双线路基中心。剖面沉降管应按设计要求设置，一般宜每间隔3个观测断面设置一处剖面沉降管。一般路堤地段断面观测点布置如图6.2.3-1所示。

(2)当路基有预压土时，应将中心沉降板接管至预压土顶部，并宜在中心两侧向外3.5 m处增设2个沉降板，可在每2个断面设置1处，位于基床底层顶部，预压期间按规定要求进行观测。

(3)预压土卸除后，将双线中心沉降板截管至基床表层高度，两侧沉降板拆除，待级配碎石填筑完成后，再设沉降观测桩。

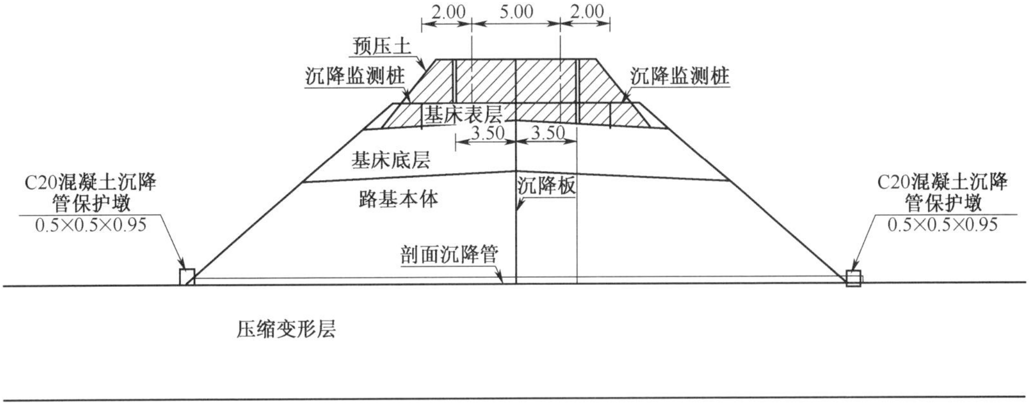

图 6.2.3-1　一般路堤地段断面观测点布置示意图(单位:m)

4. 一般路堑地段断面观测点设置

(1)一般路堑地段沉降观测桩每断面设置 3 个,位于基床表层顶面,布置于双线路基中心及左右线中心外侧各 2 m 处;沉降板应按设计要求设置,一般宜设置 1 处,位于双线中心。一般路堑地段断面观测点布置如图 6.2.3-2 所示。

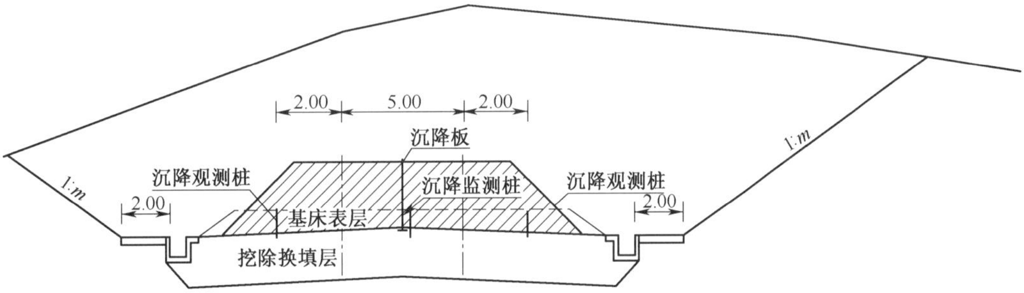

图 6.2.3-2　一般路堑地段观测点布置示意图(单位:m)

(2)当路基有预压土时,应将中心沉降板接管至预压土顶部。

(3)预压土卸除后,将双线中心沉降板截管至基床表层高度,待级配碎石填筑完成后,再设沉降观测桩。

5. 路堤与桥台过渡段断面观测点设置

过渡段沉降观测桩与沉降板设置同一般路堤,如图 6.2.3-3 所示。当设计有要求设置定点式剖面沉降测试压力计,宜设在线路中心。

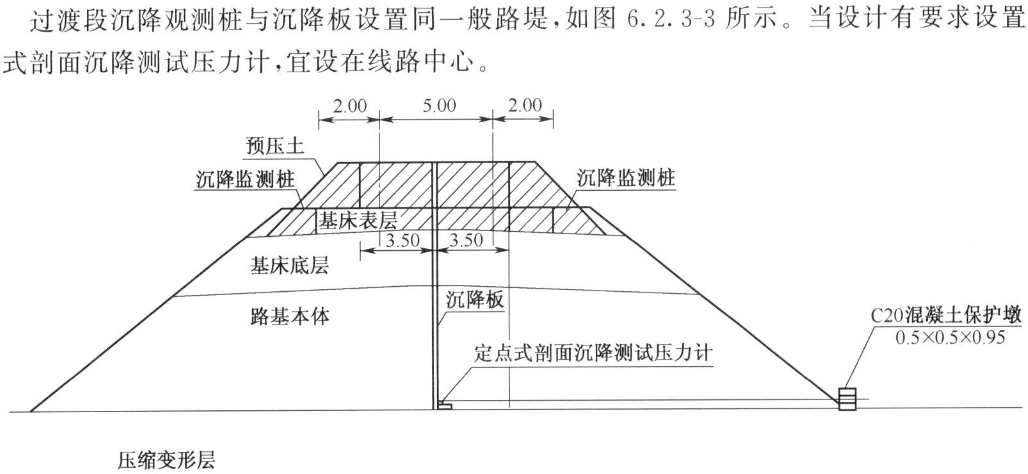

图 6.2.3-3　路堤与桥台过渡段断面观测点布置示意图(单位:m)

6. 路堤与横向结构物过渡段断面观测点设置

过渡段沉降观测桩与沉降板设置同一般路堤，横向结构物顶部沿横向结构物的对角线方向铺设剖面沉降管，如图 6.2.3-4 所示。

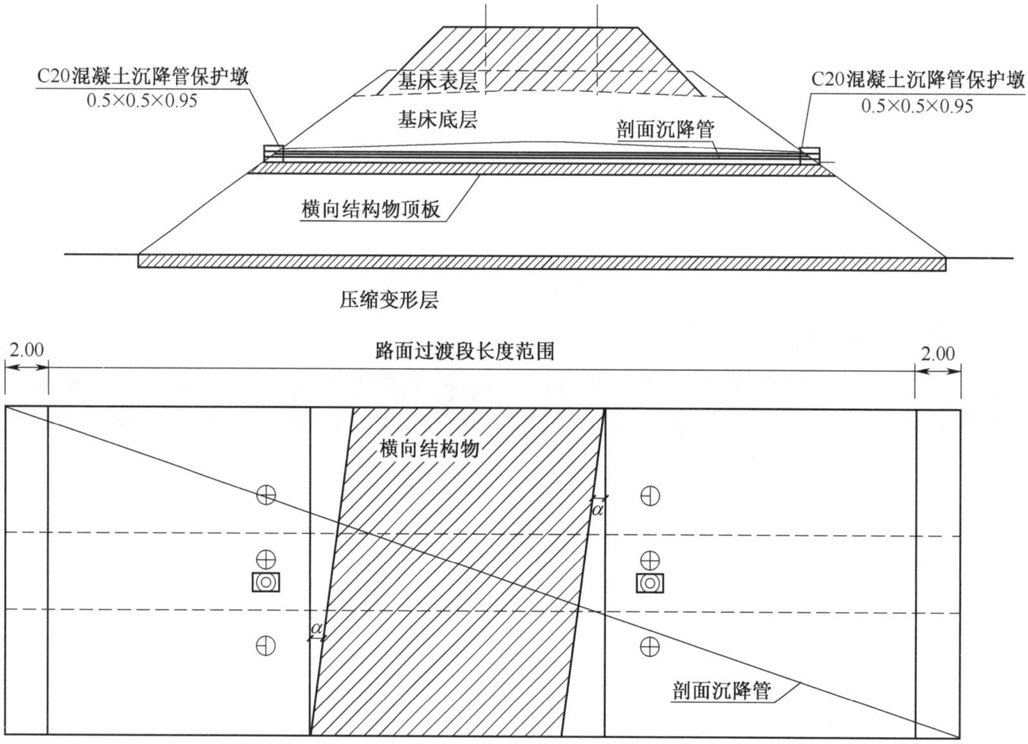

图 6.2.3-4　路堤与横向结构物过渡段断面观测点布置示意图(单位：m)

7. 特殊土地段路堑断面观测点设置

当路堑基底为膨胀土、红黏土及其他特殊土地基时，除按一般路堑地段设置观测点外，一般宜每 2 个沉降观测断面设 1 处单点沉降计，位于路基中心距沉降板 5 m 处。如图 6.2.3-5 所示。

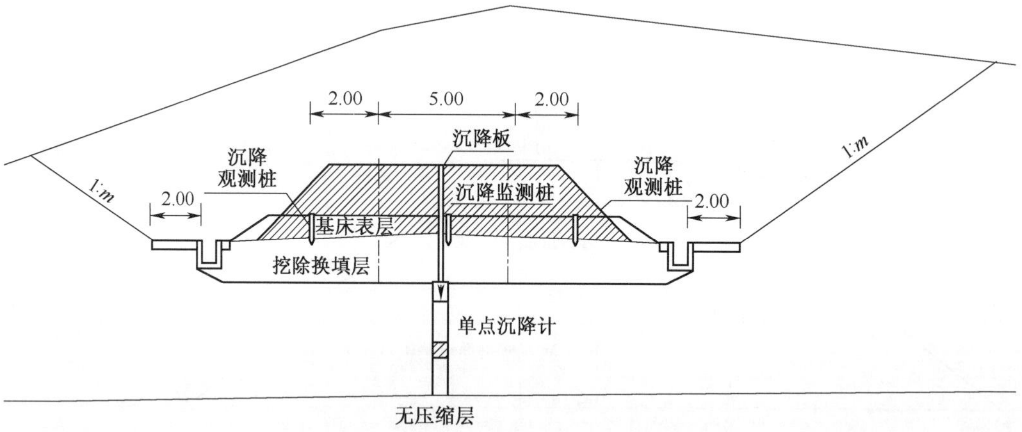

图 6.2.3-5　特殊土地段路堑断面观测点布置示意图(单位：m)

8. 软土、松软土地段路堤断面观测点设置

软土、松软土地段路堤除每个断面设置 3 个沉降观测桩、1 个沉降板和 1 个剖面沉降管外，在路堤两侧坡脚外 2 m、10 m 处分别设置观测位移桩，并与沉降观测桩、观测板等位于同一断面上。

6.2.4　观测元件的埋设

(1)沉降观测桩：桩体选择 ϕ20 mm 不锈钢棒，顶部磨圆并刻画十字线，底部焊接弯钩，待基床表层级配碎石施工完成后，通过测量埋置在设计位置，埋置深度不小于 0.3 m，桩周 0.15 m 用 C20 混凝土浇筑固定，完成埋设后测量桩顶高程作为初始读数。路基沉降观测桩埋设如图 6.2.4-1 所示。

(2)沉降板：应严格按设计要求进行埋设，一般情况如下：由钢底板或混凝土预制板、金属测杆(ϕ40 mm 镀锌铁管)及保护套管(ϕ75 mm PVC 管)组成。钢底板尺寸为 50 cm×50 cm，厚 3 cm。路基沉降板埋设如图 6.2.4-2 所示。

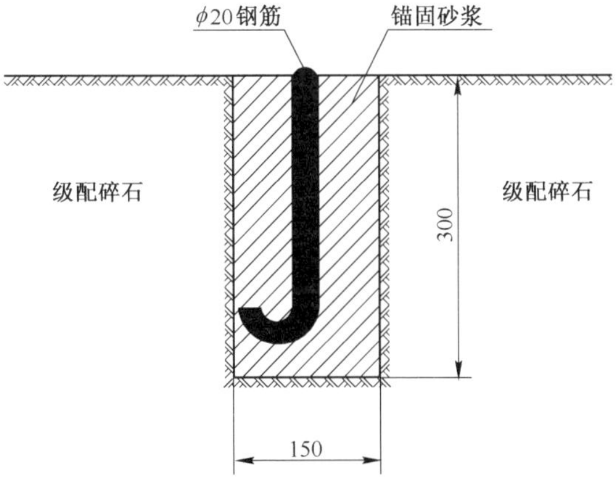

图 6.2.4-1　路基沉降观测桩埋设示意图(单位：mm)

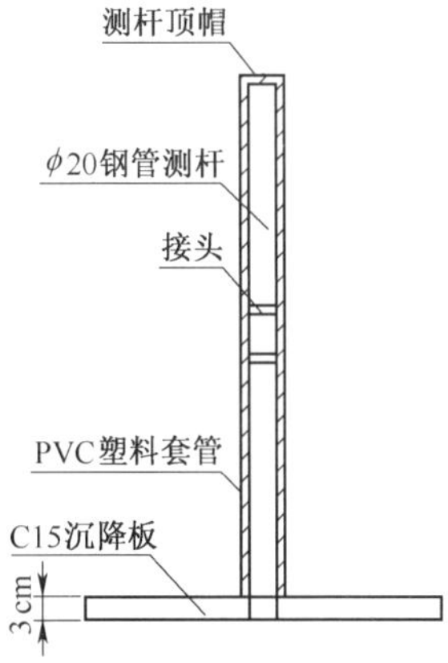

图 6.2.4-2　路基沉降板埋设示意图

①沉降板位于路堤中心，基底铺设碎石垫层的地段埋设于垫层顶面，基底设混凝土板地段置于板顶面；沉降板埋设位置应按设计测量确定，埋设位置处可垫 10 cm 砂垫层找平，埋设时确保测杆与地面垂直。

②放好沉降板后，回填一定厚度的垫层，再套上保护套管，保护套管略低于沉降板测杆，上口加盖封住管口，并在其周围填筑相应填料，稳定保护套管，完成沉降板的埋设工作。

③采用水平仪测量埋设就位的沉降板测杆杆顶高程作为初始读数，随着路基填筑施工逐渐接高沉降板测杆和保护套管，每次接长高度以 1 m 为宜，接长前后测量杆顶高程变化量确定接高量。金属测杆用内接头连接，保护套管用 PVC 管外接头连接。

④接长套管时应确保垂直，避免机械施工等因素导致套管倾斜。

(3)剖面沉降管：采用专用塑料硬管，其抗弯刚度应适应被测土体的竖向位移要求，导管内十字导槽应顺直，管端接口密合。剖面沉降测量是利用剖面沉降仪探头在剖面沉降管十字导槽内，从一端按一定间距依次读数。

①路基基底剖面沉降管在地基加固及垫层施工完毕后，填土至 0.6 m 高度碾压密实后开槽埋设，开槽宽度 20～30 cm，开槽深度至地基加固垫层顶面，槽底回填 0.2 m 厚的中粗砂，在槽内敷设沉降管(沉降管内穿入用于拉动测头的镀锌钢丝绳)，其上夯填中粗砂至与碾压面

平齐。

②在涵顶敷设沉降管的应在涵顶填土 0.6 m 厚开槽施工埋设，原则同基底剖面沉降管埋设方法。

③沉降管埋设位置在挡土墙处应预留孔洞。沉降管敷设完成后，在两头设置 0.5 m×0.5 m×0.95 m C20 素混凝土保护墩。并于一侧管口处设置监测桩，监测桩采用 C20 素混凝土灌注，断面采用 0.5 m×0.5 m×1.6 m，并在桩顶预埋半圆形不锈钢耐磨测头，监测桩用钢筋混凝土保护盒保护。待上部一层填料压实稳定后，连续监测数日，取稳定读数作为初始读数。

④采用横剖仪和水准仪进行横剖面沉降观测。每次观测时，首先用水准仪测出横剖面管一侧的监测桩顶高程，再把横剖仪放置于监测桩顶测量初值，然后用横剖仪测量各测点。区间每 2.0 m 测量一点，车站内测点间距可为 3.0 m。

(4)位移边桩：采用 C15 钢筋混凝土预制，断面采用 15 cm×15 cm 正方形，长度不小于 1.5 m。并在桩顶预埋 ϕ20 mm 钢筋，顶部磨圆并刻画十字线。

①位移边桩埋置深度在地表以下不小于 1.0 m，桩顶露出地面不应大于 10 cm。

②埋置方法采用洛阳铲或开挖埋设，桩周以 C15 混凝土浇筑固定，确保边桩埋置稳定。完成埋设后采用全站仪测量边桩高程及距基桩的距离作为初始读数。

(5)单点沉降计：是一种埋入式电感调频类智能型位移传感器，由电测位移传感器、测杆、锚头、锚板及金属软管和塑料波纹管等组成。

①采用钻孔引孔埋设，钻孔孔径 ϕ108 或 ϕ127，钻孔垂直，孔深应达到硬质稳定层，并与沉降仪总长一致。根据钻孔深度配置沉降计的下锚段标准节长度，实测标准节长度应减掉单点沉降计的长度。

②孔口应平整密实。安装前先在孔底灌浆，以便固定底端锚板，安装时锚杆朝下，法兰沉降板朝上，注意要用拉绳保护以防止元件自行掉落，采用合适方法将底端锚板压至设计深度。每个测试断面埋设完成后，位移计引出导线用钢丝波纹管进行保护，并挖槽集中从一侧引出路基，引入坡脚观测箱内。沉降板上填筑一层填料后，或埋设完成后 3～5 d 待缩孔完成后测试零点，初始值测量时需进行三次以上，且在每次误差不超过 0.5 mm 后取平均值作为初始值。

③观测路堑换填基底沉降或隆起变形时，埋设在换填基底面，表面应平整密实；观测路基本体变形按设计断面图埋设。

6.2.5 观测及整理

1. 观测方法

(1)沉降板观测方法

采用水准测量方法，按测量精度要求和频次定期观测沉降板测杆顶面测点高程。沉降板观测时应在测杆头上套一个专用的测量帽。测量帽下部以刚好套入测杆为宜，测量帽上部以中心为一半球型的测点。在沉降板测杆接高时应同时测量接高前后的测杆高程。

(2)横剖面沉降观测方法

采用横剖仪和水准仪进行横剖面沉降观测。每次观测时，首先用水准仪测出横剖面管一侧的监测桩顶高程，再把横剖仪放置于监测桩顶测量初值，然后用横剖仪测量各测点。区间每 2.0 m 测量一点，车站内测点间距可为 3.0 m。

(3)路肩沉降观测桩观测方法

采用水准测量方法,按测量精度要求和频次定期观测路肩观测桩顶面测点高程。

(4)位移边桩观测方法

采用水平位移观测方法,按测量精度要求和频次定期观测位移观测边桩水平位移。

2. 观测精度

沉降观测水准测量的精度为1.0 mm,读数取位至0.1 mm;剖面沉降观测的精度应不低于4 mm/30 m。位移观测测距误差±3 mm;方向观测水平角误差为±2.5″。

3. 观测频次要求

(1)路基沉降观测的频次应符合表6.2.5的要求。当环境条件发生变化或数据异常时,应及时观测。

(2)实际观测中,观测时间的间隔还要根据地基的沉降值和沉降速率进行调整。当两次连续观测的沉降差值大于4 mm时应加密观测频次;当出现沉降突变、地下水变化及降雨等外部环境变化时应增加观测频次。

(3)观测应持续到工程验收交由运营管理部门继续观测。

表6.2.5　路基沉降观测频次

观测阶段	观测频次	
填筑或堆载	一般	1次/1天
	沉降量突变	2～3次/天
	两次填筑时间间隔较长	1次/3天
堆载预压或路基施工完毕	第1～3个月	1次/周
	第4～6个月	1次/2周
	6个月以后	1次/月
轨道铺设后	第1个月	1次/2周
	第2～3个月	1次/月
	3个月以后	1次/3月

注:架桥机(运梁车)通过时观测要求,前2次通过前后各1次;其后每1次/3天,连续3次;以后1次/1周。

4. 沉降观测资料整理

现场观测资料应齐全、详细并符合设计要求。人工测试数据,必须在观测当天及时输入计算机,核对无误后在计算机内备份;自动采集测试数据应及时在计算机内备份。沉降观测资料应及时输入沉降观测管理信息系统,以保证各相关单位在观测过程中时时监控。

沉降观测资料整理应包含以下内容:

(1)工点沉降观测断面、点布置表。

(2)沉降板观测资料汇总表。

(3)路基面沉降观测资料汇总表。

(4)单点沉降计测试资料汇总表。

(5)剖面沉降管测试资料汇总表。

(6)绘制路堤施工过程和完成后填土高-时间-沉降曲线。

(7)绘制路堤施工过程和完成后荷载-时间-沉降速率图。

(8)观测记录本(簿)。

(9)平差计算、测量成果质量评定资料。

6.3 路基沉降观测分析及评估

6.3.1 施工过程的控制

(1)观测过程中发现异常必须及时查明原因,尽快妥善处理。

(2)路基填筑过程中应及时整理路堤边桩位移及中心沉降观测点的沉降量,当边桩水平位移大于5 mm/d,垂直位移大于10 mm/d,路堤中心地基处沉降观测点沉降量大于10 mm/d时,应停止填筑施工,待沉降稳定后再恢复填土,必要时采用卸载措施。

6.3.2 工后沉降分析

1. 工后沉降推算方法

路基沉降需要经过一个较长的过程,在施加荷载的初期,沉降速率由小到大,随着时间增长,沉降的速度由大变小,沉降过程趋于稳定。当路基达到设计高度后,其沉降可以某种曲线方程描述。常用方法有双曲线法、三点法(对数曲线法)、抛物线法、指数曲线法、修正指数曲线与修正双曲线法、沉降速率法、星野法及泊松曲线法等。

2. 双曲线法沉降推算

目前铁路采用的工后沉降推算方法有十余种,双曲线法为目前使用最为广泛的一种,在不少工程中得到应用,并取得一定成果。双曲线法是假定下沉平均速率以双曲线形式减少的经验推导公式,要求恒载开始后的沉降实测数量至少6个月以上。采用双曲线线型推算,自填土完成后的任意时刻,地基沉降量S_t可由下式计算求得:

$$S_t = S_0 + \frac{t - t_0}{a + b(t - t_0)} \tag{6.3.2}$$

当$t \to \infty$时,总沉降量$S_\infty = S_0 + \frac{1}{b}$。

若预压时间为t,则工后沉降量ΔS为:

$$\Delta S = S_\infty - S_t$$

式中 S_t——时间t时的沉降量;

S_∞——最终沉降量;

S_0——填土完成时的沉降量(t_0);

t——预压时间,以填土施工结束日为起算日(t_0,可取值为$t_0=0$);

a、b——在荷载不再变以后的实测数据经回归求得的系数。

沉降计算具体步骤如下:

(1)确定起点时间,可取填方施工结束日为$t_0=0$。

(2)根据实测数量计算$t/(S_t-S_0)$,如图6.3.2-1所示。

(3)绘制t与$t/(S_t-S_0)$的关系图,如图6.3.2-2所示。

(4)计算S_t,由双曲线关系式(6.3.2)推算出沉降S与时间t的曲线。

双曲线法通常可利用EXCEL进行分析计算,如图6.3.2-3所示。

除双曲线法推算方法外,常用还有对数曲线法、指数曲线法,其计算过程与双曲线法大同小异,三种曲线在拟合沉降规律时计算结果是有差别的,就推算最终沉降量而言,一般对数曲线法推算的结果最大,指数曲线法推算结果最小,因受荷载大小、地基条件、地基处理方法等多种因素制约，沉降推算需要采用多种方法作出综合判断。

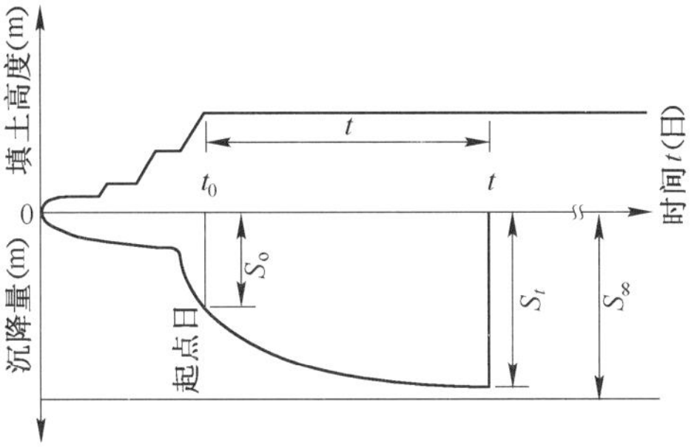

图 6.3.2-1　地基沉降的双曲线推算法示意图

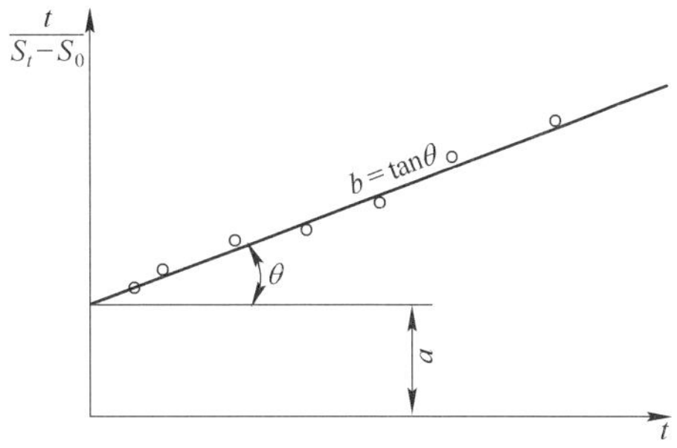

图 6.3.2-2　求系数 a、b 值计算图

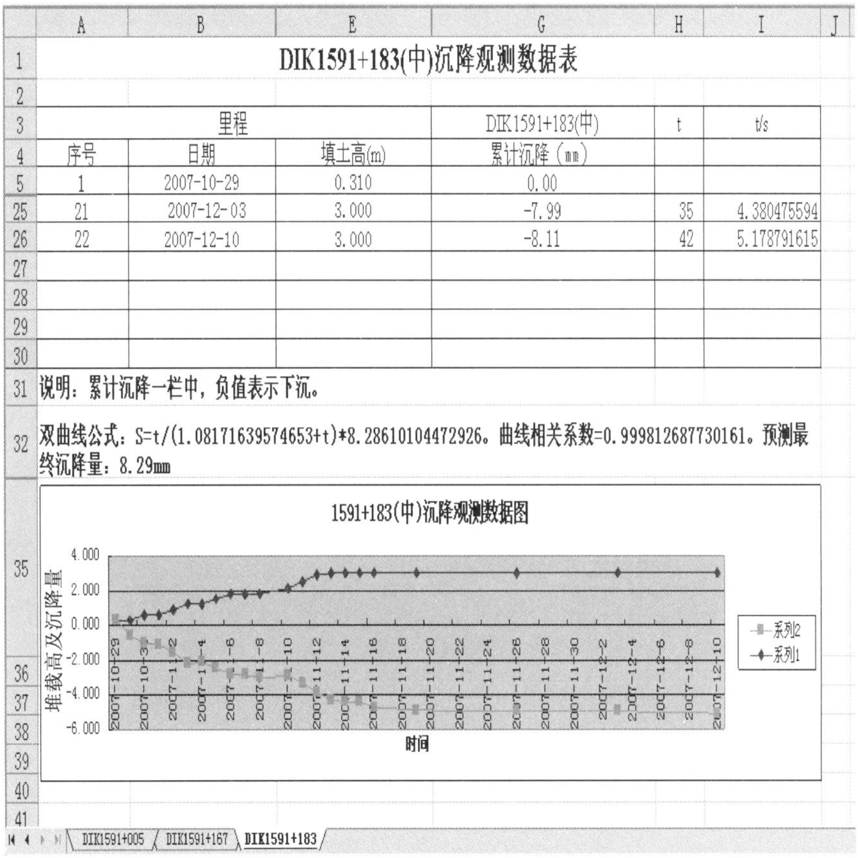

	A	B	E	G	H	I
1	DIK1591+183(中)沉降观测数据表					
2						
3	里程			DIK1591+183(中)	t	t/s
4	序号	日期	填土高(m)	累计沉降（mm）		
5	1	2007-10-29	0.310	0.00		
25	21	2007-12-03	3.000	-7.99	35	4.380475594
26	22	2007-12-10	3.000	-8.11	42	5.178791615
27						
28						
29						
30						

31 说明：累计沉降一栏中，负值表示下沉。

32 双曲线公式：S=t/(1.08171639574653+t)*8.28610104472926。曲线相关系数=0.999812687730161。预测最终沉降量：8.29mm

图 6.3.2-3　EXCEL 表格沉降分析计算

6.3.3　观测评估

1. 施工单位职责

施工单位是沉降变形观测及评估的主体责任单位，职责如下：

(1)按月上报管段沉降观测资料及相应断面的施工进展状况。

(2)提供完整、准确的沉降变形观测资料(包括按照统一数据库软件建立的数据库电子资料)和荷载、时间、沉降发展过程曲线(P-T-S 曲线)及初步分析的有关资料。

(3)对观测过程中出现的异常数据点应进行及时分析并记录。

(4)完成沉降观测资料的收集、整理、提交初步的分析报告,确定线下基础工程工后沉降是否符合设计要求。

(5)根据分析评估单位完成的《区段沉降变形评估分析报告》编制《区段无砟轨道铺设条件评估报告》,及时提出《区段铺设无砟轨道申请报告》按程序报送相关监管单位。

2. 路基沉降预测的相关要求

(1)根据路基填筑完成或堆载预压后不少于 3 个月的实际观测数据作多种曲线的回归分析,确定沉降变形的趋势,曲线回归的相关系数不小于 0.92。

(2)沉降预测的可靠性应经过验证,间隔不少于 3 个月的两次预测最终沉降值不应大于 8 mm。

(3)路基填筑完成或预压后,最终的沉降预测时间应满足下列条件:

$$S_{(t)}/S_{(t=\infty)}\geqslant 75\%$$

式中 $S_{(t)}$—— 预测时的沉降观测值;

$S_{(t=\infty)}$——时间 t 时预测的最终沉降值(时间起点 $t=0$ 为沉降观测桩安装后观测算起)。

3. 铺设无砟轨道的技术条件

铺设无砟轨道必须满足以下技术条件:

(1)预测的路基工后沉降值不大于 15 mm,且预测至少两次(观测 6 个月)以上。

(2)路基和刚性过渡段工后差异沉降≤5 mm,折角≤1/1 000。

(3)设计总沉降量与实测资料预测沉降量差值不大于 10 mm。

第7章　支挡结构施工技术

7.1　重力式挡土墙

7.1.1　加固原理及适用条件

重力式挡土墙依靠墙身自重抵抗土体侧压力。重力式挡土墙可用块石、片石、混凝土预制块作为砌体，高速铁路常采用片石混凝土、混凝土进行整体浇筑。

由于重力式挡土墙靠自重维持平衡稳定，因此，体积、重量都大，在软弱地基上修建往往受到承载力的限制。如果墙太高，耗费材料多，也不经济。当地基较好，挡土墙高度不大，本地又有可用石料时，应当首先选用重力式挡土墙。

重力式挡土墙一般不配钢筋或只在局部范围内配以少量的钢筋，墙高在 6 m 以下，地层稳定、开挖土石方时不会危及相邻建筑物安全的地段，其经济效益明显。

重力式挡土墙可根据其墙背的坡度分为仰斜、俯斜、直立三种类型。

按土压力理论，仰斜墙背的主动土压力最小，而俯斜墙背的被动土压力最大，垂直墙背位于两者之间。

如挡土墙修建时需要开挖，因仰斜墙背可与开挖的临时边坡相结合，而俯斜墙背后需要回填土，所以对于支挡挖方工程的边坡，以仰斜墙背为好。反之，如果是填方工程，则宜用俯斜墙背或垂直墙背，以便填土易夯实。在个别情况下，为减小土压力，采用仰斜墙也是可行的，但应注意墙背附近的回填土质量。

当墙前原有地形比较平坦，用仰斜墙比较合理；若原有地形较陡，用仰斜墙会使墙身增高很多，此时宜采用垂直墙或俯斜墙。

7.1.2　主要施工机械设备

现场应根据工程量的大小选择合适的机具设备，根据施工需要，一般需配置小型挖掘机、汽车吊、混凝土拌和站、混凝土搅拌运输车、振捣棒、自卸汽车、夯实机械、抽水等设备。

7.1.3　原材料控制

选用的水泥、粉煤灰、水及外加剂等原材料应符合设计要求，并按相关规定进行检验。

1. 水泥

检查数量：同一产地、品种、规格连续进场的水泥，袋装水泥 200 t 为一批，散装水泥 500 t 一批，当袋装水泥不足 200 t 或散装水泥不足 500 t 时也按一批计，每批抽检一组。

检验方法：检查产品质量证明文件。在水泥库抽样检验水泥强度、安定性、凝结时间。

2. 粗细骨料

质量要求：细骨料采用砂或石屑：粒径 2.5～20 mm，含泥量不大于 3%，氯化物含量不大于 0.02%；粗骨料含泥量不大于 1%，氯化物含量不大于 0.02%。

检查数量：同一产地、品种、规格连续进场的粗细骨料，分别每 400 m^3为一批，当不足 400 m^3时也按一批计，每批抽检一组。

检查方法：在料场抽样检验粗细骨料含泥量、筛分试验检验其颗粒级配。

3. 粉煤灰

质量要求：Ⅱ级或Ⅱ级以上，氯化物含量不大于 0.02%；烧失量不大于 5%；含水率不大于 1%。

检查数量：同一产地、品种、规格连续进场的粗细骨料，分别每 200 t 为一批，当不足200 t 时也按一批计，每批抽检一组。

检查方法：检查产品质量证明文件。

4. 外加剂

质量要求：氯化物含量不大于 0.2%、减水率不小于 20%、收缩率比不大于 135%的聚羧酸盐系减水剂。

5. 施工用水

可采用饮水，当采用其他水源应取样鉴定，不得采用有侵蚀性的水作为施工用水。

7.1.4 施工工艺及控制要点

1. 施工工艺流程(图 7.1.4)

2. 施工工艺

(1)基坑开挖

基坑开挖放坡坡率应根据边坡地质情况合理选定，并预留 0.5 m 左右的工作面。地质不良地段，应分段跳槽开挖，做好临时支护，并及时施工基础和墙身。基坑挖到设计高程后，应将基底表面风化、松软土石清除干净。

基坑开挖后，应进行基底夯实，若其承载力未达到地基承载力要求，应进行地基处理，使其达到设计承载力要求。若未明确设计承载力，一般按不小于 200 kPa 控制。

有地表水侵入的基坑，应采取开挖截水沟、围挡等措施，排干地表水后开挖。基坑开挖较深且边坡稳定性较差时，应采取临时支护措施。基坑开挖过程中应避免对墙趾处基底持力层的扰动，坑内积水应随时排干。

(2)墙身浇筑

现浇混凝土重力式挡墙模板宜采用大块组合钢模。混凝土宜采用拌和站集中拌和，混凝土搅拌运输车运输，汽车吊或输送泵泵送入模，插入式振动器捣固。在混凝土中掺加片石时，掺加片石数量、质量及摆放间距均应满足设计及规范要求。掺入量设计未明确规定时，宜控制在片石混凝土总量的 25%以内。混凝土养护采用覆盖洒水养护。

挡土墙若需分层浇筑，如基础与墙身部位，则必须设计接茬，基础与墙身处接茬方式可采用片石，片石大面朝下，埋入混凝土 2/3，外露 1/3。墙身接茬也可采用钢筋接茬，接茬筋间距 $20d$，接茬筋长 $20d$，埋入混凝土 $10d$，外露 $10d$。浇筑前应对接缝按设计要求或方案进行处理，确保上下层混凝土的有效连接。

(3)墙身沿线路方向一般每隔 10～15 m 结合墙高、地质条件的变化或按设计要求设置伸缩缝及沉降缝。沉降缝应贯穿基础垫层设置，缝宽 2 cm，填缝所用材料及填塞深度应满足设计要求。

(4)墙体砌筑要按设计设置泄水孔，一般为 2～3 m 间距梅花形布置，泄水孔的设置

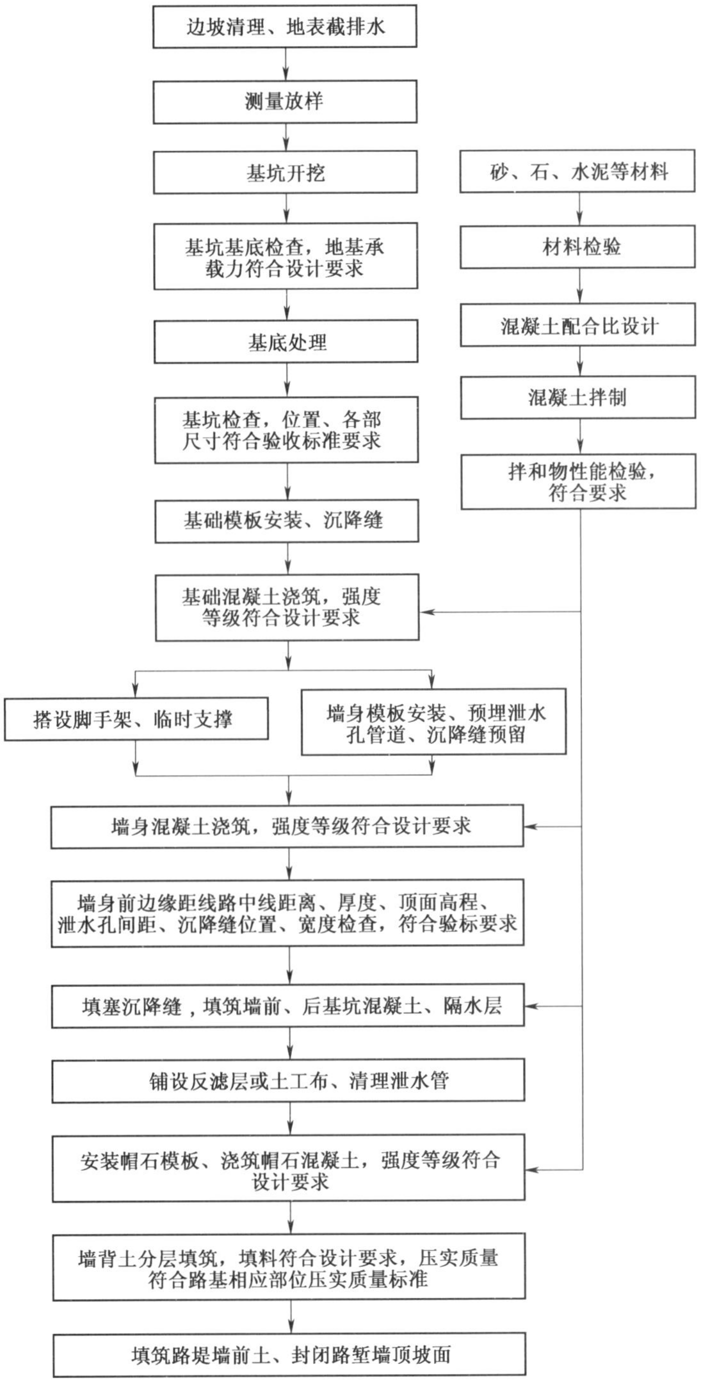

图7.1.4　重力式挡土墙施工工艺流程图

要求向外倾斜4%左右坡度以利排水，底层泄水孔外口应高出原地面10 cm左右，以防止堵塞。

(5)墙面应平顺整齐，墙顶排水及防渗设施应及时施工。

(6)墙后回填土在墙体砂浆或混凝土强度达到70%以上时进行，严格做到分层填筑分层夯实。

3. 控制要点

墙背反滤层和排水层的材料、隔水层的混凝土强度等级应符合设计要求。墙背反滤层厚度不应小于设计厚度，采用袋装砂夹砾石时应装填饱满密实。泄水孔伸入反滤层部分打成小孔并用无纺土工布包裹砂砾碎石等渗水料。反滤层最低处隔水层应与围岩和墙背密贴。浇筑混凝土时应采取有效措施，防止污染、堵塞反滤层。墙身内侧最底层泄水孔至基坑底应回填黏土并夯实，以防积水浸泡墙基。

7.1.5 质量检测

1. 明挖基坑和基础

(1)明挖基坑底面地基承载力、换填基础的底面高程、换填填料的压实质量和基础混凝土强度应符合设计要求。检验数量和检验方法如表 7.1.5-1 所示。

表 7.1.5-1 明挖基坑底面地基承载力、换填基础的底面高程、换填填料的压实质量和基础混凝土强度检验数量和检验方法

序号	检验项目	检验数量	检验方法
1	基坑底面地基承载力	每个基坑 2 点	土质基坑采用动力触探($N_{63.5}$)，击数标准经试验确定或满足设计要求；石质基坑采用现场目测鉴别方法。
2	换填基础的底面高程	每个换填基础 5 点(四角各 1 点，中间 1 点)	测量仪器测量
3	换填填料的压实质量	每压实层检验 3 点	按《铁路工程土工试验规程》(TB 10102—2010)规定
4	明挖基础混凝土强度	每 100 m^3 留样试件 1 组	《铁路混凝土工程施工质量验收标准》(TB 10424—2010)

(2)明挖基坑各部尺寸允许偏差施工按表 7.1.5-2 检验。

表 7.1.5-2 挡土墙明挖基坑各部尺寸允许偏差、检验数量及检验方法

序号	项　目	允许偏差	检验数量	检验方法
1	台阶尺寸	±100 mm	每个基坑 4 点	尺 量
2	斜面基底坡率	±1%	每个基坑 4 点	水平尺与楔形尺量计算
3	基底高程	$^{0}_{-50}$ mm	每个基坑 5 点	测量仪器测量

(3)明挖基础顶面高程、前边缘距路基中线距离、基础宽度、基础襟边宽度(高度)、起讫里程(长度)、沉降缝位置及宽度允许偏差施工按表 7.1.5-3 检验。

表 7.1.5-3　明挖基础各部尺寸允许偏差、检验数量及检验方法

序号	项　　目	允许偏差	检验数量	检验方法
1	基础顶面高程	±20 mm	每基坑 3 点	测量仪器测量
2	前边缘距路基中线距离	$^{+50}_{0}$ mm	每基坑 3 点	钢尺量
3	基础宽度	±50 mm	每基坑 3 点	尺量
4	基础襟边宽度(高度)	±20 mm	每明挖基坑基础段 3 组	尺量
5	起迄里程(长度)	±100 mm	每不同结构尺寸段 1 处	测量仪器测量、尺量
6	沉降缝位置	±50 mm	每道	尺量
7	沉降缝宽度	±4 mm	每基坑 6 处	尺量

注:非水平基础底面高程应检测墙趾、墙踵处高程。

(4)换填基础的顶面高程、换填深度、边缘距路基中线的距离、起迄里程允许偏差施工按表7.1.5-4 检验。

表 7.1.5-4　换填基础各部尺寸允许偏差、检验数量及检验方法

序号	项　　目	允许偏差	检验数量	检验方法
1	高　程	±20 mm	3 点	测量仪器测量
2	换填深度	±50 mm	3 点	测量仪器测量
3	边缘距路基中线距离	$^{+50}_{0}$ mm	3 处	钢尺丈量
4	起迄里程	±100 mm	1 组	测量仪器测量、尺量

2. 钢筋混凝土挡土墙

(1)钢筋混凝土挡土墙墙身钢筋工程、模板支架工程应符合设计要求,其检验依照《铁路混凝土工程施工质量验收标准》(TB 10424—2010)有关规定。

(2)泄水孔孔径应符合设计要求,应按上下左右间隔 2～3 m 交错布置,墙背易积水处及反滤层最低处必须设置。泄水孔最低一排应设于反滤层底部,其向外排水坡不应小于 4%,进水口应用透水土工布包裹,并确保排水通畅。施工中采用观察、炮棍法测排水坡、尺量等方法全部检查。

(3) 墙身前边缘距线路中线距离、墙身厚度、顶面高程、泄水孔间距、起讫里程、沉降缝位置和宽度的允许偏差按表 7.1.5-5 检验。

表 7.1.5-5　墙身各部尺寸允许偏差、检验数量及检验方法

序号	项　　目	允许偏差	检验数量	检验方法
1	距线路中线距离	$^{+20}_{0}$ mm	3 处	测量仪器测量、尺量
2	墙身厚度(前缘至后缘)	$^{+20}_{0}$ mm	3 处	尺量
3	顶面高程	±20 mm	3 点	测量仪器测量
4	泄水孔间距	±20 mm	抽查 10%,1 组	尺量
5	起讫里程	±100 mm	每不同结构长度,2 处	测量仪器测量、尺量
6	沉降缝位置	±50 mm	每道缝	尺量
7	沉降缝宽度	±4 mm	6 处	尺量

(4)墙面垂直度、斜度、平整度允许偏差按表 7.1.5-6 检验。

表 7.1.5-6 墙面垂直度、斜度、平整度的允许偏差、检验数量及检验方法

序号	项目		允许偏差	检验数量	检验方法
1	垂直度	$h \leqslant 6$ m	10 mm	3 处	吊线尺量
2		$h > 6$ m	15 mm	3 处	吊线尺量
3	斜度		±3%设计斜度	3 处	坡度尺或吊线尺量
4	平整度		20 mm	3 处	3.0 m 直尺,尺量

3. 墙后反滤层、隔水层

(1)墙后反滤层、隔水层的材料应符合设计要求,其质量按表 7.1.5-7 检验。

表 7.1.5-7 墙后反滤层、隔水层的材料检验项目、检验数量、试验方法

检验项目	材料名称	检验数量	试验方法
粒径小于 0.075 mm 颗粒含量,颗粒级配,草根、垃圾等杂质	砂卵砾石	同一产地、品种、规格且连续进场的砂卵砾石、黏土每 1 000 m^3 为一个批次,不足 1 000 m^3 也按一个批次计,每批检查 1 组	按《铁路工程土工试验规程》(TB 10102—2010)规定
粒径小于 0.075 mm 颗粒含量,界限含水率,草根、垃圾等杂质	黏土		
拉伸强度、延伸率、渗透系数	土工合成材料	同一厂家、品种、批号的土工合成材料,每 1×10^4 m^2 为一批,不足 1×10^4 m^2 也按一批计,每批抽样检验 1 组	GB/T 17638—2008、GB/T 17639—2008、GB/T 17640—2008、GB/T 17641—1998、GB/T 17642—2008

(2)墙后反滤层袋装砂卵砾石层、透水土工布、反滤层最低处隔水层的设置位置、构造尺寸及厚度应符合设计要求。沿线路连续挡土墙每≤100 m 每 1 m 高度,现场抽样检验 5 处。

检验方法:观察、尺量。

(3)墙后反滤层透水土工布搭接方式应符合设计要求,搭接宽度允许偏差+50。现场施工时每条搭接缝抽样检验 3 处。

4. 墙背和墙前基坑回填

(1)墙背回填填料的性质应符合设计要求,沿线路连续挡土墙每≤100 m 填筑过程中,按《铁路工程土工试验规程》(TB 10102—2010)规定的方法抽样检验 1 次。

(2)墙背填筑和墙前基坑回填应分层压实,其压实质量应符合设计要求。按《铁路工程土工试验规程》(TB 10102—2010)规定的试验方法和现场施工划分的段落,每段每填层检查 3 点。

7.2 短卸荷板式挡土墙

7.2.1 加固原理及适用条件

1. 加固原理

卸荷板式挡土墙是指在墙背设置卸荷平台或卸荷板,达到减少墙背土压力和增加稳定力矩,以填土重量和墙身共同抵抗土体侧压力的挡土结构。

卸荷板是卸荷板挡土墙的重要构件，其主要作用是减少挡土墙下墙土压力，增加全墙抗倾覆稳定。由于板上回填料使挡墙自重增加，稳定力矩也相应增加；另外由于卸荷板的遮挡作用，板下墙身所受的土压力减小，使其作用于挡墙的水平推力减小，倾覆力矩相应减小。

卸荷板式挡土墙明挖基坑和基础施工的一般要求同重力式挡墙的规定，基础尺寸满足设计要求。短卸荷板式挡土墙由上、下墙和卸荷板组成，上下墙高度比例一般用4∶6，卸荷板末端在下墙破裂棱体内，以填土重量和墙身重量共同抵抗土体侧压力。在设计时通过调整卸荷板长度，使其基底偏心距接近零，从而使基底应力分布比较均匀，减小墙身截面。

2. 适用条件

短卸荷板挡土墙较重力式挡土墙减少圬工30%左右，节省工程投资10%～20%，墙越高经济效益越大。地基强度较大，墙高大于6 m、小于等于12 m的一般地区路肩墙可采用短卸荷板式挡土墙。

7.2.2　主要施工机械设备

主要施工机械设备：小型挖掘机、混凝土拌和站、混凝土运输车、自卸汽车、振捣棒及钢筋加工、小型夯实设备。

7.2.3　原材料控制

按设计要求准备短卸荷板式挡土墙所需的模板、水泥、砂、石、钢筋等原材料，并严格按照验标要求对原材料进行抽样检测。墙背反滤层宜用粒径5～40 mm的级配卵石。

7.2.4　施工工艺及控制要点

1. 施工工艺流程(图7.2.4)

2. 施工工艺

(1) 施工放样

根据施工图划分施工段，测定挡土墙墙趾处路基中心线及基础主轴线、墙顶轴线、挡土墙起讫点和横断面，注明高程及开挖深度。路基中轴线应加密桩点，一般在直线段每15～20 m设一桩，曲线段每5～10 m设一桩，并应根据地形和施工放样的实际需要增补横断面；放桩位时，应测定中心桩及挡土墙的基础地面高程，施测结果应符合精度要求并与相邻路段水准点相闭合。

(2)基槽开挖

开挖前应在上方做好截、排水设施。雨天坑内积水应随时排干。在岩体破碎或土质松软、有水地段，修建挡土墙宜在旱季施工；挡土墙施工按照随开挖、随下基、随砌筑或安装，及时回填的原则，结合结构要求和机械设备配置，适当分段，集中施工，不应长段拉开挖基；基槽开挖可根据现场条件选用人工、机械及爆破开挖方法。

(3)墙身施工

墙身可采用片石混凝土或混凝土浇筑。若采用片石混凝土，片石的掺量应符合施工图的要求，片石不能紧贴模板，否则易造成浇筑完出现片石直接暴露，影响挡墙的质量。混凝土采用搅拌站集中拌制，由运输罐车运送到现场，混凝土吊车入模或输送泵灌注，插入式振捣棒振捣。

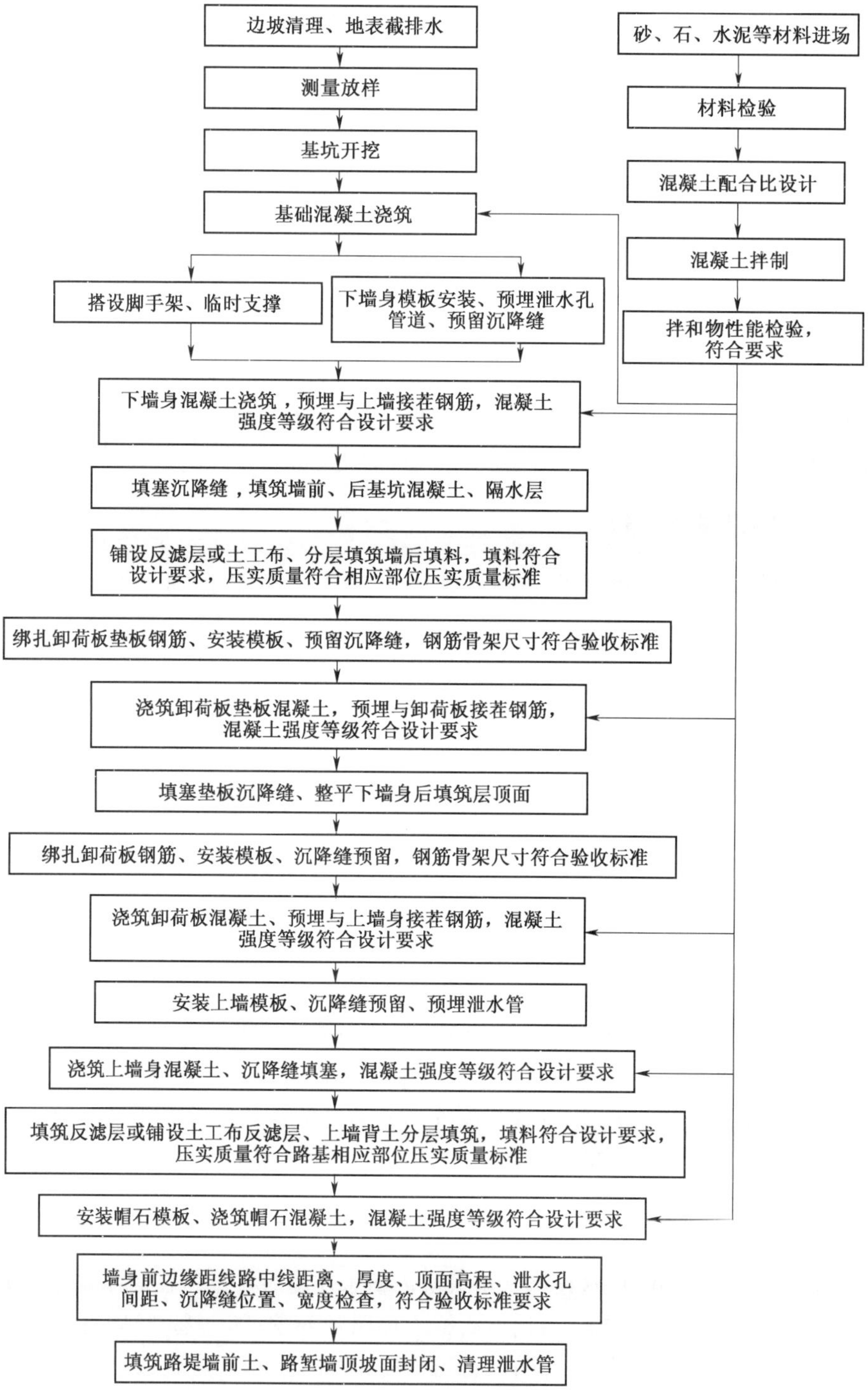

图 7.2.4 短卸荷板式挡土墙施工工艺流程图

短卸荷板式挡土墙墙身施工应按上墙和下墙两个部分进行施工，下墙与上墙结合部应有接茬钢筋，严禁形成水平通缝。卸荷板顶面处墙体必须设置泄水孔。卸荷板与上墙墙体的接触面间应按设计要求插入短钢筋，并应按设计要求垫以混凝土垫板。

(4)短卸荷板制作与安装

短卸荷板宜优先采用现浇法施工,混凝土采用搅拌站集中拌制,由运输罐车运送到现场,混凝土输送泵灌注,插入式振捣棒振捣。灌注混凝土按水平方向分层进行,每层的灌注厚度30 cm左右,应避免振捣棒碰撞模型及钢筋。混凝土灌注工作宜连续进行,一次灌完,不得间断。

构件也可采用工厂或就地预制,预制构件采用集中养护,卸荷板和表面要有一定的粗糙度,并在板上预留设置板下竖直短钢筋的钻眼通孔,预制构件在运输过程中要采取有效措施防止构件破损。铺设时应铺垫水泥砂浆使其与墙体连接牢靠。构件强度至少达到75%以后,方可运输吊装。

墙背填土至卸荷板底面后,应整平至与下墙顶面齐平。安装卸荷板时,应在板底先铺垫一层水泥砂浆,整平后方可安装卸荷板。短卸荷板与上墙体接触面间应按设计要求插入短钢筋。

(5)墙背回填

当短卸荷板混凝土强度及墙身混凝土强度达到设计强度的70%以上时,方可回填墙后填料。回填过程中,应防止短卸荷板挡墙受撞损坏。卸料时,运输机具和碾压机具应离挡墙1.5 m,在此范围内宜采用人工摊铺,配以小型压实机具碾压,其密实度达到设计要求。墙背反滤层应随填土及时施工,泄水孔管径尺寸、排水坡度应符合施工图要求,并保证排水通畅。

3. 控制要点

(1)墙背填土必须严格按照设计规定的填料和压实标准施工。墙背反滤层宜用粒径5~40 mm的级配卵石,随填土、随填筑。

(2)墙身应按下墙两部分施工,结合部分应有接茬,严禁砌成水平面缝。

7.2.5 质量检测

(1)明挖基坑和基础、墙后反滤层和隔水层、墙背和墙前基坑回填质量检验同重力式挡土墙第7.1.5节质量检验。

(2)短卸荷板安装高程、长度、宽度、厚度允许偏差按表7.2.5检验。

表7.2.5 短卸荷板安装高程、长度、宽度、厚度允许偏差、检验数量及检验方法

序号	项 目	允许偏差	检验数量	检验方法
1	高 程	±20 mm	3点	测量仪器测量
2	长 度	$^{+10}_{-5}$ mm	2处	尺量
3	宽 度	$^{+3}_{-5}$ mm	3处	尺量
4	厚 度	$^{+4}_{-2}$ mm	3处	尺量

7.3 悬臂式和扶壁式挡土墙

7.3.1 加固原理及适用条件

1. 加固原理

钢筋混凝土悬臂式挡土墙和扶壁式挡土墙,属轻型挡土墙,结构型式如图7.3.1所示,悬臂式挡土墙是由立壁(墙面板)和墙底板(包括墙趾板和墙踵板)组成,呈倒"T"形,具有三个悬臂即立壁、墙趾板和墙踵板,主要靠底板上的填土重量维持稳定。

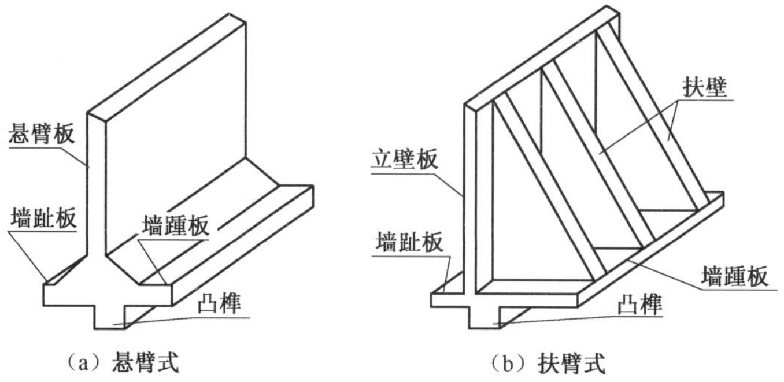

图 7.3.1 悬臂式和扶臂式挡土墙结构示意图

扶壁式挡土墙指的是沿悬臂式挡土墙的立臂,每隔一定距离加一道扶壁,将立壁与踵板连接起来的挡土墙。扶壁式挡土墙,断面尺寸较小,踵板上的土体重力可有效地抵抗倾覆和滑移,竖板和扶壁共同承受土压力产生的弯矩和剪力,相对悬臂式挡土墙受力好。扶壁式挡土墙由墙面板(立壁)、墙趾板、墙踵板及扶肋(扶壁)组成。扶肋把立壁同墙踵板连接起来,起加劲的作用,以改善立壁和墙踵板的受力条件,提高结构的刚度和整体性,减小立壁的变形。

悬臂式和扶壁式挡土墙的结构稳定性是依靠墙身自重和墙踵板上方填土的重力来保证的,而且墙趾板的设置也显著地增大了挡土墙的抗倾覆稳定性并大大减小了基底接触应力。

2. 适用条件

适用于缺乏石料的地区。由于墙踵板的施工条件,一般用于填方路段做路肩墙或路堤墙使用。悬臂式挡土墙构造简单,施工方便,能适应较松软的地基,墙高一般在 6～9 m 之间。当墙高较大时,立壁下部的弯矩较大,钢筋与混凝土的用量剧增,影响这种结构形式的经济效果。由于墙踵板的施工条件,一般用于填方路段做路肩墙或路堤墙使用。悬臂式挡土墙高度不宜大于 6 m,当墙高大于 4 m 时,宜在墙面板前加肋。扶壁式挡土墙宜整体灌注,也可采用拼装,但拼装式扶壁挡土墙不宜在地质不良地段和地震烈度大于或等于八度的地区使用。

7.3.2 主要施工机械设备

主要施工机械设备:小型挖掘机、混凝土拌和站、混凝土运输车、自卸汽车、吊车、夯实设备、振捣棒及钢筋加工设备。

7.3.3 原材料控制

悬臂式挡土墙和扶壁式挡土墙主要材料构成是钢筋和混凝土。水泥品种应根据所处环境、施工条件和气候因素等进行选用。一般选用硅酸盐水泥,也可选用矿渣、火山灰质、粉煤灰硅酸盐水泥。选用的水泥强度等级应与要求配置的混凝土强度等级相适应。混凝土使用的粗集料,应质地坚硬、洁净可以是碎石或卵石(砾石),细集料应采用级配良好、质地坚硬、颗粒洁净、粒径符合要求的河砂。河砂缺乏地区,也可用山砂或用硬质岩石加工的机制砂。由于海砂中常含有碎贝壳及盐类与有害物质,一般不宜使用,若不得已需采用时,应按规定作技术检验。

7.3.4　施工工艺及控制要点

1.施工工艺流程

悬臂式和扶壁式挡土墙施工顺序包括基坑开挖、地基处理、混凝土配合比设计与拌制、钢筋骨架制作、模型制作与安装、混凝土浇筑、防排水设施、填料摊铺与压实等。

悬臂式和扶壁式挡土墙施工工艺流程如图 7.3.4 所示。

2. 施工工艺

(1)施工放样

根据施工图划分施工段，测定挡土墙墙趾处路基中心线及基础主轴线、墙顶轴线、挡土墙起讫点和横断面，注明高程及开挖深度。路基中轴线应加密桩点，一般在直线段每 15～20 m 设一桩，曲线段每 5～10 m 设一桩，并应根据地形和施工放样的实际需要增补横断面；放桩位时，应测定中心桩及挡土墙的基础地面高程，临时水准点应设置在施工干扰区域之外，施测结果应符合精度要求并与相邻路段水准点相闭合。

(2)基槽开挖

开挖前应在上方做好截、排水设施。雨天坑内积水应随时排干。在岩体破碎或土质松软、有水地段，修建挡土墙宜在旱季施工；挡土墙施工按照随开挖、随灌注，及时回填的原则，结合结构要求和机械设备配置，适当分段，集中施工，不应长段拉开挖基。基槽开挖可采用人工方法、机械方法或爆破方法。

(3)垫层混凝土浇筑

灌注前，应将基底表面风化、松软土石清除。基坑为非黏性土或干土时，一般应预先洒水润湿，如土过湿，应加铺碎石垫层，厚度大于设计要求，夯实紧密。灌注要分段进行，每隔 10～20 m 或在基坑地质变化处设置沉降缝。

(4)钢筋加工绑扎、钢筋连接、钢筋绑扎

钢筋调直、切断、弯钩、绑扎成型等，均应用冷加工的方法进行。钢筋连接宜优先采用焊接接头，在不具备焊接条件时，可采用绑扎接头；连接及加工应满足规范要求。

为保证受力钢筋的混凝土保护层厚度及钢筋的间距，应在钢筋与模板间设置垫块，垫块应与钢筋扎紧，并互相错开；垫块应按与挡土墙混凝土强度等级相同的混凝土垫块，并在挡土墙底面与侧面按每平方米不少于 4 个布置；非焊接钢筋骨架的多层钢筋之间，应用短钢筋支垫，即用架立筋支撑，保证位置准确。

(5)模板安装和安装泄水管

模板分底板、墙面板、扶壁三大部分。模板采用大型组合钢模板以保证挡土墙底板、墙身和扶壁的整体性。拼接时整个组合模板要用拉杆和对拉螺栓固定，模板的竖缝及横缝以及模板与底板的接触面应采取措施，保证接缝不漏浆。

(6)灌注混凝土

混凝土应采用搅拌站集中拌制，由搅拌运输车运送到现场，混凝土输送泵灌注，插入式振捣棒振捣。灌注混凝土按水平方向分层进行，每层的灌注厚度 30 cm 左右，应避免振捣棒碰撞模板及钢筋。插入点均匀排列，排成"行列式"或"交错式"。振捣混凝土达到混凝土停止下沉、不再冒气泡、表面呈现平坦、泛浆为止。振捣过程中防止漏振或过振发生。混凝土振捣密实后

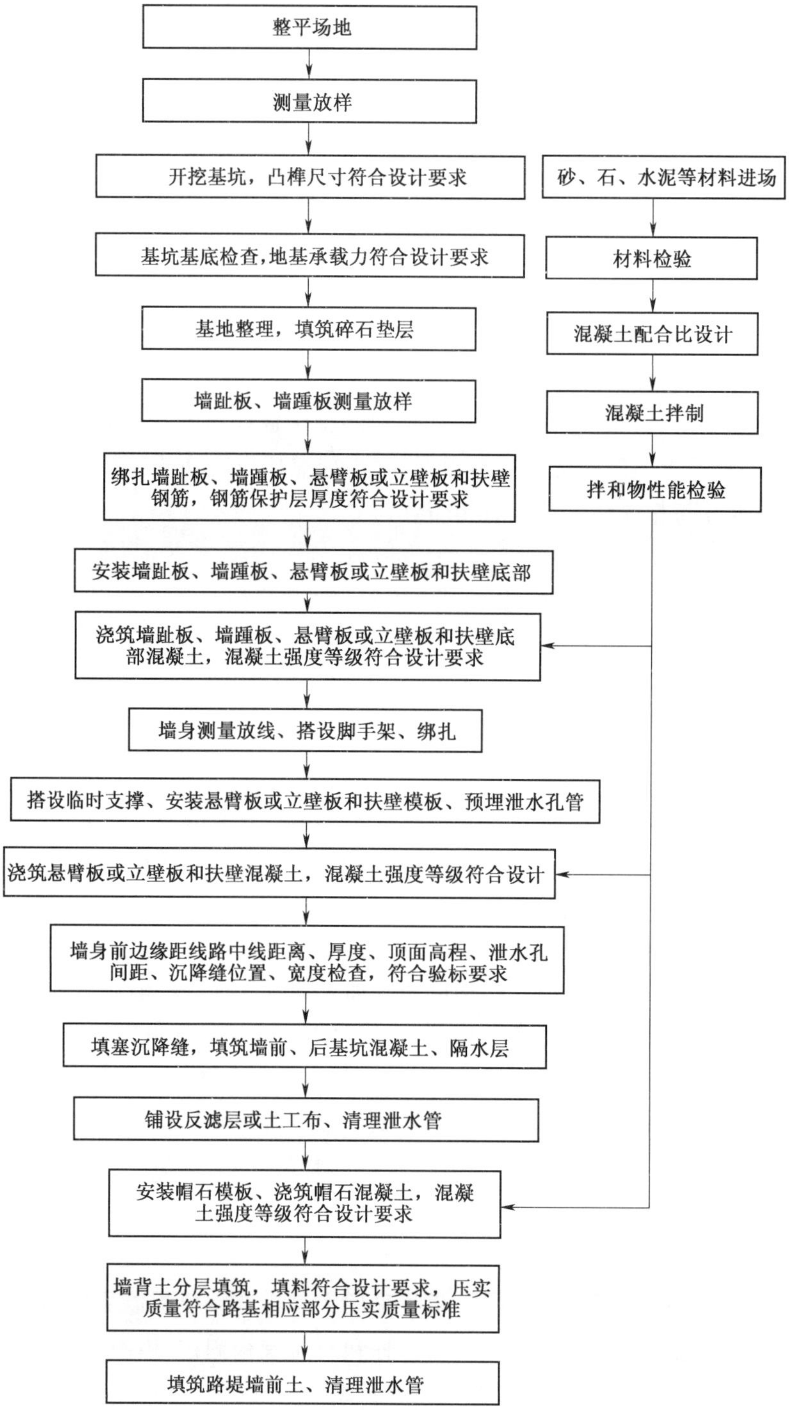

图 7.3.4　悬臂式和扶壁式挡土墙施工工艺流程图

1.5～24 h 内，不得受到震动。有水基坑混凝土凝结前不得被水浸泡。灌注长度按挡土墙分段长度划分，一般在 15～20 m。墙身立壁应严格分层，混凝土灌注工作宜连续进行，一次灌完，不得间断。

(7)模板拆除及混凝土的养护

模板的拆除期限应根据结构物特点、模板部位和混凝土所达到的强度来决定。非承重侧模板应在混凝土强度能保证其表面及棱角不受损伤时才能拆除，一般应在混凝土抗压强度达到 2.5 MPa 时方可拆除侧模板。拆模时严禁重击和硬撬，避免造成模板局部变形或损坏混凝土棱角；模板拆完后，应及时清除表面的灰渍，并均匀涂抹一层隔离剂或防腐剂。

应根据工程特点和现场条件制定养护方案，养护时间不少于 7 d。

(8)填料填筑

当立壁和墙底板混凝土强度达到设计强度的 70%以上时，方可回填墙后填料。回填过程中，应防止立壁内侧及扶肋受撞损坏，卸料时，运输机具和碾压机具应离扶肋1.5 m，在此范围内宜采用人工摊铺，配以小型压实机具碾压，其密实度达到设计和规范要求。墙背反滤层应随填土及时施工，泄水孔管径尺寸、排水坡度应符合设计要求，并保证排水通畅。

3. 控制要点

每段挡土墙的墙趾板、墙踵板、悬臂板或立壁板和扶壁的混凝土宜一次浇筑完成。悬臂式挡土墙悬臂板在高度方向上不宜间断，否则接缝处应按施工缝处理，新浇筑混凝土与已浇筑混凝土应黏结牢固。

沉降缝、伸缩缝、泄水孔设置按设计要求及时施工，并保证沉降缝、伸缩缝贯通、泄水孔通畅。

7.3.5　质量检测

(1)明挖基坑和基础、墙后反滤层和隔水层、墙背和墙前基坑回填质量检验同重力式挡土墙第 7.1.5 节质量检测。

(2)扶壁和墙身的垂直度、斜度、平整度允许偏差按表 7.3.5-1 检测。

表 7.3.5-1　扶壁和墙面垂直度、斜度、平整度的允许偏差、检验数量及检验方法

序号	项目		允许偏差	检验数量	检验方法
1	垂直度	$h \leq 6$ m	10 mm	3 处	吊线尺量
2		$h > 6$ m	15 mm	3 处	吊线尺量
3	斜度		±3%设计斜度	3 处	坡度尺或吊线尺量
4	平整度		20 mm	3 处	3.0 m 直尺，尺量

(3)墙身前边缘距线路中线距离、墙身厚度、顶面高程、泄水孔间距、起讫里程允许偏差按表 7.3.5-2 检验。

表 7.3.5-2　墙身前边缘距线路中线距离、墙身厚度、顶面高程、泄水孔间距、起讫里程允许偏差、检验数量及检验方法

序号	项目	允许偏差	检验数量	检验方法
1	距线路中线距离	$^{+20}_{0}$ mm	3 处	测量仪器测量、尺量
2	墙身厚度(前缘至后缘)	$^{+20}_{0}$ mm	3 处	尺量
3	顶面高程	±20 mm	3 点	测量仪器测量
4	泄水孔间距	±20 mm	抽查 10%，1 组	尺量
5	起讫里程	±100 mm	每不同结构长度，2 处	测量仪器测量、尺量

7.4 锚杆挡土墙

7.4.1 加固原理及适用条件

锚杆挡土墙是指利用锚杆技术建筑的挡土墙，由钢筋混凝土墙面和锚杆组成，依靠锚固在岩层内锚杆的水平拉力以承受土体侧压力。按墙面构造的不同，分为柱板式和壁板式两种。柱板式一般由肋柱、挡土板及灌浆锚杆组成，具有较大的抗拔力，可用于路堑或路堤挡土墙；壁板式一般由钢筋混凝土板和楔缝式锚杆组成，多用于边坡防护。锚杆是锚杆挡土墙的主要受力构件，可为单根钢筋或钢丝束，锚杆直径100～150 mm，一般向下倾斜10°～15°，间距不小于2 m。锚孔内放置钢筋或钢束后，灌注水泥砂浆使其锚固于稳定地层，具有足够的抗拔力。肋柱截面多为矩形，也有设计为T形，底端一般做成自由端或铰接，如基础埋置深，且为坚硬岩石，也可作为固定端。锚杆挡土墙组成部分如图7.4.1-1所示。锚杆挡土墙现场照片如图7.4.1-2所示。

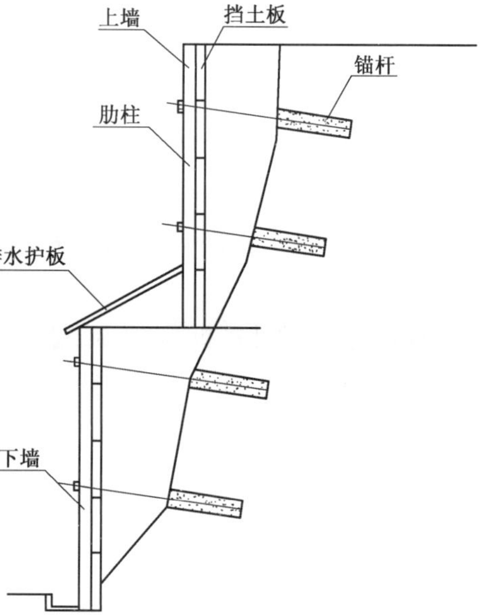

图7.4.1-1 锚杆挡土墙示意图

锚杆挡土墙适用于边坡高度较大，石料缺乏，挖基困难，且具备锚固条件的地区，多用于路堑墙。

图7.4.1-2 锚杆挡土墙现场照片

7.4.2 主要施工机械设备

主要施工机械设备：钻机、千斤顶、油泵、压浆机、砂浆搅拌机、电焊机、振捣棒、空压机、小型挖掘机、混凝土拌和站、罐车、钢筋加工设备。

7.4.3 原材料控制

锚杆挡土墙所用材料主要有素混凝土或钢筋混凝土、钢锚杆和注浆材料。构件（肋柱、挡土板、墙面板、肋柱基础)的混凝土强度等级不应低于设计值。墙后填料及地下水的化学、电化学应满足表7.4.3的规定。

表7.4.3　填料的化学和电化学标准表

项目	电阻率(Ω/cm)	氯离子(m.e/100g土)	硫酸根离子(m.e/100g土)	pH值
无水工程	>1 000	≤5.6	≤21.0	5～10
淡水工程	>1 000	≤2.8	≤10.5	5～10

注:m.e/100g土—交换性阳离子组成单位。

用于锚杆的注浆材料通常分为有机类和无机类浆材,有机类浆材主要指高分子聚合物,如环氧树脂类和聚氨脂类浆材;无机类浆材有水泥类、水玻璃类和水泥－水玻璃类浆材等。在锚杆挡土墙,最常用的是水泥砂浆。

7.4.4　施工工艺及控制要点

1.施工工艺流程(图7.4.4)

2.施工工艺

(1)肋柱、挡板预制

构件可采用工厂或就地预制,预制所用的模板宜选用组合钢模板。模具要涂刷脱模剂,使用后要及时清理,钢筋以及预埋件制作、安装应严格按照验收标准要求,控制好混凝土保护层及预埋件的位置。预制构件采用集中养护,强度至少达到75%以后,方可运输吊装。预制构件在运输过程中要采取有效措施防止构件破损。

(2)边坡开挖

边坡开挖自上而下进行施工。施工前,应清除岩面松动石块,整平墙背坡面。在开挖过程中要考虑临时支撑,以免引起山坡坍滑,影响锚杆抗滑力。

(3)施工放线

恢复中心线,定出肋柱的基线桩,准确定出挡墙位置和高程;用仪器测出各个锚孔的位置,并设置孔位方向桩,以便校核。

(4)钻孔

钻孔应采用干作业法,孔径、孔位、深度和钻孔倾角应符合设计要求,钻孔深度宜大于设计深度0.5 m,孔轴应保持与墙面垂直,钻孔完整。钻孔后应用高压风或水清孔,清除孔内粉尘、石渣。当用水清孔影响锚杆的抗拔力时,应用高压风清孔。在岩层破碎或松软饱水等地层中应采用套管跟进钻孔。钻进到设计孔深后应用高压风清孔,及时在套管内放入保护钢管。

钻进过程中对每个孔的地层变化,钻进状态(钻压、钻速)、地下水及一些特殊情况应做好现场施工记录,并核对地质。位于破碎带或渗水量较大的岩层时,应对锚孔进行固结灌浆处理,然后进行扫孔。

(5)锚杆制作安装

按照设计文件的规格及性能制作锚杆。锚杆安装时要顺直,并应除锈。锚杆必须安装在钻孔中心,角度与钻孔角度一致,安装前应在锚杆上设置定位支架,可按锚杆长度间隔2 m左右焊接一对定位支架。注浆管随锚杆一同放入钻孔,注浆端头距孔底5～10 cm。有水地段安装锚杆,应排净孔内积水或采用早强速凝药包式锚杆。锚杆未插入岩层部分,应按设计进行防锈处理。在腐蚀环境下,钢筋表面可采用环氧涂层等进行处理。

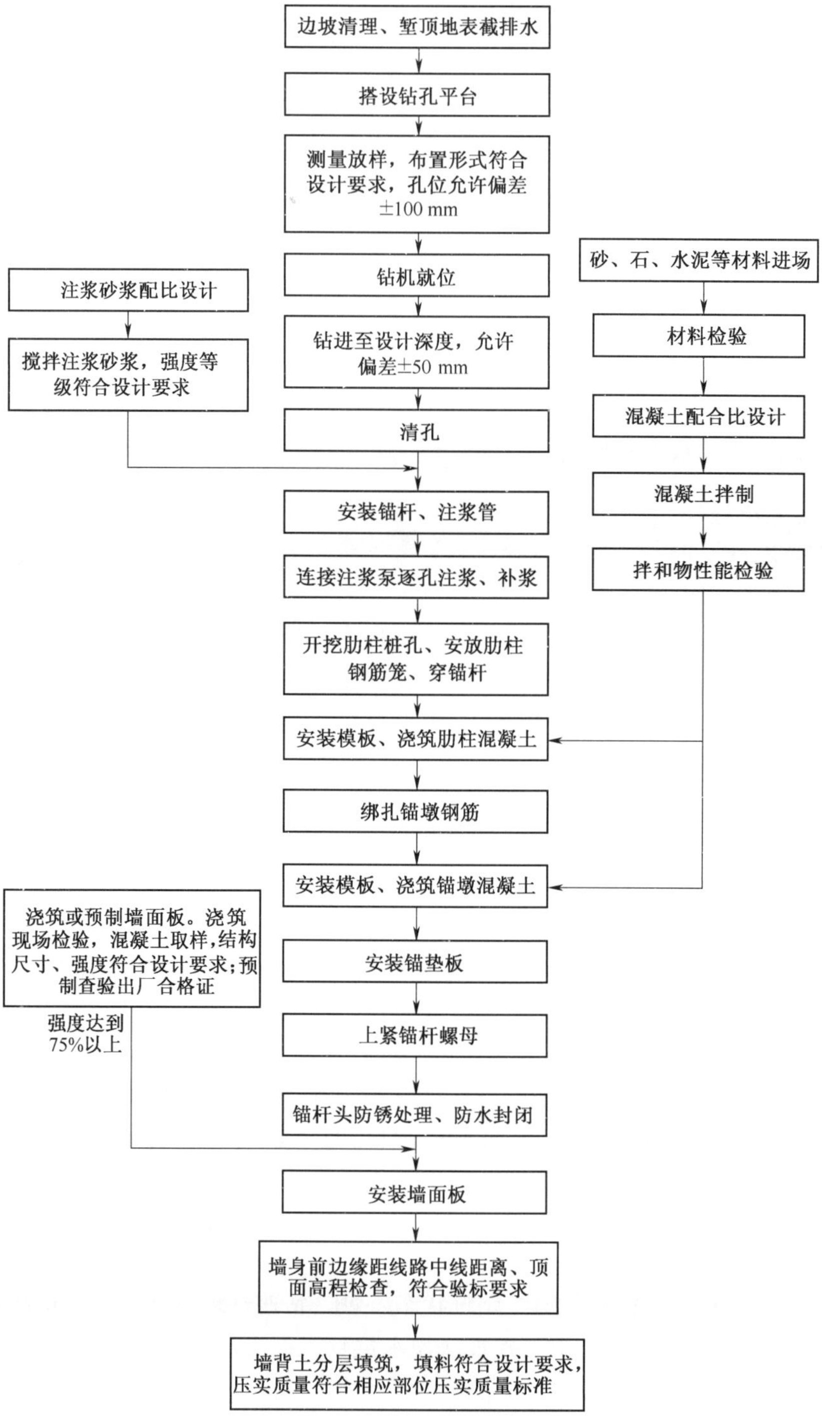

图 7.4.4　锚杆挡土墙施工工艺流程图

(6)注浆锚固

注浆应采取孔底注浆法，砂浆应按设计配合比拌制，随拌随用。灌浆孔管应插至距孔底 0.05～0.1 m 处，并随水泥砂浆的注入逐渐拔出。注浆应自孔底一次性有压注浆，中途不应停浆，注浆压力应达到设计或试验时确定的压力，不宜小于0.2 MPa。孔内注浆时应一直到孔口流出新鲜浆液后方可停止注浆，确保注浆饱满密实，并在浆液初凝前进行二次补浆。

锚孔注浆时技术和试验人员全程旁站。注浆压力应达到设计或试验时确定的参数，当砂浆注至孔口时立即减压为零，以免在孔口形成喷浆。注浆管拔出孔口后要立即用制作好的封口板塞紧孔口，注浆结束。

(7) 肋柱、墙面板安装

砂浆强度达到设计要求的70%后方可安装肋柱和墙面板。安装挡板时，应及时进行反滤层和墙背回填。在肋柱和挡板混凝土强度达到75%后方可进行倒运，在倒运时要防止碰撞和剧烈震动。肋柱间距要符合施工图纸的要求；挡土板和肋柱之间要保证平整密贴，可采用少量的砂浆填充，防止产生集中应力，损坏挡土墙。

(8) 填料的摊铺与压实

分级平台应按设计采用混凝土进行封闭，并设2%的向外横向排水坡。泄水孔设置按照设计要求，当墙背土为非渗水土时，应在最低泄水孔至墙顶以下0.5 m高度内，填筑厚度不小于设计要求的砂砾等反滤层。在进行墙后填料施工时要用小型夯实机械夯实，填料应符合设计要求。

3. 控制要点

(1)锚杆施工前应选择相同的地层进行拉拔工艺性试验，试验根数为工作锚杆数量的3%，且不少于3根，以验证锚固段的抗拔力设计指标，确定钻孔、注浆施工工艺参数。

(2)砂浆锚杆安装后，不得敲击、摇动；普通砂浆锚杆在3 d内，早强砂浆锚杆在12 h内，不得在杆体上悬挂重物；必须待砂浆达到设计强度的70%以上才能安装肋柱或墙面板。锚杆头部按设计进行防锈处理和防水封闭。

(3)安装墙板时，应随装板、随做墙背回填。

(4)钻孔完成后用高压风清孔，将孔壁及根部残留废土清除干净。严禁用水冲洗。

7.4.5 质量检测

(1)明挖基坑和基础、墙后反滤层、墙前基坑回填质量检验同第7.1.5节质量检测。

(2)锚杆布置形式和锚杆长度、锚头及锚杆未锚入土层部分除锈和防锈处理、注浆体强度等级、锚杆抗拔力应符合设计要求，施工按表7.4.5-1检验。

表7.4.5-1　锚杆布置形式和锚杆长度、锚头及锚杆未锚入土层部分除锈和防锈处理、注浆体强度等级、锚杆抗拔力检验数量和检验方法

序号	检验项目	检验数量	检验方法
1	锚杆布置形式、锚杆长度	全部检验	观察锚杆布置形式，尺量锚杆长度
2	锚头及锚杆未锚入土层部分除锈和防锈处理	全部检验	观察
3	注浆体强度等级	注浆地点随机每工班抽样3组，必要时留取同条件试件	《水泥胶砂强度检验方法(ISO法)》(GB/T 17671—1999)
4	锚杆抗拔力	抽样检验锚杆总数的3%	锚杆抗拔力试验

(3)锚孔位置、直径、倾角、深度及锚杆长度允许偏差按表 7.4.5-2 检验。

表 7.4.5-2 锚孔位置、直径、倾角、深度及锚杆长度允许偏差、检验数量及检验方法

序号	项目	允许偏差	检验数量	检验方法
1	位置	±50 mm	每孔 2 组 4 点	测量仪器测量、尺量
2	直径	$^{+10}_{-5}$ mm	每孔 2 组 4 点	尺量
3	倾角	±3%	每孔	导杆法测量
4	深度	±50 mm	每孔	尺量
5	锚杆长度	±50 mm	抽查 10%	尺量

(4)锚杆挡土墙肋柱、墙面板等钢筋混凝土构件允许偏差按表 7.4.5-3 检验。

表 7.4.5-3 锚杆挡土墙肋柱、墙面板等钢筋混凝土构件允许偏差、检验数量及检验方法

序号	项目	允许偏差	检验数量	检验方法
1	柱长度	$^{+5}_{-10}$ mm	每批成品抽样检验 10%，且不少于 3 件。每件检查 2 点(组)	尺量
2	板、块件长度	±5 mm	每批成品抽样检验 10%，且不少于 3 件。每件检查 2 点(组)	尺量
3	板、柱体宽(厚)	±5 mm	每批成品抽样检验 10%，且不少于 3 件。每件检查 2 点(组)	尺量
4	板宽、高度	±5 mm	每批成品抽样检验 10%，且不少于 3 件。每件检查 2 点(组)	尺量
5	柱弯曲	L/750	每批成品抽样检验 10%，且不少于 3 件。每件检查 2 点(组)	拉线尺量
6	板两对角线差	10 mm	每批成品抽样检验 10%，且不少于 3 件。每件检查 2 点(组)	尺量
7	外面平整度	5 mm	每批成品抽样检验 10%，且不少于 3 件。每件检查 3 点	3.0 m 直尺、钢尺
8	预埋件中心	3 mm	每批成品抽样检验 10%，且不少于 3 件。每件检查 2 点	尺量

注：L 为构件长度。

(5)锚杆挡土墙肋柱高度、间距及与线路中线距离允许偏差按表 7.4.5-4 检验。

表 7.4.5-4 锚杆挡土墙肋柱高度、间距及与线路中心线距离允许偏差、检验数量及检验方法

序号	项目	允许偏差	检验数量	检验方法
1	肋柱高度	$^{+20}_{-10}$ mm	2 点	尺量
2	肋柱间距	±50 mm	3～6 点	尺量
3	与线路中心线距离	$^{+50}_{-10}$ mm	2 点	尺量

7.5　锚定板挡土墙

7.5.1　加固原理及适用条件

1. 加固原理

锚定板挡土墙是一种适用于填方的轻型支挡结构，是由墙面、拉杆、锚定板以及充填墙面与锚定板之间的填土所共同组成的一个整体，如图7.5.1-1所示。在这个整体结构的内部，存在着作用于墙面上的土压力，拉杆的拉力和锚定板的抗拔力等相互作用，这些力必须相互平衡，才能保证结构内部的稳定。同时，在锚定板挡土墙的周围边界上，还存在着从边界外部外来的土压力，活载以及结构自重所产生的作用力和摩擦力，这些外力也必须互相平衡，以保证锚定板挡土墙的稳定性，防止发生滑动或蠕动。

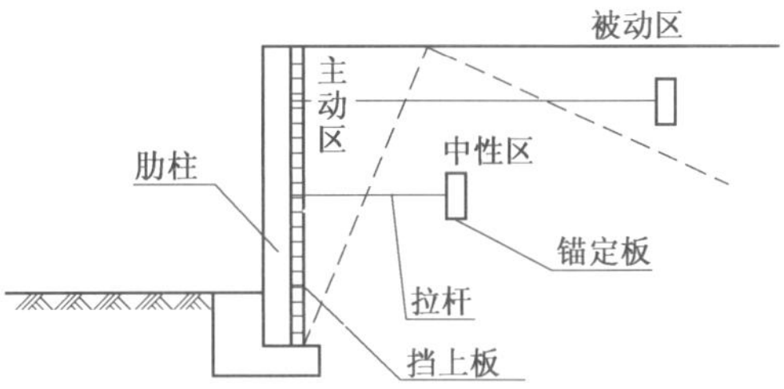

图7.5.1-1　锚定板挡土墙构造图

锚定板挡土墙和锚杆挡土墙一样，也是依靠“拉杆”的抗拔力来保持挡土墙的稳定。但是，这种挡土墙与锚杆挡土墙又有着明显的区别，锚杆挡土墙的锚杆必须锚固在稳定的地层中，其抗拔力来源于锚杆与砂浆、孔壁地层之间的摩擦力；而锚定板挡土墙的拉杆及其端部的锚定板均埋设在回填土中，其抗拔力来源于锚定板前填土的被动抗力。

2. 适用条件

锚定板挡土墙的主要特点有构件断面小、结构重量轻、柔性大、工程量省、圬工数量少，构件可预制，有利于实现结构轻型化合机械化施工。它主要适用于承载力较低的软弱地基和缺乏石料的地区，做立交桥台、边坡支挡、坡脚防护、路肩墙或路堤墙，不宜做路堑墙。在滑坡、坍塌地段以及膨胀土地区不能使用。锚定板挡土墙现场照片如图7.5.1-2所示。

图7.5.1-2　锚定板挡土墙现场照片

7.5.2 机具设备选型及配套

锚定挡土墙施工时,需配置钻机、5 t 吊车、千斤顶、油泵、压浆机、砂浆搅拌机、交流电焊机、振动棒、空压机、小型挖掘机、混凝土拌和站、罐车、钢筋加工设备。

7.5.3 原材料控制

拉杆钢材及锚固的品种、规格和性能应符合设计要求,使用前取样试验。一般拉杆的设计强度以不超过屈服应力的 50%为宜。拉杆选用的钢材,长度均有限,普通圆钢,直径小于 25 mm,最长为 10 m;直径大于 26 mm,最长 9 m;优质钢材,各种直径的母材,最长为 6 m。

墙后填料不得使用膨胀土、盐渍土,严禁使用有腐蚀作用的酸性土和有机质土,填料粒径不应大于 10 cm。锚定板前方超挖部分用混凝土或灰土回填夯实。

混凝土预制构件要符合钢筋混凝土结构的验收要求,既要保证构件的内部质量,又要保证构件表面平整、光洁、轮廓清晰、线条顺直、无裂纹、强度符合要求。

7.5.4 施工工艺及控制要点

1. 施工工艺流程(图 7.5.4)

2. 施工工艺

(1)肋柱、挡板预制

构件可采用工厂或就地预制,预制所有的模板尽量采用组合钢模板,模具要涂刷隔离剂,使用后要及时清理,钢筋以及预埋件制作、安装要严格按照验收标准要求,控制好混凝土保护层及预埋件的位置。预制构件采用集中养护,强度至少达到 75%以后,方可运输吊装。预制构件在运输过程中要采取有效措施防止构件破损。

(2)定位放线

恢复中心线,定出肋柱的基线桩,准确定出挡墙位置和高程,并定出肋柱基线桩的护桩,以便校核。

(3)开挖基坑

开挖前应核对地质情况是否与设计相符,不符时要及时向设计单位反馈。要做好基坑周围防排水设施,避免基坑开挖过程中,被水浸泡影响基坑承载力。开挖过程尽量减少对墙基坑持力层岩土层的扰动。墙基深度、倾斜度、高程、几何尺寸应符合设计要求,若超挖,不得回填松土,必须采用基础同样材料回填。基坑完成后,做基坑承载力检查,当承载力达不到设计要求时,应向设计单位反馈,做好设计变更。检查合格后的基坑应及时灌注混凝土或浆砌片石,不得长期放置。

(4)浇筑基础

肋柱基础可以用混凝土或浆砌片石或按照设计文件规定选择。混凝土浇筑或浆砌片石砌筑质量必须符合验收标准要求。

(5)肋柱、挡板安装

砂浆强度达到设计要求的 70%后方可安装肋柱和墙面板,安装挡板时,应及时进行反滤层和墙背回填。肋柱和挡板倒运时要防止碰撞和剧烈震动。肋柱间距要符合施工图纸的要求;挡土板和肋柱之间要保证平整密贴,可采用少量的砂浆填充,防止产生集中应力,损坏挡土墙。

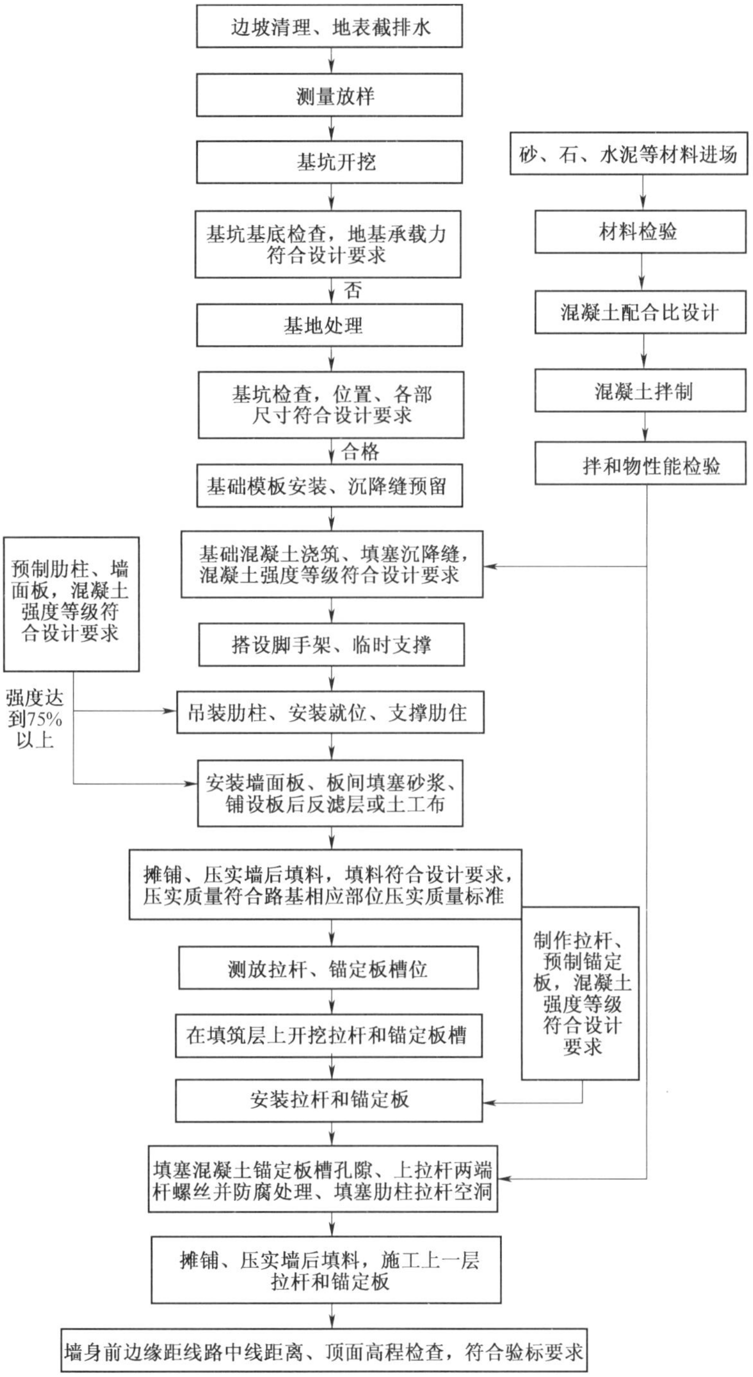

图7.5.4　锚定板挡土墙施工工艺流程图

(6)拉杆及锚定板安装

拉杆钢材及锚固件的品种、规格和性能应符合设计要求，进场应按有关规定抽样检验。拉杆埋入土中部分，应按设计要求进行防锈处理。

拉杆及锚定板埋设时，应在填土碾压至拉杆高度以上 20 cm 后再挖槽就位，槽位宜比锚定板设计位置高 3～5 cm。锚定板前方超挖部分应用混凝土或灰土回填夯实。严禁直接碾压拉杆或锚定板。

预制挡土板进场应进行检验，其结构尺寸和混凝土强度等级应符合设计要求，且外观光洁、无裂纹、露筋、掉角等缺陷。

(7)填料的压实

填料不得使用膨胀土、盐渍土、严禁使用有腐蚀作用的酸性和有机土。为增强排水效果，在挡墙后需填筑厚度不小于 0.3 m 厚的砂砾等反滤层。填料应符合设计要求。

3. 控制要点

(1)埋于土中部分的锚定板拉杆以及锚定板、肋柱与螺丝端杆连接处、肋柱外露锚头，应按设计做好除锈、防锈处理。

(2)严禁直接碾压拉杆和锚定板。

(3)分级平台应按设计采用混凝土进行封闭，并应设 2%的向外横向排水坡。

(4)肋柱与锚定板均应预留拉杆孔洞。锚定板、肋柱与螺丝端杆连接处，在填土前宜用沥青砂浆充填，并用沥青麻筋塞缝，外露的端杆和部件应在填土下沉基本稳定后，再用水泥砂浆封填。肋柱严禁前倾，而应适当向填土一侧倾斜，其倾斜度应符合设计要求。肋柱吊装时，应在肋柱基础的杯槽内铺垫 2 cm 厚的沥青砂浆。

(5)锚定板挡土墙应随安装挡土板随填土，墙后填土时严禁直接碾压拉杆和锚定板，且碾压方向应垂直于拉杆，距挡土板 2 m 范围内应采用小型压实机具施工。

(6)墙后填料必须分层压实，厚度满足设计要求。

7.5.5 质量检测

(1)明挖基坑和基础、墙后反滤层、墙前基坑回填质量检验同第 7.1.5 节质量检测。

(2)埋于土中拉杆和外露锚头除锈和防锈处理、拉杆长度、拉杆与锚定板的连接、混凝土强度应符合设计要求，施工按表 7.5.5 检验。

表 7.5.5 埋于土中拉杆和外露锚头除锈和防锈处理、拉杆长度、拉杆与锚定板的连接、混凝土强度检验数量和检验方法

序号	检验项目	检验数量	检验方法
1	埋于土中拉杆和外露锚头除锈和防锈处理	全部检验	观察
2	拉杆长度、拉杆与锚定板的连接	全部检验	观察拉杆与锚定板的连接，尺量拉杆长度
3	混凝土强度	每 100 m^3 为一批，留取试件一组	《铁路混凝土工程施工质量验收标准》(TB 10424—2010)

(3)锚定板挡土墙肋柱、墙面板施工各项允许偏差按表 7.1.5-5、表 7.1.5-6 检验。

7.6 加筋土挡土墙

7.6.1 加固原理及适用条件

(1)加筋土挡土墙指的是由填土、拉带和面板组成的加筋土承受土体侧压力的挡土墙。通过在土中加入拉筋，利用拉筋与土之间的摩擦作用，改善土体的变形条件和提高土体的工程特性，从而达到稳定土体的目的。加筋土挡土墙由填料、在填料中布置的拉筋以及墙面板三部分组成，其结构形式如图7.6.1所示。

(2)加筋土是柔性结构物，能够适应地基轻微的变形，填土引起的地基变形对加筋土挡土墙的稳定性影响比对其他结构物小，地基的处理也较简便；它是一种很好的抗震结构物；节约占地，造型美观；造价比较低，具有良好的经济效益。

一般应用于地形较为平坦且宽敞的填方路段上，在挖方路段或地形陡峭的山坡，由于不利于布置拉筋，一般不宜使用。

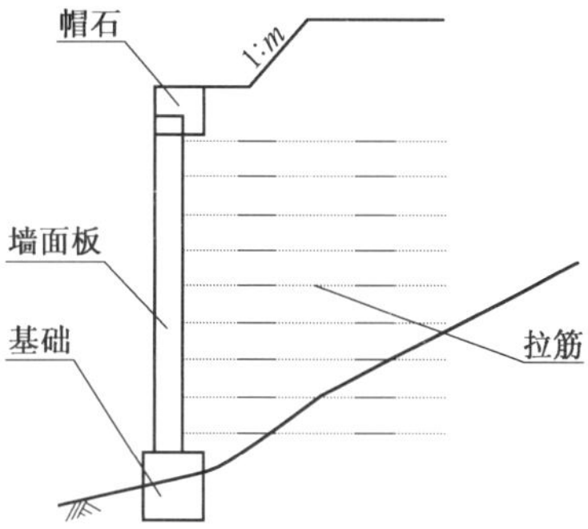

图7.6.1　加筋土挡土墙基本结构图

7.6.2　主要施工机械设备

主要施工机械设备：推土机、挖掘机、装载机、自卸汽车、压路机、冲击夯、洒水车等。

7.6.3　原材料控制

(1)预制构件的质量、尺寸及土工合成材料拉筋的品种、性能均应符合设计要求，使用前必须抽样检查试验。拉筋长度偏差为±5%。

(2)墙面板的尺寸和预埋件、预留孔位置应符合设计要求。外表光洁、无裂纹、企口分明，线条顺直，不得露筋、掉角。运输、吊装及存放过程中应有可靠的防止面板断裂、保护楔口不受损坏的措施。

(3)土工合成材料拉筋进场后应妥善保管，严禁暴晒。施工过程中，应随铺设随填筑，尽量减少拉筋在阳光下直接暴晒的时间。

(4)墙面板上的金属连接件及金属拉筋应进行防锈处理。

7.6.4　施工工艺及控制要点

1. 施工工艺流程(图7.6.4)

2. 施工工艺

(1)施工前的准备工作

施工前认真组织好线路的中线和路基的边线测量，测定加筋土工程的墙面板基线和基础高程，并埋设施工用固定桩。

(2)挡墙基础的施工

基坑采用挖掘机开挖，人工清理基坑，其基底土质及地层情况经检验合格后，进行基础浇筑。混凝土条形基础埋置深度应符合设计要求，墙前应设4%的横向排水坡。

(3)面板施工

整体式护墙施工宜在包裹式加筋土体完工后，现场立模浇筑。

采用预制时，面板宜由预制场集中预制，汽车运往工地现场，预制构件在运输过程中要采取有效措施防止构件破损。墙面板的尺寸和预埋件、预留孔位置应符合设计要求。外表光洁、无裂纹、企口分明、线条顺直，不应露筋、掉角。预制墙面板、整体式墙板应待其混凝土强度达

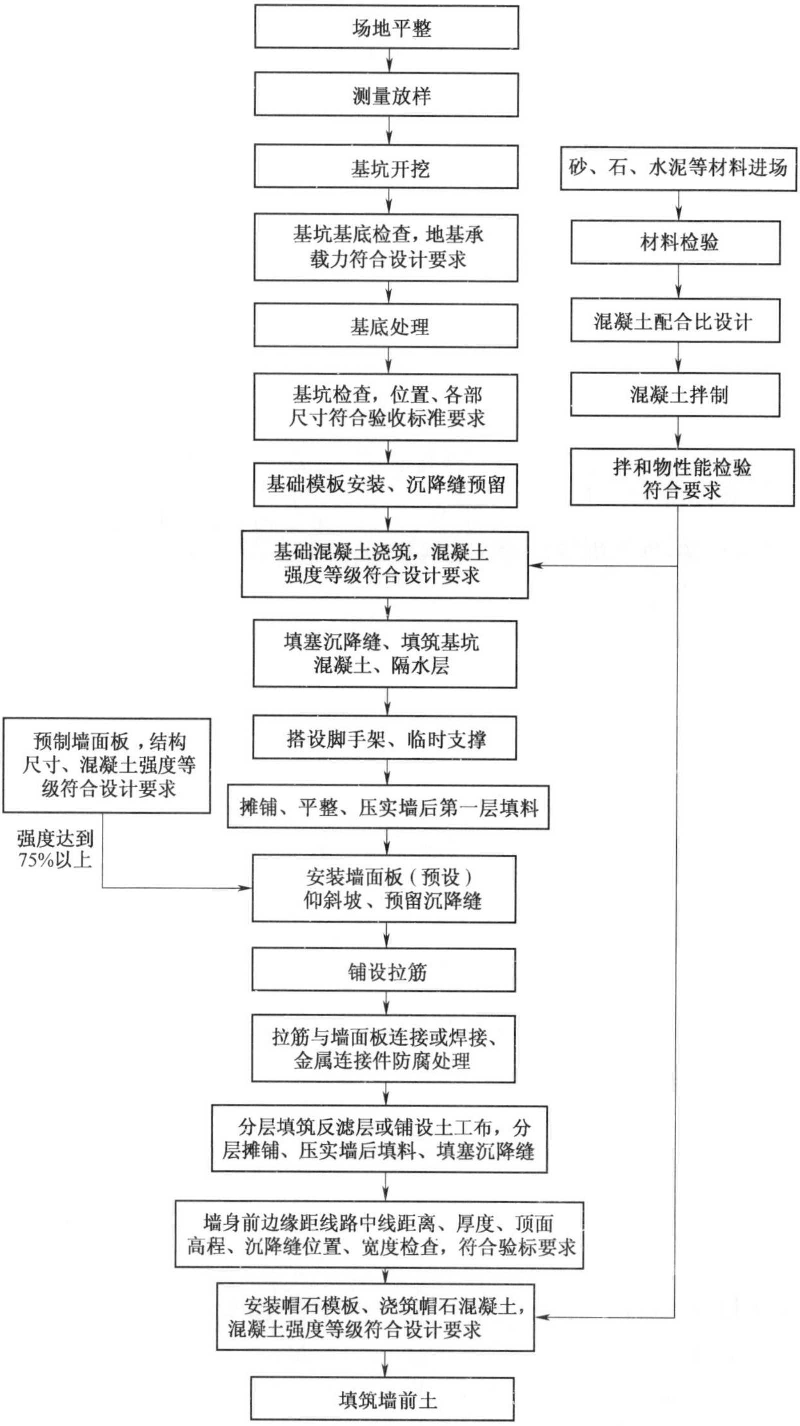

图 7.6.4 加筋土挡土墙施工工艺流程图

到设计强度的 75%以上方可进行吊装和运输。

面板安装时按以下原则进行：先将墙面板吊装就位，用临时支架固定，再在墙面板后填筑包裹式加筋土墙体。

安装第一层面板时，先清除基础上的杂物，准确画出面板外缘线。面板吊装就位后，用低强度砂浆砌筑调平，沿面板纵向每 5 m 间距设标桩。每层安装时用垂球或挂线核对，每三层面板安装完毕后，测量一次高程和轴线，其偏差应符合设计及验标要求。安装缝应按设计要求处理，当设计无要求时，安装缝可不作处理，但安装必须做到均匀、平顺、美观。沉降缝应缝宽一致，上下贯通，缝内填塞沥青麻絮。

(4)筋带铺设

每安装完一层面板后，及时进行筋带铺设。拉筋的长度、位置、间距、层数、铺设形式及包裹式挡土墙压载体后拉筋回折宽度应符合设计及验标要求。

一般筋带有以下三种形式：钢筋混凝土带、钢带和聚丙烯土工带。

钢筋混凝土带与面板的连接采用扣环连接，带与带之间采用螺栓连接。在压实的填层面上按钢筋混凝土筋带的设计位置挖槽，然后将其铺设于槽内。

钢带应平顺铺设于已压实整平的填料上，不得弯曲和扭曲。

聚丙烯土工带铺设时，将聚丙烯土工带的一端从面板预留拉环中穿过，折回与另一端对齐，土工带宜采用单孔穿孔，并绑扎以防抽动。

土工格栅拉筋筋材强度大的方向应垂直于墙面。拉筋应水平铺设在填层上，底部应与填土密贴，填层仰坡应为 1%～3%或符合设计要求。连续铺设的拉筋接头应置于其尾部。土工合成材料拉筋应完整连续，无破损和接头。条带式拉筋尾部宜用拉紧器拉紧，各拉筋的拉力应大体均匀。铺设满铺拉筋时，应绷紧、铺平，中间每隔 1～2 m 梅花形布置 U 形卡或采用卡钉固定，不应褶皱或损坏，搭接长度满足设计及验标要求；上、下层拉筋应错缝铺设。

(5)路基填筑

每铺完一层筋带，进行一次路基填筑。填筑时分层进行，每层压实厚度宜为 25～30 cm，且不得小于 20 cm，一次填筑的层数由筋带间的竖向间距确定，可以是一层，也可以是多层。填料优先选用砾类土及砂类土，浸水加筋土路堤应选用水稳性好的透水性材料，距面板 1 m 范围内宜选用透水性良好的砂砾石材料填筑。

填料压实质量应符合设计要求。碾压时应从拉筋中部开始并垂直于拉筋碾压，先由拉筋中部逐步碾压至拉筋尾部，再由拉筋中部逐步碾压至面板，严禁平行于拉筋方向碾压。先静压后再振动碾压。压路机不得在未经压实的填料上改变运行方向和急刹车。距面板小于 1 m 范围内应采用小型夯实机械或人工夯实。严禁使用羊足碾碾压。

3. 控制要点

(1)反滤层及排水层施工应随安装墙面板进行，并随后施工墙后填土。反滤层及排水层设置位置、构造尺寸及厚度应符合设计要求。

(2)加筋土体内的泄水管孔径、埋设位置、管身钻孔型式应符合设计要求，其向外排水坡不应小于 4%，管身和进水口应用透水土工布包裹，并应与护墙身泄水孔连通，确保排水通畅。

(3)组合式加筋土挡土墙每隔 10～20 m、包裹式加筋土挡土墙每隔 10 m 或基底地层变化处设置 2 cm 宽的沉降缝，并在面板内侧沿全墙高铺设透水土工布以防止填料渗漏。土工布铺设应随填筑反滤层进行。

(4)台阶式加筋土挡土墙上墙墙面板基础不能直接放在下墙拉筋上，中间应用厚不小于 0.5 m 的垫层隔开。

(5)分级平台应按设计采用混凝土进行封闭，并应设 2%的向外横向排水坡。

(6)墙体、墙面分期施工时宜待墙体变形及地基沉降稳定后再开始墙面结构的施工。

(7)帽石应采用混凝土现场浇筑,分段不应大于 4.0 m。当设计有栏杆时,应在帽石内预埋 U 形螺栓。

7.6.5 质量检测

(1)明挖基坑和基础、墙后反滤层和隔水层、墙背和墙前基坑回填质量检验同第 7.1.5 节质量检验。

(2)土工合成材料拉筋的铺设长度、位置、方向应符合设计要求,现场沿挡土墙方向每 100 m每铺设一层抽样检验 5 处。

(3)对拉式加筋土挡墙条带式拉筋尾部不得重叠,错开距离应符合设计要求。包裹压载体后拉筋回折宽度应符合设计要求,现场沿挡土墙方向每 100 m 每铺设一层抽样检验 5 处。

(4)包裹式加筋土挡墙预埋锚杆位置、长度应符合设计要求。

(5)加筋土体内的泄水管孔径、埋设位置、型式应符合设计要求,其向外排水坡不应小于 4%,管身和进水口应用透水土工布包裹,并应与墙面板泄水孔连通,确保排水通畅。

(6)帽石施工模板安装、帽石的混凝土强度等级应符合设计要求,其施工和检验应符合《铁路混凝土工程施工质量验收标准》(TB 10424—2010)有关规定。

(7)加筋土挡土墙墙后路基、墙顶封闭层的填料、填筑应符合设计要求,其质量和检验按其所处路基部位分别检验。

(8)墙面板应拼装整齐、平顺,墙面和填料应构成稳固整体。墙面垂直度、倾斜度、平整度允许偏差按表 7.6.5-1 检验。

表 7.6.5-1 墙面垂直度、斜度、平整度的允许偏差、检验数量及检验方法

序号	项目		允许偏差	检验数量	检验方法
1	垂直度	$h \leq 6$ m	10 mm	3 处	吊线尺量
2		$h > 6$ m	15 mm	3 处	吊线尺量
3	斜度		±3%设计斜度	3 处	坡度尺或吊线尺量
4	平整度		20 mm	3 处	3.0 m 直尺,尺量

(9)墙面板预制件允许偏差按表 7.6.5-2 检验。

表 7.6.5-2 墙面板预制件允许偏差、检验数量及检验方法

序号	项目	允许偏差	检验数量	检验方法
1	板、块件长度	±5 mm	每批成品抽样检验 10%,且不少于 3 件。每件检查 2 点(组)	尺量
2	板体宽(厚)	±5 mm	每批成品抽样检验 10%,且不少于 3 件。每件检查 2 点(组)	尺量
3	板宽、高度	±5 mm	每批成品抽样检验 10%,且不少于 3 件。每件检查 2 点(组)	尺量
4	板两对角线差	10 mm	每批成品抽样检验 10%,且不少于 3 件。每件检查 2 点(组)	尺量
5	外面平整度	5 mm	每批成品抽样检验 10%,且不少于 3 件。每件检查 3 点	3.0 m 直尺、钢尺
6	预埋件中心	3 mm	每批成品抽样检验 10%,且不少于 3 件。每件检查 2 点	尺量

(10)帽石边缘距路基中线距离、帽石厚度及宽度、顶面高程、起讫里程允许偏差按表7.6.5-3检验。

表7.6.5-3　帽石边缘距路基中线距离、帽石厚度及宽度、顶面高程、起讫里程允许偏差、检验数量及检验方法

序号	项　目	允许偏差	施工单位检验数量	检验方法
1	距路基中线距离	+20 mm	沿挡土墙连续长度≤100 m抽样检验3处	测量仪器测量、尺量
2	帽石厚度	+10 mm	沿挡土墙连续长度≤100 m抽样检验3处	尺量
3	帽石宽度	±20 mm	沿挡土墙连续长度≤100 m抽样检验3处	尺量
4	顶面高程	±20 mm	沿挡土墙连续长度≤100 m抽样检验3点	测量仪器测量
5	起讫里程	±100 mm	不同结构长度检查2处	测量仪器测量、尺量

7.7　土　钉　墙

7.7.1　加固原理及适用条件

土钉墙是由天然土体通过土钉墙就地加固并与喷射混凝土面板相结合，形成一个类似重力挡墙以此来抵抗墙后的土压力，从而保持开挖面的稳定。

土钉墙技术通过在土体内放置一定长度和分布密度的土钉体与土共同作用，弥补土体自身强度的不足。通过相互作用，土体自身结构强度潜力得到充分发挥，改变了边坡变形和破坏的性状，显著提高了整体稳定性。它不仅有效地提高了土体的整体刚度，弥补了土体抗拉、抗剪强度低的弱点。更重要的是土钉墙受荷载过程中不会发生素土边坡那样的突发性塌滑，土钉墙不仅延迟塑性变形发展阶段，而且具有明显的渐进性变形和开裂破坏，不会发生整体性塌滑。

土钉墙不仅应用于临时支护结构，而且也应用于永久性构筑物，当应用于永久性构筑物时，宜增加喷射混凝土面层的厚度并适当考虑其美观，主要适用于有一定黏结性的杂填土、黏性土、粉土、黄土与弱胶结的砂土边坡，以及地下水位低于开挖层或经过降水使地下水位低于开挖高程的情况。对于塑性指数 $I_p>20$ 的土，必须注意仔细评价其蠕变特性后方可采用。

对于标准贯入击数(N)低于10击的砂土边坡及含水丰富的粉细砂层、砂卵石层、没有临时自稳能力的淤泥土层不宜采用。同时土钉不适宜在腐蚀性土如煤渣、煤灰、炉渣、酸性矿物废料等土质做永久性支挡结构。

7.7.2　主要施工机械设备

主要施工机械设备：挖掘机、水平地质钻机、水泥浆液搅拌机、压浆机、湿喷机、混凝土搅拌站、空压机、装载机、自卸汽车。

7.7.3 原材料控制

(1)水泥:选用符合现行国家标准的硅酸盐水泥、普通硅酸盐水泥、矿渣硅酸盐水泥、火山灰质硅酸盐水泥。

①水泥进场时,应有产品合格证及检验报告单,应对水泥的品种、标号、包装、数量、出厂日期等进行检查验收,并对其强度、安定性进行试验,其质量必须符合标准。

②同厂家、同品种、同批号、同等级、同出场日期水泥组成检验批。散装水泥每 500 t 为一批,袋装水泥每 200 t 为一批。不足上述数量时,亦按一批计。

③每批应进行强度、安定性、凝结时间试验,其取样及试验方法应符合《硅酸盐水泥、普通硅酸盐水泥》(GB 175—2007)、《水泥标准稠度用水量、凝结时间、安定性检验方法》(GB 1346—2011)和《水泥细度检验方法 筛析法》(GB 1345—2005)的有关规定。

④出厂日期超过 3 个月或受潮的水泥,必须经试验确定其符合要求后,方可使用。

⑤严禁使用已结块变质的水泥。

(2)砂:宜采用中粗砂,砂的质量标准应符合混凝土工程相应材料的质量标准。

(3)碎石:选用的碎石应质地坚硬、洁净、粒形及级配良好。碎石的颗粒级配、压碎指标、针片状颗粒含量应符合《铁路混凝土工程施工质量验收标准》(TB 10424—2010)等的规定。

(4)水:砂浆拌和用水必须新鲜、洁净、无污染,宜选用饮用水。如无饮用水使用,可采用抽取江水经净化处理后作为施工用水。

(5)钢筋:钢筋进场时,应有产品合格证和检验报告单;进场时必须按批次抽取试件做力学性能和工艺性能试验,其质量应符合《钢筋混凝土用钢 第 1 部分:热轧光圆钢筋》(GB 1499.1—2008)和《钢筋混凝土用钢 第 2 部分:热轧带肋钢筋》(GB 1499.2—2007)等的规定。

(6)土钉钢材的品种、规格、性能应符合设计要求;下料后应做调直、除污处理,并焊接定位支架,在腐蚀环境下钢筋表面应按设计要求进行处理。

7.7.4 施工工艺及控制要点

1. 施工工艺流程(图 7.7.4)
2. 施工工艺

土钉墙应按“自上而下,分层开挖,分层锚固,分层喷护”的原则组织施工,并及时挂网喷护,不应使坡面长期暴露风化失稳。分层开挖高度应按坡面土质允许暴露的时间结合土钉排距确定,土层宜为 0.5～2 m,岩层宜为 1.0～4.0 m。

(1)开挖整理坡面

开挖应选用对坡面扰动较小的施工机具和施工方法。在开挖中,应防止上部和上下两层连接处局部失稳。发生局部超挖时,应采用混凝土或浆砌片石回填。坡角及坡面平整光滑,坡角未达到设计要求的则应进行修整。当遇有上层滞水影响时,可在坡面上插放泄水管,以减少滞水对坡面的压力。

(2)初喷

为使挖好的坡面不产生垮塌,凡挖好的坡面需立刻进行混凝土喷射,以使表层固结。

(3)钻孔

采用钻机成孔,成孔直径应大于设计要求。在成孔过程中,需将孔中的残土清除,确保有

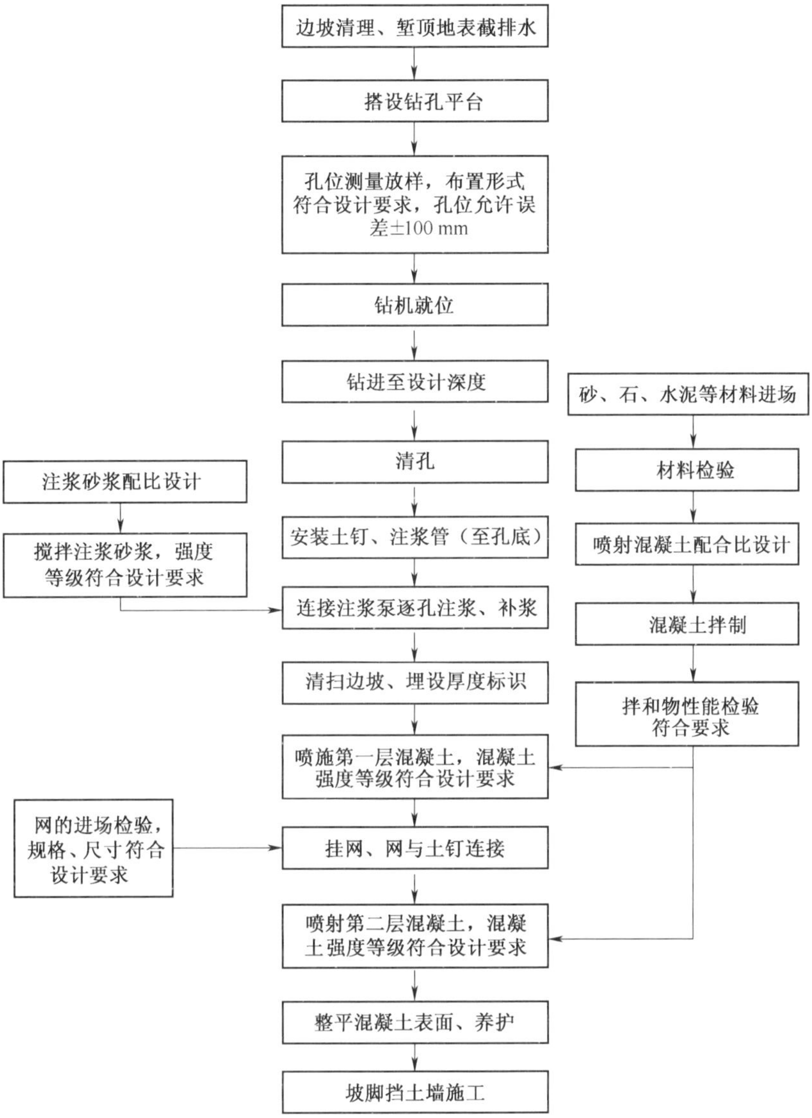

图7.7.4　土钉墙施工工艺流程图

效孔深，才能保证下道注浆工艺的质量。在土层中钻孔时严禁向孔内灌水，防止坍孔、缩孔。

(4)土钉安装

为保证土钉能定位于孔的中心位置，应设置定位支架，定位支架的高度要确保使锚筋能够居中。

插筋前应检查锚筋，包括长度、注浆管是否有漏浆等。插筋时应抬起后部使之与成孔角度相同，徐徐插进，防止碰坏孔壁。锚筋插入孔后锚筋外露部分长度应满足设计要求。

(5)注浆

注浆应采取孔底注浆法，砂浆应按设计配合比拌制，随拌随用。灌浆孔管应插至距孔底0.05～0.1 m处，并随水泥砂浆的注入逐渐拔出。注浆应自孔底一次性有压注浆，中途不应停浆，注浆压力应达到设计或试验时确定的压力，不宜小于0.2 MPa。孔内注浆时应一直到孔口流出新鲜浆液后方可停止注浆，确保注浆饱满密实，并在浆液初凝前进行二次补浆。浆体的充盈系数应大于1.0。

注浆压力应达到设计或试验时确定的参数，当砂浆注至孔口时立即减压为零，以免在孔口形成喷浆。注浆管拔出孔口后要立即用制作好的封口板塞紧孔口，注浆结束。开始注浆前、中途停顿或作业完毕后需用水冲洗管路，以防浆体凝固影响下次灌注的质量。

(6)挂网

喷射混凝土护面前，应按设计要求挂网，并预留伸缩缝和泄水孔。挂网采用钢筋网时，网片间搭接宜采用焊接。土钉外端与钢垫板或加强钢筋应采用螺丝端杆锚具或焊接进行连接。

(7)喷射混凝土

施工前应清除坡面较大松动土石、浮土，并用混凝土将裂缝、凹坑嵌补牢实、平整。岩体表面应冲洗干净，土体表面应平整、密实、湿润，并应埋设喷射混凝土厚度标识。

喷射混凝土前应进行现场喷射试验，确定配合比、风压、喷射距离和角度，控制喷层质量，减少回弹量。喷射混凝土的强度应符合设计要求。

喷射作业应自下而上进行，并逐排作圆周绕动。喷层厚度大于7 cm时，应分两层喷射。喷层厚度应均匀，厚度不应小于设计值。网与土钉头不应外露。喷层周边与未防护坡面的衔接处应作好封闭处理，防止水从缝隙渗入。喷射过程中应采取有效措施防止泄水孔堵塞。

喷射混凝土的拌和料应在规定时间内喷射完毕，喷射后2 h内应开始养护。

3. 控制要点

(1)注浆采用的水泥浆或水泥砂浆应按工艺试验确定的参数配制，砂应采用级配合理的中、粗砂，含泥量不应大于3%。水泥浆或水泥砂浆的强度应符合设计要求。

(2)土钉墙施工前应按设计要求进行注浆工艺试验、土钉抗拉拔试验，验证设计参数，确定施工工艺参数。

每种土层须做3根非工作土钉抗拔试验，试验采用破坏性试验，在试验钉上进行抗拔试验直至破坏，用以确定极限荷载，并据此估算土钉的界面极限黏结强度。试验采用分级连续加载。根据试验得出的极限荷载，可算出界面黏结长度的实测值。

(3)土钉孔注浆后应及时养护，养护期间严禁敲击、摇动钢筋。

(4)坡脚墙混凝土应与土钉钢筋网和喷射混凝土面层结合紧密。坡脚墙基坑施工应尽快完成，同时应采取措施防止基坑被水浸泡。

7.7.5 质量检测

(1)土钉孔的布置形式和土钉的长度应符合设计要求。土钉的长度按土钉总数的10%检验。

(2)土钉孔锚固砂浆强度等级应符合设计要求，其施工和检验应符合《铁路混凝土工程施工质量验收标准》(TB 10424—2010)的有关规定。

(3)钉孔注浆应采用孔底注浆法，注浆应饱满。

(4)土钉孔位、孔深、间距和挂网钢筋间距的允许偏差按表7.7.5-1检测。

(5)挂网采用土工合成材料时，其铺设范围、搭接宽度的允许偏差按表7.7.5-2检验。

表 7.7.5-1　土钉孔位、孔深、间距和挂网钢筋间距的允许偏差、检验数量及检验方法

序号	项　目	允许偏差	施工单位检验数量	检验方法
1	孔位	100 mm	土钉总数的 10%	尺量
2	孔深	$^{+50}_{0}$ mm	土钉总数的 10%	尺量
3	间距	±50 mm	土钉总数的 10%	尺量
4	挂网钢筋间距	±20 mm	挂网面积的 5%	尺量

表 7.7.5-2　土工合成材料的铺设范围、搭接宽度的允许偏差、检验数量及检验方法

序号	项　目	允许偏差	施工单位检验数量	检验方法
1	铺设范围	$^{+100}_{0}$ mm	每 100 m 等间距检查 3 点	尺量
2	搭接宽度	$^{+50}_{0}$ mm	每 100 m 等间距检查 3 点	尺量

(6)坡脚墙墙身前边缘距线路中线距离、墙身厚度、顶面高程、泄水孔间距、起讫里程、沉降缝位置和宽度的允许偏差按表 7.1.5-5 检验。

(7)坡脚墙墙面垂直度、斜度、平整度的允许偏差按表 7.1.5-6 检验。

(8)墙后反滤层透水土工布搭接方式和宽度应符合设计要求，搭接宽度允许偏差 +50 mm。现场施工时每条搭接缝抽样检验 3 处。

7.8　抗　滑　桩

7.8.1　加固原理及适用条件

抗滑桩是深入土层或岩层的柱形构件。边坡处治工程中的抗滑桩是通过桩身将上部承受的坡体推力传给桩下部的侧向土体或岩体，依靠桩下部的侧向阻力来承担边坡的下推力，而使边坡保持平衡或稳定。

抗滑桩按结构型式分类，有单桩、排桩、群桩和有锚桩。排桩型式常见的有椅式桩墙、门式刚架桩墙、排架抗滑桩墙，其结构形式如图 7.8.1-1 所示。有锚桩常见的有锚杆和锚索，锚杆有单锚和多锚，锚索抗滑桩多用单锚，其结构形式如图 7.8.1-2 所示。

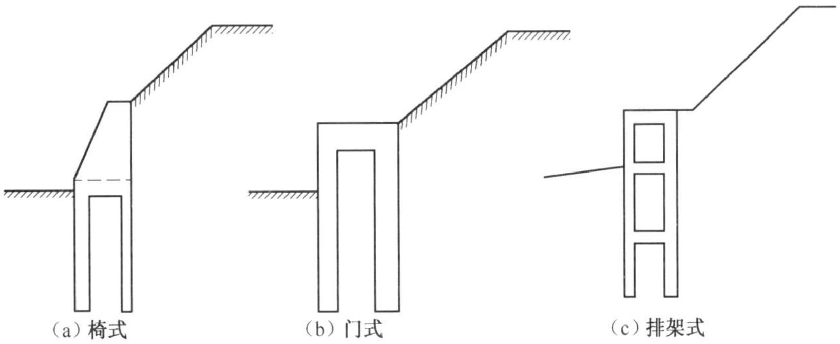

图 7.8.1-1　抗滑排桩形式

抗滑桩适用于浅层和中厚层的滑坡，是一种抗滑处理的主要措施。但对正在活动的滑坡

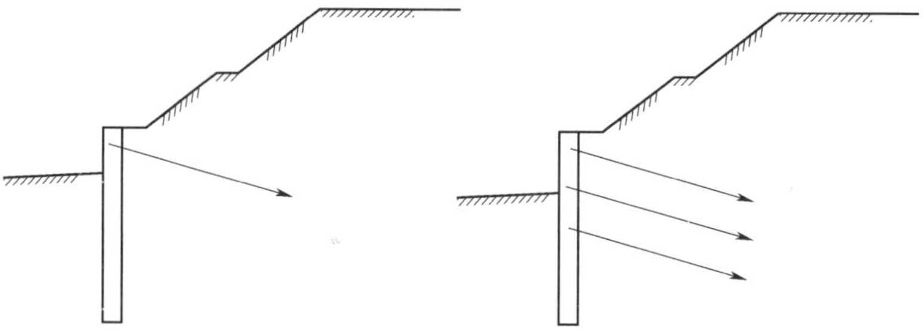

(a) (b)

图 7.8.1-2 有锚抗滑桩

打桩阻滑需要慎重,以免因震动而引起滑动。

7.8.2 主要施工机械设备

主要施工机械设备:变压器、空压机、卷扬机、滚筒式搅拌机、风钻、风镐、钢筋调直机、抽水机、钢筋切割机、电焊机捣固棒等。

7.8.3 原材料控制

(1)抗滑桩所采用的砂为中(粗)砂,0~4 cm 的碎石,Ⅱ级钢筋,42.5 普通硅酸盐水泥。

(2)原材料进场时对其进行抽样检查,看其出场合格证证书及试验报告均要符合设计要求。

(3)钢筋、水泥原材料进场以后必须妥善保存,以免受到雨水的侵蚀,从而保证其强度质量。

7.8.4 施工工艺及控制要点

1. 施工工艺流程(图 7.8.4)

2. 施工工艺

(1)桩孔位置平整场地,清除表土;对坡面有裂隙或坍塌倾向部位采用削坡减载或注浆加固;桩孔外侧挖好排水沟,做好排水系统,及时排除地表水。

(2)抗滑桩施工前应整平孔口地面,设置地表截、排水及防渗设施。孔口应做好锁口,孔口地面以上加筑适当高度的围埂,孔口附近不应堆放重物,不应有重型设备、载重汽车等重活载走行。孔口应搭设雨棚。

(3)抗滑桩施工应制定挖孔作业和撤离人员的专项安全技术措施,设置对滑坡变形、移动的观测标桩并制定观测方案。

(4)开挖时应做好孔内排水和通风,确保挖孔作业安全。开挖及支护应尽量避免在雨期施工,严禁在桩顶以上边坡设置施工便道。分节开挖的每节高度应根据地质情况合理选择,每节高度宜为 0.6~2.0 m,并及时灌注混凝土护壁。护壁混凝土应紧贴围岩灌注,灌注前应清除孔壁上的松动石块、浮土。地层较松软、破碎或有水时,分节不宜过长。

严禁在土石层变化处或滑动面处分节。开挖应在上一节护壁混凝土拆模后进行。开挖孔径应符合设计要求,装渣不得超出盛渣器皿上边沿,孔内垂直提升运输吊具应采用有自锁功能的绞架。孔下爆破应采取减震措施。弃渣不应堆放在滑坡范围内。

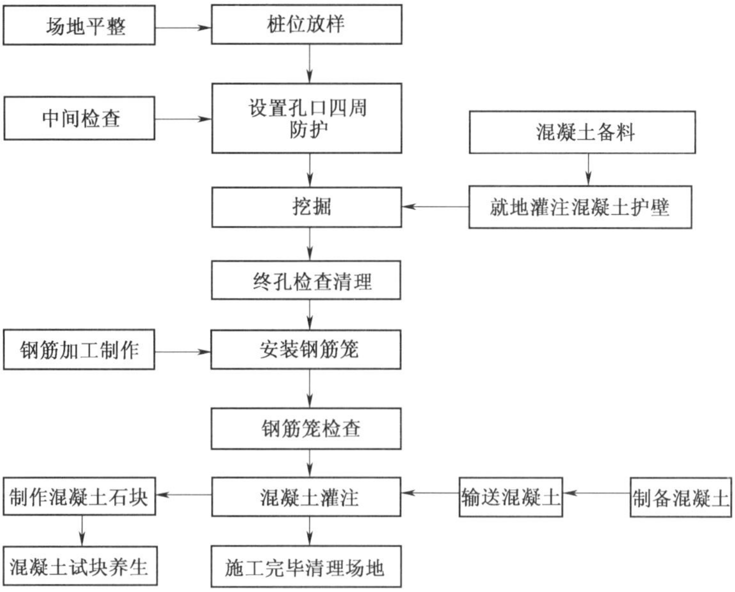

图 7.8.4　抗滑桩施工工艺流程图

(5)混凝土浇筑前,应检查桩孔基底及断面尺寸,凿毛混凝土护壁,清理孔底的松动石块、浮土,抽干积水,并应检查净空断面尺寸,符合要求后安装钢筋笼。钢筋笼宜预先绑扎成笼,可在桩孔内搭接,搭接接头不应设在土石分界或滑动面处。抗滑桩钢筋骨架安装就位后,应采取固定措施避免上浮。钢筋笼绑扎时应按设计要求同时绑扎声测管,浇筑混凝土时应采取措施避免声测管堵塞。地下水发育时,应按水下混凝土灌注法施工。桩的受力钢筋混凝土保护层不应小于 70 mm。

(6)桩间支挡结构及桩相邻的挡土、排水设施、排水纵坡应符合设计要求,并与抗滑桩配套完成。抗滑桩顶面及周围应按设计要求用混凝土或砂浆抹面封闭,封闭面应保持一定的排水坡度,避免积水。

3. 施工要点

(1)桩孔开挖施工中应及时记录地质剖面、滑动面位置,填绘地质柱状图。

(2)在滑动面处的护壁应予以加强。在承受较大推力护壁和锁口的混凝土中应增加钢筋。

(3)在围岩松软、破碎和有滑动面的节段,应在护壁内顺滑动方向用临时横撑加强支护,并经常观察其受力情况,及时进行加固。当发现横撑受力变形、破损而失效时,孔下施工人员必须立即撤离。

(4)开挖桩群应从两端向滑坡主轴隔桩开挖,混凝土灌桩 1 d 后才可开挖邻桩。

(5)滑坡体有滑动迹象或需要加快施工进度时,宜采用速凝、早强混凝土。

7.8.5　质量检测

(1)抗滑桩孔型桩孔尺寸、桩底持力层的岩土性质、桩身混凝土强度等级、桩顶封闭及排水设施所用混凝土(砂浆)强度等级应符合设计要求,桩基础桩身混凝土应连续、完整;检验数量和检验方法如表 7.8.5-1 所示。

表 7.8.5-1 抗滑桩桩孔尺寸、桩底持力层岩质、混凝土强度、桩身完整性检验数量和检验方法

序号	检验项目	检验数量	检验方法
1	孔型、桩身断面尺寸	每个桩孔检验 5 个断面	观察，尺量或检孔器检测
2	桩底持力层的岩土性质	全部检验	现场鉴别和记录
3	桩身、封闭混凝土强度	每 100 m^3 留样试件 1 组	《铁路混凝土工程施工质量验收标准》(TB 10424—2010)
4	桩身完整性	全部检查	低应变动力检测、声波透射或其他无损检测方法

(2)桩孔中心位置、孔底高程、桩孔垂直度和抗滑桩顶面高程的允许偏差按表 7.8.5-2 检验。

表 7.8.5-2 桩孔中心位置、孔底高程、桩孔垂直度的允许偏差、检验数量及检验方法

序号	项目	允许偏差	检验数量	检验方法
1	中心位置	纵向±100 mm;横向$^{+100}_{-50}$ mm	每根桩	测量仪器测量、尺量
2	孔底高程	±50 mm	每根桩	测量仪器测量、尺量
3	桩孔垂直度	1%	每根桩	吊线、尺量
4	抗滑桩顶面高程	±50 mm	每根桩	测量仪器测量

(3)抗滑桩钢筋骨架安装尺寸的允许偏差按表 7.8.5-3 检验。

表 7.8.5-3 抗滑桩和桩孔护壁钢筋骨架安装尺寸的允许偏差、检验数量及检验方法

序号	项目	允许偏差	检验数量	检验方法
1	钢筋骨架长度	±100 mm	全部检验	用钢尺量
2	主筋间距	±5 mm	每个钢筋骨架抽样检验 15 点	用钢尺量
3	钢筋骨架直径	±20 mm	每个钢筋骨架抽样检验 15 点	用钢尺量
4	箍筋间距	±20 mm	每个钢筋骨架抽样检验 20 点	用钢尺量
5	钢筋骨架垂直度	2%	全部检验	吊线实测

7.9 桩板式挡土墙

7.9.1 加固原理及适用条件

桩板式挡土墙系钢筋混凝土结构，由桩及桩间的挡板两部分组成如图 7.9.1 所示，利用桩深埋部分的锚固段的锚固作用和被动土抗力，维护挡土墙的稳定，适宜于土压力大，墙高超过一般挡土墙限制的情况，地基强度的不足可由桩的埋深得到补偿。可作为路堑、路肩和路堤挡土墙使用，也可用于处治中小型滑坡，多用于岩石地基。

由于土的弹性抗力较小，设置桩板式挡土墙后，桩顶处可能产生较大的水平位移或转动，因而一般不宜用于土质地基，若需要用于土质地基，宜在桩的上部(一般可在桩顶下 0.29H 处，H 为墙高)设置锚杆(或锚索)，以减小位移和转动，提高挡土墙的稳定性。桩板墙结构如图 7.9.1 所示。

7.9.2 主要施工机械设备

主要施工机械设备：风动空压机、风钻、潜孔钻机、提升装备、运输车辆、汽车吊、钢筋加工

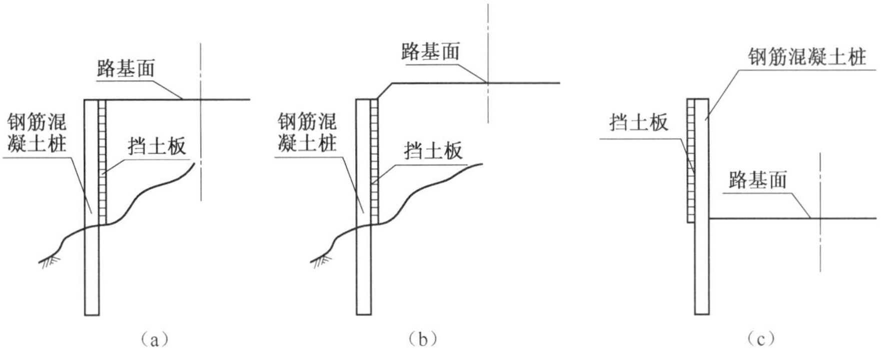

图7.9.1　桩板式挡土墙结构图

机具。

7.9.3　原材料控制

(1)钢筋的品种、规格，抗滑桩混凝土所使用水泥、粗骨料、细骨料、外加剂等原材料的品种、规格、质量应符合设计要求，其进场检验应符合《铁路路基工程施工质量验收标准》(TB 10414—2003)附录E的规定。检验合格后方可施工。

(2)墙后填料的种类、质量应符合设计要求，应符合《铁路工程土工试验规程》(TB 10102—2010)的有关规定。

7.9.4　施工工艺及控制要点

1. 施工工艺流程(图7.9.4)

2. 挡土板预制

挡土板采用工厂或就地预制，构件在运输过程中要采取有效措施防止构件破损，面板在运输和堆放时要竖立不可平放堆叠。预制挡土板应待其混凝土强度达到设计强度的75%以上方可进行吊装和运输。

3. 桩孔挖孔施工

(1)桩孔位置平整场地，清除表土；对坡面有裂隙或坍塌倾向部位采用削坡减载或注浆加固；桩孔外侧挖好排水沟，做好排水系统，及时排除地表水。

(2)挖孔桩施工前应整平孔口地面，设置地表截、排水及防渗设施。孔口应做好锁口，孔口地面以上加筑适当高度的围埂孔口附近不应堆放重物，不应有重型设备、载重汽车等重活载走行。孔口应搭设雨棚。

(3)开挖时应做好孔内排水和通风，确保挖孔作业安全。开挖及支护应尽量避免在雨期施工，严禁在桩顶以上边坡设置施工便道。分节开挖的每节高度应根据地质情况合理选择，每节高度宜为0.6～2.0 m，并及时灌注混凝土护壁。护壁混凝土应紧贴围岩灌注，灌注前应清除孔壁上的松动石块、浮土。地层较松软、破碎或有水时，分节不宜过长。

(4)严禁在土石层变化处或滑动面处分节。开挖应在上一节护壁混凝土拆模后进行。开挖孔径应符合设计要求，装渣不得超出盛渣器皿上边沿，孔内垂直提升运输吊具应采用有自锁功能的绞架。孔下爆破应采取减震措施。弃渣应指定位置堆放。

4. 桩身混凝土浇筑

(1)钢筋加工和焊接应满足验标要求，每节钢筋笼按设计配筋，在同一截面上钢筋接头的

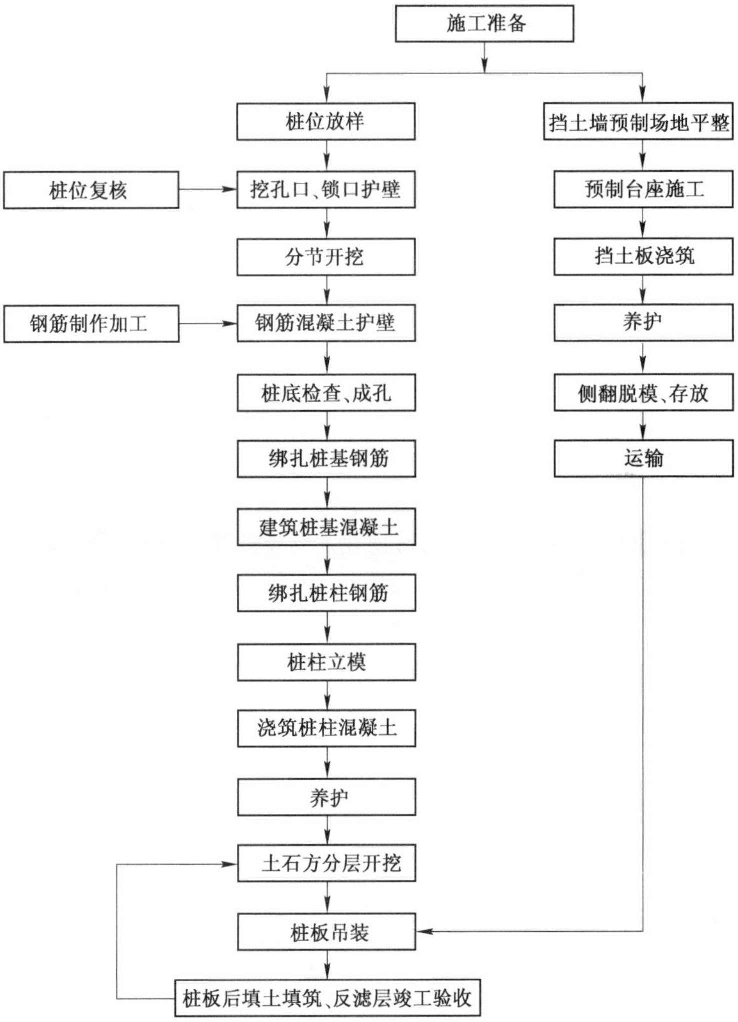

图 7.9.4 桩板式挡土墙施工流程图

截面积不得超过 50%。为防止钢筋笼在搬运和下井过程中变形,每节钢筋笼宜增设直径 25～28 mm 加劲箍筋,保护层垫块数量及间距应满足验标要求。

(2)模板安装完毕后,应对其平面位置、顶部高度、节点联系及稳定性进行检查,检查合格后方可灌注混凝土。

(3)灌注混凝土前,应全面地进行复查,确定模板内的杂物、积水已处理干净。混凝土灌注时应利用溜槽和串筒输送混凝土到井下,插入式振捣棒进行捣固。桩身混凝土应一次性灌注成型,避免出现水平施工缝。

5. 挡土板安装

(1)桩身混凝土强度达到设计强度后方可开挖和安装挡土板,进行墙背填土或开挖桩前土体。滑坡地段桩间土体应间隔开挖,并从上至下逐层开挖,随挖随安装挡土板。挡土板后填土应随挡土板安装随即分层填筑、压实,填料应符合设计要求。

(2)桩间为土钉墙或喷锚支护时,桩间土体应分层开挖、分层加固。当锚固桩上部设有多排锚索(杆)时,应等上一排锚索(杆)施工完成后,方可开挖下一层的桩间土体。安装挡土板时，应按设计要求同时施作防排水设施及反滤层。

(3)挡土板施工时严格控制挡土板的垂直度，并使挡土板外露面平整，最后用钢垫板与桩身预埋件进行锚固焊接。

(4)挡土板安装缝应均匀，平顺美观。

(5)待桩前挡土板全部施工结束后，进行桩身及桩身与挡土板连接处灌注封闭混凝土，应保证挡土板与桩身的连接密贴，外观整齐如一。

6. 控制要点

(1)挡土板进场应进行检验，其结构尺寸和混凝土强度等级应符合设计要求，且外观光洁、无裂纹、露筋、掉角等缺陷。

(2)上部桩身模板表面应平整、光滑、形状、尺寸正确，有足够的强度和刚度。桩身地上部分预埋铁件或翼缘的规格、尺寸、数量应符合设计要求。

(3)桩板式挡土墙加锚索(杆)时，墙后填土压实时不应直接碾压锚索(杆)。

7.9.5　质量检测

(1)桩身地上部分预埋铁件或翼缘的规格、尺寸、数量应符合设计要求，桩身混凝土地上部分应轮廓清晰，无蜂窝、麻面现象，抗滑桩桩孔、桩身和桩板顶面封闭层施工质量按第 7.8.5 节检测。

(2)挡土板钢筋工程、混凝土工程应符合设计要求，其质量依照《铁路混凝土工程施工质量验收标准》(TB 10424—2010)的有关规定检验。

(3)挡土板与锚固桩间应连接牢固，并符合设计要求，悬挂式挡土板与锚固桩的连接处理应符合设计要求，现场进行全部检验。

(4)路堤挡土墙加筋土挡土墙墙后路基、墙顶封闭层的填料、填筑应符合设计要求，其质量和检验按其所处路基部位分别检验。

(5)路堑挡土墙挡土板背后填料的性质应符合设计要求，沿线路连续挡土墙每≤100 m 填筑过程中，按《铁路工程土工试验规程》(TB 10102—2010)规定的方法抽样检验 1 次。

(6)路堑挡土墙挡墙背填筑应分层压实，其压实质量应符合设计要求。按《铁路工程土工试验规程》(TB 10102—2010)规定的试验方法和现场施工划分的段落，每段每填层检查 3 点。

(7)当设计有墙背反滤层时，反滤层施工应随墙背回填同时进行，施工质量按第 7.1.5 节第 3 条检验。

(8)挡土板尺寸的允许偏差按表 7.9.5 检验。

表 7.9.5　挡土板尺寸的允许偏差、检验数量及检验方法

序号	项　目	允许偏差	施工单位检验数量	检验方法
1	长度	$^{+10}_{-5}$ mm	全部检查	尺量
2	宽度及厚度	±5 mm	全部检查	尺量

7.10　预应力锚索

7.10.1　加固原理及适用条件

1. 作用原理

主要是通过锚索将软弱松动、不稳定的岩土体悬吊在深层稳定的岩土体上，以防止其离层滑脱，一方面可直接在滑面上产生抗滑阻力，另一方面通过增大滑面上的正应力来增大抗滑摩擦阻力，从而提高边坡岩土的整体性和稳定性。

2. 适用条件

预应力锚索适用于构造发育的岩质路堑高边坡、顺层及滑坡地段、软硬质岩互层路堑高边坡地段等边坡加固工程和深大基坑支护工程。

当坡面为强度高且较完整的岩质边坡时，设锚墩锚固；当坡面为土质或风化岩层时，应配合锚梁、方格形或十字形框架梁使用。锚索施工结构如图 7.10.1-1～图 7.10.1-4 所示。

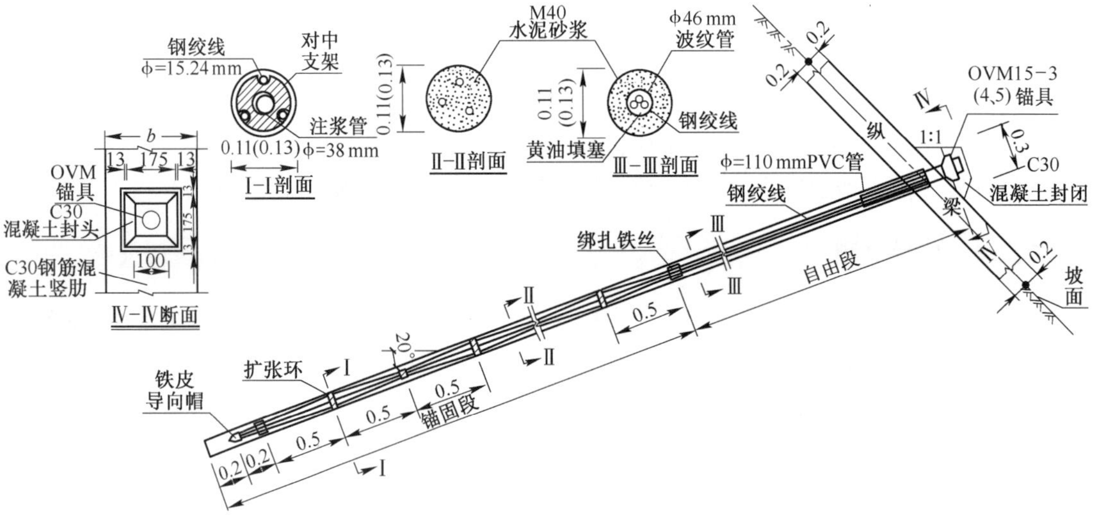

图 7.10.1-1 **一次注浆锚索体结构**(单位：m)

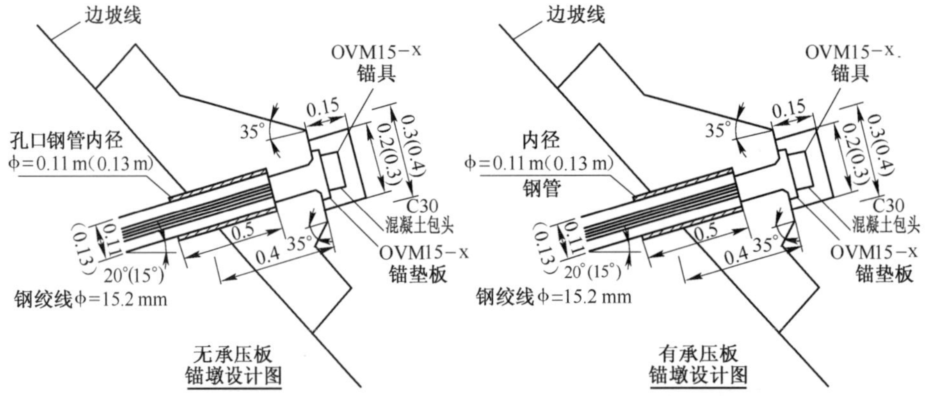

图 7.10.1-2 **坡面锚墩**(单位：m)

7.10.2 主要施工机械设备

由于锚索施工都是立体交叉，互为制约，故机械的作业效率要求高，考虑大多数锚索作业都是在脚手架上进行，所以要顾及设备的轻型化，由于施工地点一般均较偏僻，交通不便，故要求备件用品必须充分。

锚杆钻机配置应根据地质情况、孔径、孔深及地形条件等选取。

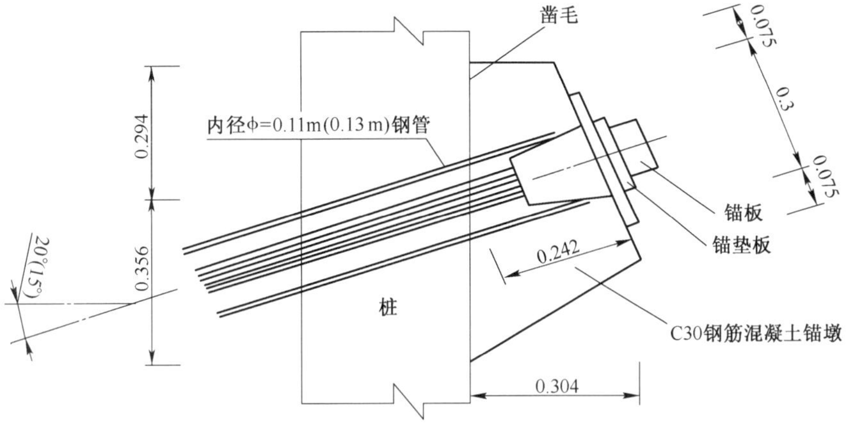

图 7.10.1-3　**桩上锚墩**(单位:m)

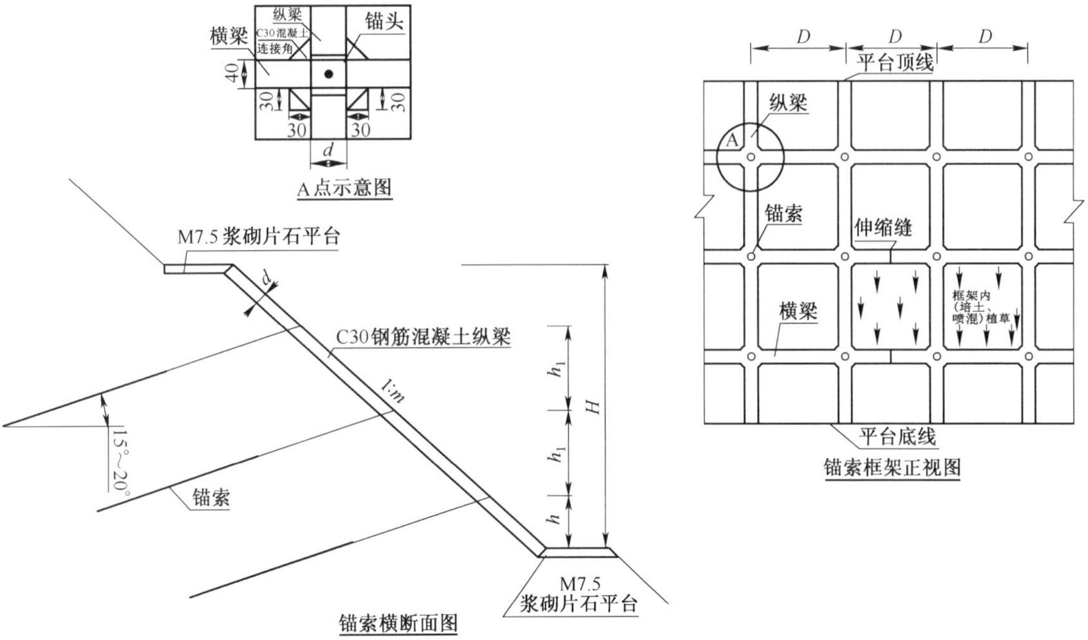

图 7.10.1-4　**框架梁**(预应力锚索)

锚索体张拉应配备油压千斤顶和高压油泵、油表,张拉系统应校准合格,精度应符合 2 级要求。

锚索力切割应配备砂轮切割机,锚固注浆应配备灌浆机。钢绞线切割应配备砂轮切割机,锚固注浆应配备灌浆机。框架梁、锚墩、紧固头垫墩、封锚等现浇混凝土施工应配备搅拌站、混凝土运输车、汽车泵、振捣及钢筋加工设备。锚杆(锚索)框架梁防护施工机械应包括钻孔、清孔、张拉、注浆、混凝土浇筑等设备。

预应力锚索施工主要机械技术参数如表 7.10.2 所示。

表 7.10.2 预应力锚索施工机械主要技术参数表

序号	机械名称	项 目	单位	技术参数	备 注
1	钻机	钻深	m	大于设计深度	
2	空压机	容积流量	m^3/min	≥6	
		工作压力	MPa	≥6	
3	灌浆机	工作压力	MPa	0～10	
		工作排量	L/min	0～90	
4	双桶搅拌机	拌缸容积	m^3	≥0.3	
5	砂轮切割机	—	—	满足使用要求	
6	对焊机	额定容量	kV·A	≥750	
7	千斤顶	吨位	t	$\geqslant 1.1P_{max}$	P_{max}—最大张拉力
8	高压油泵	油压表精度	级	1.0 级以上	
		油压表最大读数		张拉力的 1.5～2.0 倍	
		油压表量程		工作油压的 1.25～2.0 倍	

7.10.3 原材料控制

(1)进场的每批钢绞线和水泥要有出厂合格证并做复试。

(2)防护涂料与套管材料的技术特性和钻孔、注浆、张拉机械设备及锚具、夹具、垫板的选型,品种、规格、质量等均应符合设计要求。

(3)锚具、锚塞(夹片)、垫板的品种、规格、质量应符合设计要求。

(4)锚索注浆所用水泥、砂、外加剂等原材料的品种、规格、质量应符合设计要求。

(5)垫块预制及混凝土封闭所用水泥、钢筋、粗骨料、细骨料等原材料的品种、规格、质量应符合设计要求。

7.10.4 施工控制要点

1. 施工工艺流程(图 7.10.4)

2. 施工工艺

(1)锚孔测量放样

边坡施工边挖边加固,即开挖一级,防护一级,不得一次开挖到底。根据各点工程立面图,按设计要求,将锚孔位置准确测放在坡面上,孔位偏差应满足设计及验标要求。如遇既有刷方坡面不平顺或特殊困难场地时,需经设计认可,在确保坡体稳定和结构安全的前提下,适当放宽定位精度或调整锚孔定位。

(2)钻机就位

锚孔钻进施工,搭设满足相应承载能力和稳固条件的脚手架,根据坡面测放孔位,准确安装固定钻机,并严格认真进行机位调整,确保锚孔位置、钻孔倾角和方向符合设计及验标要求。

(3)钻进方式

钻孔要求干钻,不能采用水钻,以确保锚索施工不致于恶化边坡岩体的工程地质条件和保证孔壁的黏结性能。钻孔速度根据使用钻机性能和锚固地层严格控制,防止钻孔扭曲和变径,

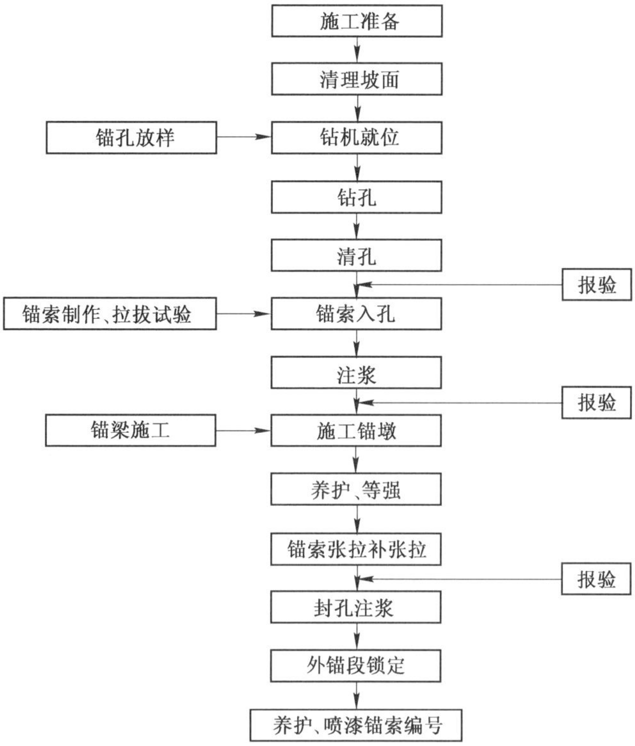

图7.10.4　预应力锚索施工工艺框图

造成下锚困难或其他意外事故。

(4)钻进过程

钻进过程中对每个孔的地层变化,钻进状态(钻压、钻速)、地下水及一些特殊情况作好现场施工记录。如遇塌孔缩孔等不良钻进现象时,须立即停钻,及时进行固壁灌浆处理,待水泥砂浆初凝后,重新扫孔钻进。

(5)孔径孔深

钻孔孔径、孔深要求不得小于设计值。为确保锚孔直径,要求实际使用钻头直径不得小于设计孔径。为确保锚孔深度,要求实际钻孔深度大于设计深度0.2 m以上。

(6)锚孔清理

钻进达到设计深度后,不能立即停钻,要求稳钻1～2 min,防止孔底缩孔而达不到设计要求。钻孔孔壁必须清理干净,不得有沉渣及水体黏滞,在钻孔完成后,使用高压空气(风压0.2～0.4 MPa)将孔内岩粉及水体全部清除出孔外,以免降低水泥砂浆与孔壁岩土体的黏结强度。除相对坚硬完整之岩体锚固外,不得采用高压水冲洗。若遇锚孔中有承压水流出,待水压、水量变小后方可下安锚筋与注浆,必要时在周围适当部位设置排水孔处理。如果设计要求处理锚孔内部积聚水体,一般采用灌浆封堵二次钻进等方法处理。

(7)锚孔检验

钻孔结束后,须经检验合格后,方可进行下道工序。孔径、孔深检查一般采用设计孔径、钻头和标准钻杆验孔。验孔时,钻头应平顺推进,不产生冲击或抖动,钻具验送长度满足设计锚孔深度,退钻要求顺畅,用高压风吹验不存明显飞溅尘渣及水体现象。同时复查锚孔孔位、倾角和方位。

(8)锚索体制作及安装

锚索制作时，其长度应增加 1.5 m 的外露张拉段。锚索自由段按设计涂防腐涂料，锚索束每隔 1.0 m 用细铁丝绑扎，涂刷防锈油，套上波纹管，管内注满黄油，两端封闭，外绕工程胶布封闭固定；也可以采用每单根钢绞线套一根 PVC 塑料保护管，两端 10～20 cm 范围内注满黄油，外绕工程胶布封闭固定。锚索锚固段每隔 1.0～1.5 m 设一个扩张环，扩张环可用聚氯乙烯塑料板加工而成，保证锚索体保护层厚度不小于设计要求，每两个扩张环中间用细铁丝绑扎锚索。

(9)锚固注浆

注浆采用一次注浆，采用孔底返浆法，水泥砂浆标号应满足设计要求。实际注浆量一般应大于理论的注浆量，一般以锚具排气孔不再排气且孔口浆液溢出浓浆作为注浆结束的标准。如一次注不满或注浆后产生沉降，要补充注浆，直至注满为止。注浆结束后，将注浆管、注浆枪和注浆套管清洗干净，同时做好注浆记录。水泥砂浆达到设计规定时，方可进行张拉。

(10)地梁制作

地梁采用混凝土整体浇筑，混凝土强度应满足设计要求。如锚索与竖梁箍筋相干扰，可局部调整箍筋的间距。混凝土浇筑，尤其在锚孔周围，钢筋较密集，可采用小直径振捣棒加强振捣，保证质量。

(11)锚索张拉及锁定、封锚

结合设计要求，通过现场张拉试验，确定张拉锁定工艺。锚索张拉一般分五级进行，各级张拉力分别为设计张力的 25%、50%、75%、100%及 110%，每级间隔时间 2～5 min，最后一级间隔 30 min，并分别记录每级张拉时钢绞线的伸长量。克服徐变等因素造成的预应力损失，在设计张拉完成 6～10 d 后再进行一次补偿张拉，然后加以锁定。

补偿张拉后，从锚具量起，留出长 5～10 cm 钢绞线，其余部分截去，须用机械切割，严禁电弧烧割。最后用水泥净浆注满锚垫板及锚头各部分空隙，然后对锚头采用混凝土进行封锚。

7.10.5　质量检测

(1)锚索孔的布置形式及间距、锚索孔的孔径和深度、锚索的规格和组合形式应符合设计要求；锚索安装前应按设计要求除锈、除油污，剔出有死弯、机械损伤、锈坑的钢绞线；施工质量按表 7.10.5-1 检验。

表 7.10.5-1　锚索孔的布置形式及间距、锚索孔的孔径和深度、锚索的规格和组合形式检验

序号	检验项目	检验数量	检验方法
1	锚索孔的布置形式及间距	全部检验	观察、尺量
2	锚索孔的孔径、深度	全部检验	施工单位采用设计孔径的钻头和标准钻杆推进锚索孔，推进平顺且不产生冲击或抖动，钻具验送长度满足设计锚索孔深度，退钻顺畅
3	锚索的规格、组合形式	全部检验	观察，尺量锚索长度

(2)锚孔注浆应采用孔底注浆法，注浆压力应符合设计要求，施工现场通过压力表读数和观察进行检查，保证注浆密实；注浆体强度等级应符合设计要求，每 30 孔制取 1 组试件(6 块)，不足 30 孔亦制取 1 组试件进行抗压强度试验。

(3)锚索预应力张拉和锁定应符合设计要求,按表7.10.5-2检验。

表7.10.5-2　锚索预应力张拉和锁定检验

序号	检验项目	检验数量	检验方法
1	锚具、锚塞(夹片)、垫板安装位置	全部检验	钢尺、卡尺量测
2	最终张拉力	全部检验	锚索预应力张拉应分级加力,读测力计数据并记录
3	张拉伸长量	全部检验	锚索张拉实际伸长值与计算伸长值之差不得超过±6%,尺量,记录,计算
4	滑(断)丝总数	全部检验	观察、计数,滑(断)丝总数不得超过钢丝总数的5‰,且1束内滑(断)丝不超过1根
5	锚索回缩量及锚塞(夹片)外露量	全部检验	尺量

(4)锚索张拉完成7 d后,应对其拉力和外观进行复查,复查合格后方能截除多余的锚索,进行最后的锚固作业,锚具最终锁定时,锚索回缩量及锚塞(夹片)外露量应符合设计要求。

(5)垫块及封闭混凝土强度等级应符合设计要求,其施工质量按照《铁路混凝土工程施工质量验收标准》(TB 10424—2010)的有关规定检验。

(6)锚索孔位置、倾角的允许偏差按表7.10.5-3检验。

表7.10.5-3　锚索孔位置、倾角的允许偏差、检验数量及检验方法

序号	项　目	允许偏差	检验数量	检验方法
1	位置	±100 mm	每个锚索孔	测量仪器测量、尺量
2	倾角	1%	每个锚索孔	导杆法量

(7)锚具底座顶面与锚孔轴线应互相垂直,锚头部分应按设计要求涂刷防腐剂,现场进行全部检验。

(8)垫块尺寸的允许偏差按表7.10.5-4检验。

表7.10.5-4　垫块尺寸的允许偏差、检验数量及检验方法

序号	项　目	允许偏差	检验数量	检验方法
1	长度	±5 mm	每批成品抽样检验10%,且不少于3件。每件检查2处	尺量
2	宽度	±5 mm	每批成品抽样检验10%,且不少于3件。每件检查2处	尺量
3	高度	±5 mm	每批成品抽样检验10%,且不少于3件。每件检查2处	尺量

7.11 质量通病及防治措施

支挡结构质量通病及防治措施如表7.11所示。

表7.11 支挡结构质量通病及防治措施表

序号	现象	原因分析	预防措施	备注
1	混凝土表面缺浆、粗糙、凸凹不平，但无钢筋和石子外露	1. 模板表面在混凝土浇筑前未清理干净，拆模时混凝土表面被粘损； 2. 未采用同一型号模板，夹杂其他类型模板； 3. 模板表面脱模剂涂刷不均匀，造成混凝土拆模时发生粘模； 4. 模板拼缝处不够严密，混凝土浇筑时模板缝处砂浆流走； 5. 混凝土振捣不够，混凝土中空气未排除干净	1. 模板表面认真清理，不得沾有干硬水泥砂浆等杂物； 2. 采用同一型号模板； 3. 混凝土脱模剂涂刷均匀，不得漏刷； 4. 振捣必须按操作规程分层均匀振捣密实，严防漏捣，振捣手在振捣时掌握好止振的标准:混凝土表面不再有气泡冒出	
2	混凝土局部酥松，石子间几乎没有砂浆，出现空隙，形成蜂窝状的孔洞	1. 混凝土配合比不准，原材料计量错误； 2. 混凝土未能充分搅拌，和易性差，无法振捣密实； 3. 未按操作规程浇筑混凝土，下料不当，发生石子与砂浆分离造成离析； 4. 漏振造成蜂窝； 5. 模板上有大孔洞，混凝土浇筑时发生严重漏浆造成蜂窝	1. 采用电子自动计量拌和站拌料，每盘出料均检查混凝土和易性;混凝土拌和时间应满足其拌和时间的最小规定； 2. 混凝土下料高度超过两米以上应使用串筒或滑槽； 3. 混凝土分层厚度严格控制在30 cm之内;振捣时振捣器移动半径不大于规定范围;振捣手进行搭接式分段，避免漏振； 4. 仔细检查模板，并在混凝土浇筑时加强现场检查	
3	混凝土结构内有孔洞，局部没有混凝土，或蜂窝巨大	1. 钢筋密集、预埋件密集，混凝土无法进入，无法将模板填满； 2. 未按顺序振捣混凝土，产生漏振； 3. 混凝土坍落度太小，无法振捣密实； 4. 混凝土中有硬块或其他大件杂物，或有其他工、用具落入； 5. 不按规定程序下料，或一次下料过多，来不急振捣造成	1. 粗骨料最大粒径应满足规范要求； 2. 防止漏振，专人职班检查； 3. 保证混凝土的流动性符合现场浇筑条件，施工时检查每盘到现场的混凝土，不合格坚决废弃不用； 4. 防止砂、石中混有黏土块或冰块等杂物;防止杂物落入正浇筑的混凝土中如发现有杂物应马上进行清理	

续上表

序号	现　象	原　因　分　析	预　防　措　施	备注
4	预制板、混凝土结构直边处、棱角处局部掉落，有缺陷	1. 混凝土浇筑后养护不好，边角处水分散失严重，造成局部强度低，在拆模时造成前述现象； 2. 模板在折角处设计不合理，拆模时对混凝土角产生巨大应力； 3. 拆模时野蛮施工，边角处受外力撞击； 4. 成品保护不当，被车或其他机械刮伤	1. 加强养护工作，保证混凝土强度均匀增长； 2. 设计模板时，将直角处设计成圆角或略大于90°； 3. 拆模时精心操作，避免边角受外力撞击； 4. 按成品防护措施防护，防止意外伤害	
5	挡墙竖向裂缝、泄水孔堵塞或泄水管不排水等	1. 挡墙竖向裂缝或变形缝不竖直； 2. 泄水孔堵塞、底层泄水管过高	1. 严格按设计要求或方案合理设置变形缝； 2. 按设计要求设置反滤层，并严格控制施工质量	
6	挡局部位置应力集中	短卸荷板安装不水平	安装短卸荷板前，先铺一层2 cm厚水泥砂浆，并认真检查不平整位置是否已经填平	短卸荷板挡土墙
7	锚杆抗拔力不够	孔内有积水、粉尘、石渣等	使用高压风将孔内无积水、粉尘、石渣，确保锚杆压浆与岩层密贴	锚杆挡土墙、预应力锚索、土钉墙
8	锚定板倾斜	板后填土压实不当	填料的含水率应等于或接近于最佳含水率，分层填筑，每层厚度以20～30 cm为宜，碾压次数，严格按照试验确定数据进行，靠近挡土板应使用小型夯实设备	锚定板挡土墙、加筋土挡土墙
9	注浆不饱满	注浆管没有插至孔底	注浆前检查注浆管长度及埋置深度，严格按照配合比配置浆液，确保浆液浓度	锚杆挡土墙、预应力锚索、土钉墙
10	锚墩开裂	混凝土不密实	加强施工过程中振捣	预应力锚索

第8章　边坡防护

8.1　植物防护

8.1.1　加固原理及适用条件

植物防护是利用植物的根系根茎发达、缠绕性强和耐湿、耐干旱、耐水淹的特性来加固边坡的稳定性，防止边坡冲刷，兼有美化环境的功能。

植物防护一般应在考虑气候、土壤、立地类型的基础上，选择干旱、瘠薄、根系发达、覆盖度好、易于成活、便于管理、兼顾景观效果的草本或木本植物，确保既能适应当地土地条件，又能满足铁路绿化的要求。在选择植物种类时要坚持生物多样性，多科属结合，乔、灌、草结合。在路堑边坡上应考虑采用不同草种或草灌混栽技术，一年生草本（或越年生）与多年生草本搭配，再混栽一定比例的灌木或小型乔木。

植物防护主要包括移植草皮、人工种草（植草或撒草籽）、喷播植草、土工网垫植草、喷混植生、栽植灌木和乔木等类型，其适用范围如表 8.1.1 所示。

表 8.1.1　边坡常用植物防护类型及适用条件

植物防护类型	适用条件	
	边坡性质	边坡坡率
草、灌木种子播种	土质边坡	不大于 1∶1.25
草块移植	土质和强风化、全风化的岩石边坡	不大于 1∶1
栽植灌木、乔木	土质、软质岩和全风化的硬质岩石边坡	不大于 1∶1.5
喷混植生	漂石土、块石土、卵石土、碎石土、粗粒土和强风化、弱风化的岩石路堑边坡	不大于 1∶0.75
客土植生	漂石土、块石土、卵石土、碎石土、粗粒土和强风化的软质岩及强风化、全风化的硬质岩石路堑边坡，或由其弃渣填筑的路堤边坡	不大于 1∶1

植物防护现场照片如图 8.1.1 所示。

图 8.1.1　植物防护现场照片

8.1.2　主要施工机械设备

主要施工机械设备:运输车、喷播机、水泵、修枝剪、喷雾打药机等。

8.1.3　原材料控制

1. 植物的选择

植物播种前应进行种子发芽率试验或植株移植试验。植物防护的种类应符合设计要求,并适合当地生长条件,选用根系发达、枝叶茂盛,并能迅速生长的低矮灌木。路堤坡脚外侧根据路堤高度选择乔木或灌木,路堑坡面(含平台)不应栽植乔木。植物选择还应符合下列规定:

(1)植物适应环境,抗逆性强,可抵抗公害、病虫害,易养护。

(2)不得使用未经风险评估的外来物种。

(3)不产生其他环境污染,不应成为传播病虫害的中间媒介。

(4)易成活、生长快、萌根性强、茎矮叶茂、覆盖度大、根系发达。

(5)风沙、盐碱地和水湿地区的树种应分别具有相应的抗性;在干旱、半干旱地区可分别选用耐干旱的灌木树种、中小乔木树种;严重风蚀、干旱地区应选择根系发达、耐风蚀、耐干旱的树种;适宜灌木生长的地区应优先选择灌木树种。

(6)位于城镇和临近景区时可选择具有景观效果的植物。

(7)铁路用地界内不应种植油脂性植物。

(8)草籽应选用根系发达茎矮叶茂且适于本地区成活的多年生草种,草皮应选用带状或块状草皮,草皮厚度不易小于 10 cm。

2. 物料配置

种植基材、喷播混合料及客土的配置应依据当地土壤、气候条件选定由有机物、速效肥、长效肥、保水剂、土性改良剂组成的喷播物料,并通过试验分析确定物料的配合比。

8.1.4　施工工艺及控制要点

1. 施工工艺流程(图 8.1.4)

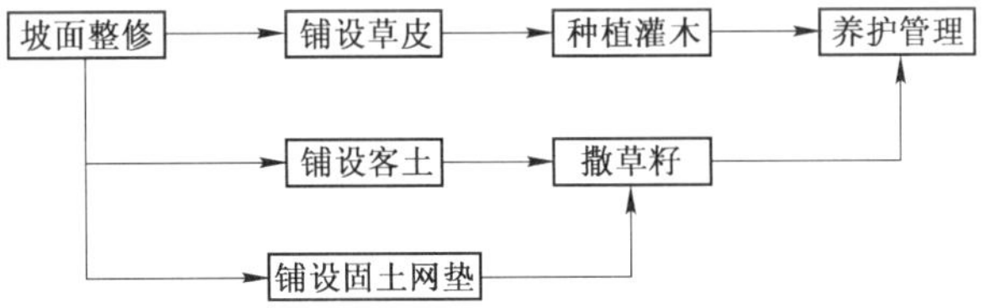

图 8.1.4　植物防护施工工艺流程图

2. 施工工艺

(1)施工准备

①植物坡面防护宜选择在春、秋季节,气候温暖,湿度较大的季节进行。不应在暴雨季节、大风和高温条件下施工。

②认真复核设计图,发现坡面不适宜当地条件生长的植物,应及时调整植物种类。

③充分了解设计意图,编制好施工组织设计、施工工艺设计;向作业人员做好技术交底。按计划组织设备、材料和人员的进场。

(2)修整坡面

植物种植前应对边坡坡面进行清理整平，清除有碍植物生长和坡面稳定的杂物、危石。施用底肥时应以有机肥为主，均匀撒布或条施、穴施。

(3)种草

①铺草皮：草皮厚度不宜小于 10 cm，铺草皮应从坡脚向上错节铺设，用木锤将草皮的斜边拍紧拍平，使其接缝密贴。每块草皮四角各钉竹钉桩一个，桩长度一般为 30～40 cm，钉时与坡面垂直，并露出草面不超过 2 cm。

②人工种草(植草或撒草籽)：人工植草，植草前应先挖孔穴，然后选择成活率高的草种种植。撒草籽，草籽撒播之前，对坡面应做修整，草籽应均匀撒播。对不利于草类生长的土质，应在坡面先铺一层 10～15 cm 厚的种植土。

③喷播植草：根据施工作业面土壤或岩面性质、当地气候条件、施工季节，并结合各种植物生长特性选择植物的种子，并增加当地类似地貌上的乡土植物种子，使次生植被在今后的数年内逐渐与自然生态植被融合。乔、灌木种子应先浸种 1 d，草本植物种子在喷播前浸种 1～2 h 使种子吸水湿润即可。将处理好的种子与纤维、黏合剂、保水剂、复合肥、缓释肥、微生物菌肥等经过搅拌机搅拌混匀成喷播泥浆，采用喷播机均匀喷洒在坡面上。

④土工网垫植草：土工网垫铺设前应对坡面进行修正，铺设土工网垫自路肩至坡脚进行。挂路肩时，挖成 10 cm×5 cm(宽×深)的沟槽，把网垫钉在沟槽内，然后回填土并整平夯实成原路肩高程标准。

土工网垫应顺坡面铺设，搭接不小于 30 cm。搭接部分每隔 1 m 左右采用不短于 15 cm 竹钉垂直固定。铺设时应与坡面密贴，上下边按 L 形埋入土中。

在网垫上回填 2～3 cm 细颗粒土，将网包盖住。根据不同地理位置及当地气候特征选择适宜的草种均匀播种，并使草子进入土壤之中。草籽播种后填表土，表土覆盖深度以盖住网垫为主。三维土工网施工应选择在雨期前 3～4 个月进行，以利于草籽生长。

⑤种植灌木：栽植前应挖孔穴，口径约 15 cm，深度约 20 cm。注意孔穴挖好后必须及时种植，以保证穴内土壤湿度，栽后应及时洒水养护。

(4)养护管理

①植物防护施工完成后应采用无纺布(或稻草帘)覆盖，预防成型后的作业面被雨冲刷，保温保湿，促进植物的生长。

②植物种子从出芽至幼苗期间，必须浇水养护，保持土壤湿润。每天早晨浇一次水，炎热夏季早晚各浇水一次，浇水时应将水滴雾化，随后随植物的生长可逐渐减少浇水次数，并根据降水情况调整。在植物逐渐生长过程中，对其适时施肥和防治病虫害，施肥坚持“多次少量”的原则。

③喷播完成后 1 个月，应全面检查植草生长情况，对生长明显不均匀的位置予以补播。

(5)质量控制要点

①边坡修整完后，应保证坡面内无石块、方便袋等杂物，影响植物成活率。

②选择适宜的时间种草，并及时完成种植。

③肥料施肥应全部覆盖种植范围，从而保证植物的生长状况。

④保障植被快速成型及生态稳定性。以客土为主的喷混基层的厚度必须满足植物安全生长的极限需求。石质边坡上喷混植生后，60 d 能全面覆盖，1 年灌草立体生态成型。

8.1.5 质量检测

(1)边坡植物防护的防护范围应符合设计要求，并应沿坡面连续覆盖，施工现场全部检验。

(2)边坡客土填筑方法、客土厚度、边坡坡率应符合设计要求，现场沿线路每侧边坡连续每100 m抽样检验5个断面，每个断面上、中、下检验3点。

(3)固土网垫的铺设范围、连接方式和固定方式应符合设计要求。

(4)喷混植生锚杆孔深、间距、长度的允许偏差按表8.1.5-1检验。

表8.1.5-1 喷混植生锚杆孔深、间距、长度的允许偏差

序号	检验项目	允许偏差	检验数量	检验方法
1	锚杆孔深	−50 mm	按每坡面锚杆数量的10%抽样检验	尺量
2	锚杆间距	±50 mm		
3	锚杆长	−30 mm		

(5)锚杆布置形式和锚杆长度、锚头及锚杆未锚入土层部分除锈和防锈处理、注浆体强度等级、锚杆抗拔力应符合设计要求，施工按表8.1.5-2检验。

表8.1.5-2 锚杆布置形式和锚杆长度、锚头及锚杆未锚入土层部分除锈和防锈处理、注浆体强度等级、锚杆抗拔力检验数量和检验方法

序号	检验项目	检验数量	检验方法
1	锚杆布置形式、锚杆长度	全部检验	观察锚杆布置形式，尺量锚杆长度
2	锚头及锚杆未锚入土层部分除锈和防锈处理	全部检验	观察
3	注浆体强度等级	注浆地点随机每工班抽样3组，必要时留取同条件试件	《水泥胶砂强度检验方法(ISO法)》(GB/T 17671—1999)
4	锚杆抗拔力	抽样检验锚杆总数的3%	锚杆抗拔力试验

(6)喷射基材厚度应满足设计要求。现场沿坡面每10 m长抽样检验1个断面，每个断面检查3点，采用预埋标志尺量喷层厚度，有疑问的凿孔尺量。

(7)植物防护覆盖率、成活率按表8.1.5-3检验。

表8.1.5-3 植物防护覆盖率、成活率及检验方法

序号	项目			覆盖率(%)	成活率(%)	检验数量	检验方法
1	一般地区	植草防护	土质路基边坡	85	—	每段护坡每100 m长抽样检验3条带	尺量、计面积
2			石质路基边坡	70	—		尺量、计面积
3		种植藤本植物、灌木防护	土质路基边坡	—	80		点数、统计计算
4			石质路基边坡	—	70		点数、统计计算
5	旱地地区	植草防护	土质路基边坡	65	—		尺量、计面积
6		种植藤本植物、灌木防护		—	70		点数、统计计算
7	寒冷地区	植草防护	土质路基边坡	80	—		尺量、计面积
8			石质路基边坡	70	—		尺量、计面积
9		种植藤本植物、灌木防护	土质路基边坡	—	75		点数、统计计算
10			石质路基边坡	—	70		点数、统计计算

注：1条带指边坡上从顶至底带宽为3 m的护坡。

(8)固土网垫铺设的允许偏差按表8.1.5-4检验。

表 8.1.5-4 固土网垫铺设的允许偏差、检验数量及检验方法

序号	检验项目	允许偏差	施工单位检验数量	检验方法
1	搭接宽度	$^{+30}_{0}$ mm	沿线路纵向每 100 m 抽样检验 5 处	尺量
2	上、下边埋入土深度	不小于设计值		
3	回转长度	不小于设计值		
4	固定钉长度	不小于设计值		
5	固定钉间距	+50 mm		

(9)喷混植生防护各部的允许偏差按表 8.1.5-5 检验。

表 8.1.5-5 喷混植生防护各部的允许偏差、检验数量及检验方法

序号	检验项目	允许偏差	施工单位检验数量	检验方法
1	平面位置	±50 mm	每段护坡抽样检验 4 点	采用符合精度要求的仪器量测
2	底面高程	±50 mm	每段护坡抽样检验 3 点	
3	坡顶高程	$^{0}_{-20}$ mm	每段护坡抽样检验 3 点	
4	坡　度	0.5%	每段护坡抽样检验 3 点	吊垂线
5	挂网搭接宽度	±50 mm	每个搭接缝检查 3 点	尺量

注:每段护坡长不足 50 m 按 50 m 计。

8.1.6 质量通病及防治措施

植物防护目前存在的通病是植物成活率低。为了确保成活率,在选择植物苗种时,必须选择一些根系发达的幼苗。同时应注意植物的养护,坡面应经常撒水,以保持种植土的湿润,直至植物发芽成活。植物生长期间必须做好防虫工作,定期给植物喷洒杀虫药物,种植时追加底肥,生长期间也要按期施肥,从而提高植物的成活率。

8.2 防护林植树

8.2.1 加固原理及适用条件

选择具有固碳释氧、蒸腾降温、滞尘、水源涵养、固土保肥等功能的植物,建设铁路防护林,进行生态建设,恢复森林植被景观,确保高速铁路运行安全。

铁路防护林建设具有明显的地域性,全国各地差异化较大,建设时需根据铁路沿线的气候、水文、地质特点,确定生态效益指标,合理选择物种。

8.2.2 主要施工机械设备

主要施工机械设备:运输车、水泵、修枝剪、喷雾打药机等。

8.2.3 原材料控制

树(草)种应选择生长良好、固沙能力强的当地沙漠植物。乔木、灌木树种选择应满足下列规定:

(1)乔木应选择耐瘠薄、干旱、严寒、风蚀、沙割、沙埋,且生长快、根系发达、分枝多、冠幅大、繁殖容易、抗病虫害的树种。

(2)灌木应选择防风固沙效果好、抗旱性能力强、不怕沙埋、枝条繁茂、萌蘖力强的树种。

(3)植物配置种植形式应考虑不同的绿化功能要求,可采用孤植、对植、列植、丛植、林带、绿篱、棚架、垂直绿化、树坛、花坛、草坪、盆栽等各种形式。

8.2.4　施工工艺及控制要点

(1)施工工艺流程:挖坑→植树入穴→回填施肥→浇水→围圃→养护管理。

(2)施工工艺及控制要点

①树穴开挖:一般在运取苗木前1～2 d进行。种植穴的大小依土球及根系情况而定,带土球的应比土球大16～20 cm,穴的深度一般比球高度稍深10～20 cm,栽植裸根苗木应保护根系充分舒展,树穴必须保证上下口径一致,避免出现上大下小的"锅底坑",挖出的表土、心土应分别堆放。

②植树入穴:将苗木的根系或土球放入树穴内,使其居中再将树木立起,保证垂直,然后分层回填种植土。一般每层20～30 cm,先填较肥沃的表土,填土后将树根稍向上一提,使根系舒展,用锨把将土捣实,直至填满穴坑。土痕应略平稍高于坑口,防止栽植后出现陷落、下沉,导致树干基部积水腐烂。坑土填平后,用余土环树,筑起拦水围堰并拍实以利浇水,高度不低于15 cm。

③苗木浇灌:新植苗木的浇灌应以天然水为佳,之后48 h之内必须浇上一遍水,第二遍水随后进行,第三遍水在第二遍水后5～10 d内进行。注意浇水必须浇足浇透,浇完第三遍后,应及时封堰,并在树干基部周围堆成20～30 cm高的土堆,以保持土壤内水分。

④苗木栽好后,应在树穴周围筑成高15～20 cm、内径大于树穴直径的土围;必要时,应对新植树木设置支柱及保护器,并适当修剪树枝。

⑤养护贯穿整个种植和保养期之间,确保所种植的树木在交付前能成功成活。种植完成后,配备充足的人力和物力,灌溉浇水。一般种植后每天浇水一次,一星期后3 d左右浇一次水,待苗木扎根成活后酌减。在养护期间,所有种植地点的莠草割低至离地不超过25 mm,并把割除草移至指定位置。根据种植树木的生长情况,施以缓慢释放的粒状肥料。树木被真菌或昆虫侵扰时,用有效的除菌剂或除虫剂处理。

对于受到各种灾害(包括水淹、干旱、病虫害等)以及养护不当或其他任何意外所造成植物的毁坏或死亡将重新种植并养护。

8.2.5　质量检测

(1)防护带宽、株距、行距允许偏差按表8.2.5检验。

表8.2.5　防护带宽、株距、行距允许偏差表

序号	检验项目	允许偏差	检验数量	检验方法
1	带宽	±5%	全部检验	尺量
2	株距、行距	±10%	全部检验	

(2)应尽量缩短起苗与栽苗之间的时间差,做到随起随栽。

8.2.6　质量通病及防治措施

植物成活率低。选择植物苗种时,应考虑当地水文、植被、气候、土质、生态环境等特点选

择适宜成长的物种。同时加强对植物的养护，定期给植物喷洒杀虫药物。

8.3 喷混植生防护

8.3.1 工艺原理及适用条件

喷混植生防护技术是指在稳定的岩质边坡上施工短锚杆，铺挂铁丝网或其他网状物，采用专门的喷射机，将拌和均匀的种植基材喷射到坡面，植物依靠基材生长发育的植物护坡技术。

它利用液态播种原理，将生命力强，且能满足各种绿化功能的植物种子经科学处理后与肥料、防土壤侵蚀剂、内覆纤维材料、保水剂、色素及水等按一定比例放入混料罐内。通过搅拌器将混合液搅拌至全悬浮状态后，利用离心泵把混合液导入软管，经喷枪喷播在边坡上，形成均匀覆盖层保护下的植物种子层，再铺设无纺布防护。

喷混植生防护技术既可单独用于土质坡面，强制绿化边坡形成植物护坡，亦可用于岩质边坡，在喷混植生、三维网植生等技术的种植基材施工完成后，进行植物种子喷植形成植物护坡。

8.3.2 主要施工机械设备

主要施工机械设备：喷射机、搅拌机、潜孔钻、运输车、抽水泵、发电机、空压机等。

8.3.3 原材料控制

土壤可因地选材，选择就近可以采集的黏土、黄土或砂土。但往往砂土、黄土、黏土的肥力不足，一般可用其他肥土以 1∶1 配合使用，土要干净无杂质、无杂草，保持干燥，并过筛去掉大的粗的颗粒以便于喷播使用。

有机质的使用主要是增加土的肥力和保证土壤的通气性，常用的有泥炭土、腐叶土、堆肥、锯木屑下谷壳、经充分发酵的家畜肥料等。

肥料主要使用化学肥料和有机肥，化学肥料多采用缓释复合肥，有机肥主要有鸡粪、家畜粪，但都必须经过充分的发酵，以免植物生长发育过程产生过多的病害。

保水剂可将偶然降雨迅速地吸收而膨胀成凝胶状将水分贮藏起来，干旱时便慢慢地释放给根系。一般采用吸水重复性好而使用寿命长的丙烯酰胺-丙烯酸盐共聚类的较大颗粒产品。

黏合剂、土壤改良剂、植物种子、金属网、锚杆等原材料应根据设计要求及当地气候、水文条件等选取。

8.3.4 施工工艺及控制要点

1. 施工工艺流程（图 8.3-4）

2. 施工准备

（1）核实图纸防护类型、形状、尺寸。

（2）核实路基稳定性，坡面平整度。对于岩石坡面，应清除坡面孤石、危石等安全隐患。

（3）确定施工工作段，进行场地布置，测量放样。

（4）选择满足设计要求的草籽和混合料，选择满足施工工艺的机械设备。

3. 边坡修整

边坡防护前对路基边坡面进行整修，将坡面上的碎石、土块、浮土、杂物等清除干净，坡面局部凹槽、坑洼嵌补平整，确保坡面平顺、无杂物，以保证喷混植生施工质量。

4. 打设锚杆、挂铁丝网

对于挂网喷混植生防护坡面，在完成边坡修整后，应严格按设计文件和有关技术规范要求，打锚杆、铺挂铁丝网。

(1)锚杆：锚杆为井字形布设，一般采用螺纹钢筋制作。锚杆直径、长度、间距满足设计要求，锚杆一般与坡面成70°～90°，采用风钻打锚杆孔，孔偏差不大于5 cm，采用M30水泥砂浆固定。

(2)铁丝网：采用镀锌铁丝三绞节机编网和钩花网，铁丝网用锚杆固定，三绞节机编网之间采用14～16号铁丝捆扎连接，两片钩花网之间必须搭接10 cm以上。

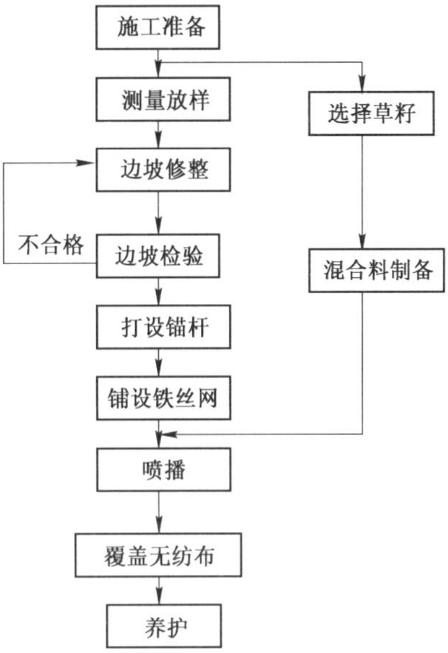

图8.3.4 喷混植生防护施工工艺流程图

5. 种植基材加工

(1)种植土干燥后运至加工处理场内，采用粉碎机粉碎至粉细土状，并进行筛分以保证最大粒径小于10 mm。

(2)根据试验确定的最佳配合比，在筛分后的种植土内掺入泥炭土、谷壳、锯末、水泥、pH缓解剂、有机长效肥、全效复合肥、保水剂、黏合剂后，用搅拌机搅拌均匀备用。

(3)加工处理好的基床材料，在使用前加强保管，避免雨淋，防止受潮。

6. 种植基材喷射

完成边坡挂铁丝网施工，经质量检测合格后，严格按有关技术规范和设计图纸要求，采用专用机械喷射种植基床材料。种植基床材料喷射施工：喷射施工可分块实施，根据边坡类型喷射厚度确保普通喷混植生3～5 cm、挂网喷混植生8～10 cm。

7. 植物种子喷播

在完成基材喷射后，采用液压喷播植草灌技术喷播植物种子。

8. 铺设无纺布

完成喷播施工后，应及时铺设外层覆盖材料——无纺布。一般边坡应铺设单层10～12 g/m^{2}规格的无纺布；高陡边坡、表土松散边坡以及非适宜季节施工的边坡，应铺设单层14 g/m^{2}规格或双层10 g/m^{2}规格的无纺布。无纺布铺设后，应采用U形铁丝钉及时固定，高堑坡或风口处还应在其上下压土(石)、中部拉绳加固。

9. 养护、检测

喷播基材后待表层略干，则加盖无纺土工布保湿养护。如连续干旱需喷水保湿，促进种子发芽，水宜喷透，但不能流失水分。干旱季节每周浇水一次，3个月后减少浇水，以促进植物根系向深处伸长。出苗后15～20 d雨后再追施复合肥，连续追施3～4次。30～45 d后待草苗长到一定高度时揭布，若草苗生长不均匀时应补喷种子浆。后期养护时靠自然雨水养护，若天气长期持续干旱则应适当予以浇水养护。在养护期,注意病虫害的防治。

10. 质量控制要点

(1)锚杆钻孔按设计要求,锚杆间距按设计要求布设,铺设时两网之间缝隙小于 3 cm。在网外层再加铺一层 14 g/m^2 的丙纶无纺布,无纺布应平顺紧贴坡面,无纺布之间不留缝隙,5%搭接后用 U 形铁丝钉固定。

(2)喷播基材及客土土源黏性强,不含任何砂性,添加的铺料严格按设计要求比例配制。

(3)在喷射施工时,在坡面上每 100 m^2 用钢筋设一指示桩控制喷射厚度,确保种植基材喷设的厚度和均匀性。

(4)在草灌种子发芽、幼苗生长期间进行浇水及病虫害防治等养护管理措施,确保植物顺利生长。

(5)喷播后如遭暴雨冲刷,雨停后应及时回填冲刷沟,同时进行补播覆盖,以防止冲刷加剧。

8.3.5 质量检测

(1)边坡防护的防护范围应符合设计要求,并应沿坡面连续覆盖,施工现场全部检验。

(2)喷混植生锚杆孔深、间距、长度的允许偏差按表 8.3.5-1 检验。

表 8.3.5-1 喷混植生锚杆孔深、间距、长度的允许偏差

序号	检验项目	允许偏差	检验数量	检验方法
1	锚杆孔深	−50 mm	按每坡面锚杆数量的 10%抽样检验	尺量
2	锚杆间距	±50 mm		
3	锚杆长	−30 mm		

(3)喷混植生锚杆布置形式和锚杆长度、锚头及锚杆未锚入土层部分除锈和防锈处理、注浆体强度等级、锚杆抗拔力应符合设计要求,施工按表 8.3.5-2 检验。

表 8.3.5-2 锚杆布置形式和锚杆长度、锚头及锚杆未锚入土层部分除锈和防锈处理、注浆体强度等级、锚杆抗拔力检验数量和检验方法

序号	检验项目	检验数量	检 验 方 法
1	锚杆布置形式、锚杆长度	全部检验	观察锚杆布置形式,尺量锚杆长度
2	锚头及锚杆未锚入土层部分除锈和防锈处理	全部检验	观察
3	注浆体强度等级	注浆地点随机每工班抽样 3 组,必要时留取同条件试件	《水泥胶砂强度检验方法(ISO 法)》(GB/T 17671—1999)
4	锚杆抗拔力	抽样检验锚杆总数的 3%	锚杆抗拔力试验

(4)喷射基材厚度应满足设计要求。现场沿坡面每 10 m 长抽样检验 1 个断面,每个断面检查 3 点,采用预埋标志尺量喷层厚度,有疑问的凿孔尺量。

(5)植物防护覆盖率、成活率按表 8.1.5-3 检验。

(6)喷混植生防护各部的允许偏差按表 8.3.5-3 检验。

表 8.3.5-3　喷混植生防护各部的允许偏差、检验数量及检验方法

序号	检验项目	允许偏差	检验数量	检验方法
1	平面位置	±50 mm	每段护坡抽样检验 4 点	采用符合精度要求的仪器量测
2	底面高程	±50 mm	每段护坡抽样检验 3 点	
3	坡顶高程	$^{0}_{-20}$ mm	每段护坡抽样检验 3 点	
4	坡　　度	0.5%	每段护坡抽样检验 3 点	吊垂线
5	挂网搭接宽度	±50 mm	每个搭接缝检查 3 点	尺量

注：每段护坡长不足 50 m 按 50 m 计。

8.3.6　质量通病及防治措施

喷混植生质量通病主要是植物成活率低。施工时应严格控制喷播厚度，并选择适应本地区自然环境的基质原材料配合比，严格按照配合比施工，确保基质的稳定性与通透性。

8.4　砌石防护

8.4.1　工艺原理及适用范围

片石防护有干砌片石和浆砌片石两种结构形式。通过片石防护，减少因雨水等自然因素引起的路基冲刷、土块、石块掉落，降低维护清理费用，确保铁路行车安全。

普通铁路路基防护工程中，对路肩、边坡坡面、边坡护脚等结构部位大多采用了片石防护，对于客运专线和高速铁路，在路基局部采用。

片石防护主要用于对植物不易生长的边坡或软质岩层相间的路堑边坡。

8.4.2　主要施工机械设备

主要施工机械设备：砂浆搅拌机、手推车、风镐等。

8.4.3　原材料控制

(1)片石规格、强度应符合设计要求，在每一料场抽样检验 2 组片石抗压强度试验，每 100 m坡面抽样检验 6 处片石规格。

(2)石料要求质地坚硬，不易风化，无裂纹。石料表面的污渍予以清除。

(3)片石形状不受限制，但其中部厚度不得小于 15 cm。用作镶面的片石宜表面平整、尺寸较大，边缘厚度不得小于 15 cm。

(4)砂浆强度等级应符合设计要求。

(5)砂浆要具有适当的流动性和良好的和易性。砂浆要随拌随用。

8.4.4　施工工艺及控制要点

1. 施工工艺流程(图 8.4.4-1)

2. 施工工艺及控制要点

(1)浆砌片石施工

①施工前对坡面进行修整。

②骨架护坡施工采取双向挂线控制骨架轴线，骨架铺砌时要先支模控制好拱圈的造型，使

骨架整体美观。

③基础采用人工开挖、整形，基坑采用小型机械夯实后，进行片石砌筑。

④浆砌片石采用挤浆法施工。施工时挂线作业，保证大面平顺，沟底平顺，坡度合理。砌筑时砂浆要饱满，强度要满足设计要求。上下层片石砌缝互相错开，杜绝通缝瞎缝等质量通病。

⑤勾缝：采用平缝或凹缝。勾缝前将砌体表面凿毛用水清洗干净，勾缝自上向下进行，勾缝要横平竖直，深浅一致，与岩体牢固结合，并不得有瞎缝、丢缝、裂纹和黏结不牢等现象，不得污染砌体表面。

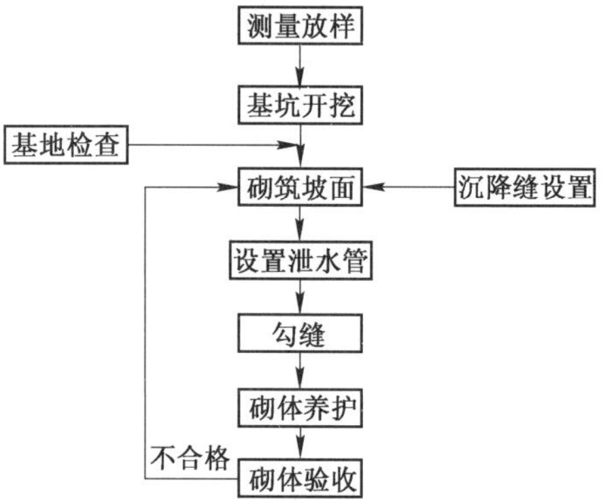

图 8.4.4-1 浆(干)砌片石边坡防护施工工艺流程图

⑥养生：在初凝后，及时洒水养生不少于 14 d，养生期间避免碰撞、振动和承重。

(2)干砌片石施工

①首先在坡面上每隔 5 m 钉立坡脚、坡中和坡顶木桩，顶面和侧面分别挂线，施工前进行微调。石料用自卸车运至现场，人工搬运到坡面上进行砌筑。

②干砌块石护坡砌筑时形成一个整体，以错缝锁结方式铺砌，缝隙紧密，严禁出现通缝、叠砌和浮塞，块石间契合紧密无松动。

③砌体缝口应砌紧，底部垫稳填实，严禁架空；所有前后的明缝均用小片石料填塞紧密。砌体外露面的坡顶及侧边，均选用较整齐的石块砌筑平整。

④砌体表面砌缝的宽度小于 20 mm，砌石边缘顺直、整齐牢固。

⑤坡面平顺美观，表面平整度符合规范要求，不得有凹陷凸肚现象。

(3)泄水孔设置

①泄水孔位置应符合设计及验标要求，最低泄水孔距地面一般为 60～80 cm，其他依次呈梅花状布置，间距一般为 1.5～2.0 m。要求布置有序，整齐美观。禁止随意布置现象。

②泄水孔孔径不得小于设计孔径，采用圆形为宜。

③预埋圆锥体形木棒，其长度比砌筑厚长 15～20 cm，直径为外大里小，里端直径等于设计值，外端直径比设计大 2～3 cm。

④泄水孔底应先用砂浆抹面找坡，禁止倒坡。如果条件允许，可埋设孔径不小于 10 cm 的塑料管(PVC)作泄水孔，做到边砌边设置泄水孔。护坡部分上、下、左、右每隔 2.0～3.0 m 交错设置泄水孔(采用直径 0.1 m PVC 管)，排水沟靠线路侧每隔 1.5～2 m 设一处泄水孔，管尾用透水土工布包裹。

(4)沉降(伸缩)缝施工

①沉降(伸缩)缝必须做到构筑物的基础、墙身及顶部的缝隙宽窄一致、上下垂直且在一个断面内，严禁相互错缝，宽窄不一，互相“咬合”现象。

②为控制砌筑尺寸、形状，保证沉降(伸缩)缝上下顺直，施工时，采用形状与砌体截面一致、厚度与缝厚一致的木架(称为皮数架)来控制缝的垂直度。

③为保证沉降(伸缩)缝宽度和不被杂物堵塞，采用一块长度比砌体最厚处长 10～15 cm、宽取 30～50 cm、厚度等于缝宽的木板(简称为沉降缝控制板)，随砌体自下而上移动，每移动一层，则马上用黏土将沉降缝填实，再继续上层砌筑。

④缝内填塞的材料必须防腐且有弹性，采用沥青浸泡。禁止采用未进行防腐处理的木板。

⑤当沉降缝一侧砌体已砌好，在砌筑另一侧砌体时，可在已砌好的砌体断面上抹上20～30 mm厚的泥巴，用于控制沉降缝的宽度。

⑥进行沉降（伸缩）缝外表处理时，根据设计尺寸、填塞材料和防水层要求，再把堵塞的黏土（巴）挖出一定深度（符合设计要求）后，进行沉降（伸缩）缝填塞及防水层施工。

⑦缝内填塞必须密实，防止渗漏现象。

（5）砌石防护施工现场（图8.4.4-2）

图8.4.4-2 砌石防护施工现场

8.4.5 质量检测

（1）砌体反滤层材料的设置应符合设计要求。

（2）砌体砂浆强度等级应符合设计要求。

每100 m^3砌体，应做1组砂浆强度检查试件。当水泥品种、强度等级或配合比等有变动时，均须另做相应试件。砂浆检查试件的抗压强度须符合下列要求：同批试件的强度平均值不小于设计值；任意1组试件的强度最低值不得小于设计值的85%。

（3）砌筑的浆砌片石（骨架）边坡防护应与边坡密贴、无空洞。

（4）沉降缝、伸缩缝的设置，缝宽与缝的塞封应符合设计要求。

（5）垫层材料应符合设计要求，铺设应平整、均匀、密实。

（6）浆砌（干砌）片石防护各部允许偏差及检验数量、检验方法如表8.4.5-1所示。

表8.4.5-1 浆砌（干砌）片石防护各部允许偏差及检验数量、检验方法

序号	项目	允许偏差	检验数量	检验方法
1	平面位置	±50 mm	4点/50 m坡长	经纬仪测
2	基底高程	±50 mm	3点/50 m坡长	水准仪测
3	坡顶高程	－20～0 mm	5点/100 m坡长	水准仪测
4	护肩，镶边及基础厚度、宽度	≥设计值	3组/50 m坡长	尺量，并查施工记录
5	坡率	±0.5%设计值	3点/50 m坡长	掉垂线
6	表面平整度	≤30 mm	3点100 m坡长	2.5 m长直尺量测
7	厚度	≥设计值	6处/50 m坡长	尺量

（7）骨架护坡各部允许偏差、检验数量及检验方法如表8.4.5-2所示。

表 8.4.5-2　骨架护坡各部允许偏差、检验数量及检验方法

序号	项　　目	允许偏差	检验数量	检验方法
1	平面位置	±50 mm	4 点/每段护坡	经纬仪测
2	基底高程	±50 mm	3 点/50 m 坡长	水准仪测
3	坡顶高程	−20～0 mm	5 点/100 m 坡长	水准仪测
4	护肩，镶边及基础厚度、宽度	≥设计值	3 组/50 m 坡长	尺量
5	踏步宽度、厚度	≥设计值	每踏步抽样检验一处	尺量
6	坡面平整度	≤30 mm	3 点 100 m 坡长	2.5 m 长直尺量测
7	骨架净距	±50 mm	每段护坡 每 50 m 长抽样检验 3 组	尺量
8	骨架宽度及边槽高度	≥设计值		尺量
9	骨架厚度及嵌置深度	≥设计值		尺量

8.4.6　质量通病及防治措施

质量通病及防治措施如表 8.4.6 所示。

表 8.4.6　砌石工程质量通病原因分析及预防措施

现　　象	原因分析	预防措施
浆砌石通缝，砌石工程各面石砌缝连通，尤其是在转角处及沉降处	1. 石块不规则，砌筑时又忽视左右、上下、前后的砌块搭接，砌缝未错开； 2. 施工间歇留斜槎不正确，未按规定留有斜槎，而留马牙形直槎	1. 加强石料挑选工作，注意石块左右、上下、前后的交搭，必须将砌缝错开，特别注意相邻的上下层错开； 2. 转角处及沉降缝处把丁顺叠砌改为丁顺组砌；施工间歇必须留斜槎，留槎的槎口大小要根据所使用的材料和组砌方法而定
浆砌石内部结构不牢，砌体内外两层皮互不联结，石块间砂浆粘接不牢，石块间砂浆不满，砌体结构松散	1. 石块间压、搭接少；未设丁石； 2. 砌筑未采用座浆法；不饱满； 3. 砂浆强度不够； 4. 每工作班砌筑高度超过规范规定	1. 优选石料，严格掌握灰缝大小在规范要求范围内； 2. 采用座浆法或挤浆法砌筑，严禁灌浆法； 3. 按配合比要求拌制砂浆，采用砂浆拌和机拌料； 4. 每工作班砌筑高度应按规定执行，石料表面清理干净
浆砌石大面不平凹凸不平，垂直度超出设计及规范标准，局部面石本身不平	1. 面石选石料不当； 2. 砌筑时未挂线或挂线不准或砌筑过程中未经常检查挂线偏差	1. 优选表面平整的石料做面； 2. 砌筑过程中必须挂线，经常检查挂线偏差； 3. 砌体较高时搭设脚手架，改善作业条件
勾缝砂浆在砌体完成不久即脱落	1. 勾缝砂浆质量不合要求；水泥用量过多或偏少； 2. 砌体灰缝过宽造成勾缝面积大收缩严重； 3. 勾缝时间落后于砌筑完成时间过多，底缝表面污染； 4. 勾缝后未及时养护	1. 严格控制勾缝砂浆质量； 2. 砌体灰缝控制在规范容许范围内； 3. 砌筑完成后马上进行勾缝，停留时间过久时在勾缝前认真进行表面清理； 4. 勾缝后及时、认真进行养护

续上表

现　　象	原因分析	预防措施
混凝土结构直边处、棱角处局部掉落，有缺陷	1. 混凝土浇筑后养护不好，边角处水分散失严重，造成局部强度低，在拆模时造成前述现象； 2. 模板在折角处设计不合理，拆模时对混凝土角产生巨大应力； 3. 拆模时野蛮施工，边角处受外力撞击； 4. 成品保护不当，被车或其他机械刮伤	1. 加强养护工作，保证混凝土强度均匀增长； 2. 设计模板时，将直角处设计成圆角或略大于 90°； 3. 拆模时精心操作； 4. 按成品防护措施防护，防止意外伤害

8.5　预制块防护

8.5.1　主要施工机械设备

主要施工机械设备：混凝土搅拌机 1 台、砂浆搅拌机 1 台、振动器等。

8.5.2　原材料控制

(1)混凝土所用材料规格、品种、技术条件应符合设计要求。

(2)砂浆强度等级不小于设计值。

(3)砂浆要具有适当的流动性和良好的和易性。砂浆要随拌随用。

8.5.3　施工工艺及控制要点

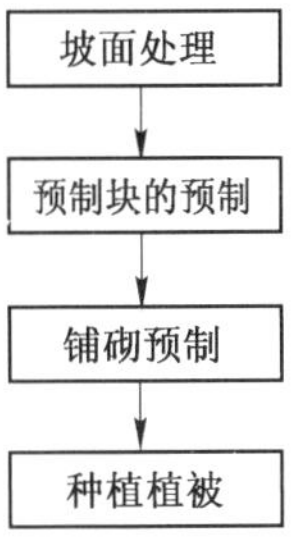

图 8.5.3-1　预制块防护施工工艺流程图

1. 施工工艺流程(图 8.5.3-1)

2. 施工工艺及控制要点

(1)施工准备

①核实图纸防护类型、形状、尺寸。

②检查路堤沉降是否稳定，坡面是否平整。

③砂、石、水泥等材质是否符合要求，砂浆配合比是否确认。

④根据图纸测量放样出路肩和路基边坡线位置，设好护桩。

(2)坡面修整

路堤边坡防护前，首先对路基边坡面进行整修，将坡面上的碎石、土块、浮土、杂物等清除干净并整平，局部凹陷不平处挖台阶填土夯实。

(3)预制块的预制

预制块采用工厂化生产，流水作业。各种生产工艺设备根据预制数量、生产能力等确定。预制块混凝土按设计强度等级进行配合比设计，确定施工配合比。采用专用模具浇筑混凝土，采用振动台振捣密实混凝土。成型预制块不得缺棱掉角。

(4)预制块的砌筑

预制块的砌筑应从下而上、从一端开始顺线路方向进行，砌筑长度可根据结构物之间路基长度、砌筑人员配置、预制块库存数量等因素确定，如一个砌筑段有 2 个以上（含 2 个）班组同时砌筑，每个班组的起始砌筑点应根据预制块尺寸、砌缝宽度等做好段落划分。预制块砌筑做到整齐、平顺、紧密、美观，并与坡面及相邻砌体衔接密贴、稳固。预制块平顺度采用坡面上挂线控制，砂浆砌筑采用“挤浆法”施工，砌筑混凝土预制块间砂浆应饱满。

(5)种植植被

当采用空心预制块中间植灌木及植草护坡时，填土进行客土改良，草种按设计要求选用适宜于当地气候条件且抗逆性强的混合草种。

(6)清理坡面

种植完毕后及时的对坡面进行清理。

(7)养生

预制块砌筑完成后，及时洒水养生，养生时间不少于 14 d，养生期间避免已砌筑的预制块体碰撞、振动和承重。

(8)质量控制要点

①护坡施工前，其基底应稳定，坡面应平整密实。

②砌筑的混凝土预制块护坡应与边坡密贴，无空洞。

③混凝土预制块拼装排列应整齐、平顺、紧密、美观，并与坡面及相邻浆砌片石砌体衔接密贴、稳固。

④预制块防护勾缝应于路堤已趋稳定后进行。

(9)预制块防护现场(图 8.5.3-2)

图 8.5.3-2　预制块防护现场照片

8.5.4　质量检测

(1)预制块混凝土强度等级应符合设计要求，每工班拌制的同一配合比的混凝土每 100 m^3 为一批，不足 100 m^3 按一批计。施工现场每批制作 2 组混凝土抗压强度检查试件。

(2)砌体砂浆强度等级应符合设计要求，每 100 m^3 砌体，应做 1 组砂浆强度检查试件。当水泥品种、强度等级或配合比等有变动时，均须另做相应试件。

(3)砌筑的混凝土预制件护坡应与边坡密贴，无空洞，每 100 m 坡面，现场开挖 3 处检查。

(4)泄水孔的位置、布置形式、孔径尺寸及泄水孔背反滤层设置规格应符合设计要求，且排水畅通，严禁倒坡。

(5)沉降缝、伸缩缝的设置，缝宽与缝的塞封应符合设计要求。

(6)预制块的结构尺寸允许偏差按表 8.5.4-1 检验。

表 8.5.4-1　预制块结构尺寸允许偏差、检验数量及检验方法

序号	项目	允许偏差	检验数量	检验方法
1	边长	±5 mm	抽验 2%	尺量
2	对角线长	±5 mm		
3	厚度	$^{+4}_{-2}$ mm		

(7)混凝土预制件防护各部允许偏差按表 8.5.4-2 检验。

表 8.5.4-2　混凝土预制件防护各部允许偏差、检验数量及检验方法

序号	检验项目		允许偏差	检验数量	检验方法
1	平面位置		±50 mm	每段护坡抽样检验 4 点	采用符合精度要求的仪器量测
2	基底高程		±50 mm	每段护坡抽样检验 3 点	
3	坡顶高程		$^{-20}_{0}$ mm	每段护坡抽样检验 3 点	
4	坡率		±0.5%	每段护坡抽样检验 3 点	吊垂线
5	护肩、镶边及基础厚度、宽度		≥设计值	每段护坡抽样检验 3 组	尺量
6	反滤层、垫层厚度		≥设计值	每段护坡抽样检验 3 处	尺量
7	坡面平整度		15 mm	每段护坡抽样检验 3 处	3 m 长直尺量测
8	混凝土板外形尺寸	边长	$^{+6}_{-3}$ mm	按混凝土预制件数量的 2% 抽样检验	尺量
		对角线长	$^{+6}_{-3}$ mm		
		厚度	$^{+4}_{-2}$ mm		

注：每段护坡长不足 50 m 按 50 m 计。

8.5.5　质量通病及防治措施

预制块质量通病及防治措施如表 8.5.5 所示。

表 8.5.5　预制块质量通病及防治措施

通病现象	原因分析	预防措施
混凝土表面缺浆、粗糙、凸凹不平	1. 模板表面在混凝土浇筑前未清理干净，拆模时混凝土表面被粘损； 2. 未全部使用钢模板，夹杂其他类型模板； 3. 模板表面脱模剂涂刷不均匀，造成混凝土拆模时发生粘模； 4. 模板拼缝处不够严密，混凝土浇筑时模板缝处砂浆流走； 5. 混凝土振捣不够，混凝土中空气未排除干净	1. 模板表面认真清理，不得沾有干硬水泥砂浆等杂物； 2. 全部使用钢模板； 3. 混凝土脱模剂涂刷均匀，不得漏刷； 4. 振捣必须按操作规程分层均匀振捣密实，严防漏捣，振捣手在振捣时掌握好止振的标准：混凝土表面不再有气泡冒出

续上表

通病现象	原因分析	预防措施
混凝土局部酥松，石子间几乎没有砂浆，出现空隙，形成蜂窝状的孔洞	1. 混凝土配合比不准，原材料计量错误； 2. 混凝土未能充分搅拌，和易性差，无法振捣密实； 3. 未按操作规程浇筑混凝土，下料不当，发生石子与砂浆分离造成离析； 4. 漏振造成蜂窝； 5. 模板上有大孔洞，混凝土浇筑时发生严重漏浆造成蜂窝	1. 采用电子自动计量水泥拌和设备拌料，每盘出料均检查混凝土和易性；混凝土拌和时间应满足其拌和时间的最小规定； 2. 混凝土下料高度超过 2 m 以上应使用串筒或滑槽； 3. 混凝土分层厚度严格控制在 30 cm 之内；振捣时振捣器移动半径不大于规定范围；振捣手进行搭接式分段，避免漏振； 4. 仔细检查模板，并在混凝土浇筑时加强现场检查
混凝土结构内有孔洞，局部没有混凝土，或蜂窝较大	1. 钢筋密集、预埋件密集，混凝土无法进入，无法将模板填满； 2. 未按顺序振捣混凝土，产生漏振； 3. 混凝土坍落度太小，无法振捣密实； 4. 混凝土中有硬块或其他大件杂物，或有其他工、用具落入； 5. 不按规定程序下料，或一次下料过多，来不及振捣造成	1. 粗骨料最大粒径应满足规范要求； 2. 防止漏振，专人值班检查； 3. 保证混凝土的流动性符合现场浇筑条件，施工时检查每盘到现场的混凝土，不合格坚决废弃不用； 4. 防止砂、石中混有黏土块或冰块等杂物；防止杂物落入正浇筑的混凝土中，如发现有杂物马上进行清理
混凝土结构直边处、棱角处局部掉落，有缺陷	1. 混凝土浇筑后养护不好，边角处水分散失严重，造成局部强度低，在拆模时造成前述现象； 2. 模板在折角处设计不合理，拆模时对混凝土角产生巨大应力； 3. 拆模时野蛮施工，边角处受外力撞击； 4. 成品保护不当，被车或其他机械刮伤	1. 加强养护工作，保证混凝土强度均匀增长； 2. 设计模板时，将直角处设计成圆角或略大于 90°； 3. 拆模时精心操作，象爱护自己的眼睛一样爱护结构物； 4. 按成品防护措施防护，防止意外伤害

8.6 锚杆(锚索)框架梁防护

8.6.1 加固原理及适用条件

锚杆(锚索)框架梁是一种将框架梁护坡与锚固工程有机结合的支挡结构。主要工作原理是利用一定深度的注浆锚杆(锚索)将钢筋混凝土梁体牢牢地锚固在岩土体坡面上，它承受的荷载通过锚杆(锚索)和岩石壁面摩擦力传递到稳定岩体上。

预应力锚杆(锚索)框架梁，具有结构形式多样布置灵活不必开挖扰动边坡、施工安全快速等优点，适用于滑坡等不良地质边坡工程防护。

框架梁(预应力锚索)如图 7.10.1-4 所示。

8.6.2 主要施工机械设备

主要施工机械设备：手持凿岩机、注浆机、内燃空压机、发电机、砂浆搅拌机、千斤顶及配套高压油表等。

8.6.3　原材料控制

(1)钢筋、锚杆、水泥的品种、规格、质量和技术性能应符合设计要求。

(2)防护涂料与套管材料的技术特性和钻孔、注浆、张拉机械设备及锚具、夹具、垫板的选型、品种、规格、质量等均应符合设计要求。高压油表要有合格的检查证明。

(3)锚杆注浆所用水泥、砂、外加剂等原材料的品种、规格、质量应符合设计要求。

(4)垫块预制及混凝土封闭所用水泥、钢筋、粗骨料、细骨料等原材料的品种、规格、质量应符合设计要求。

8.6.4　施工工艺及控制要点

1. 施工工艺流程(图 8.6.4-1)。

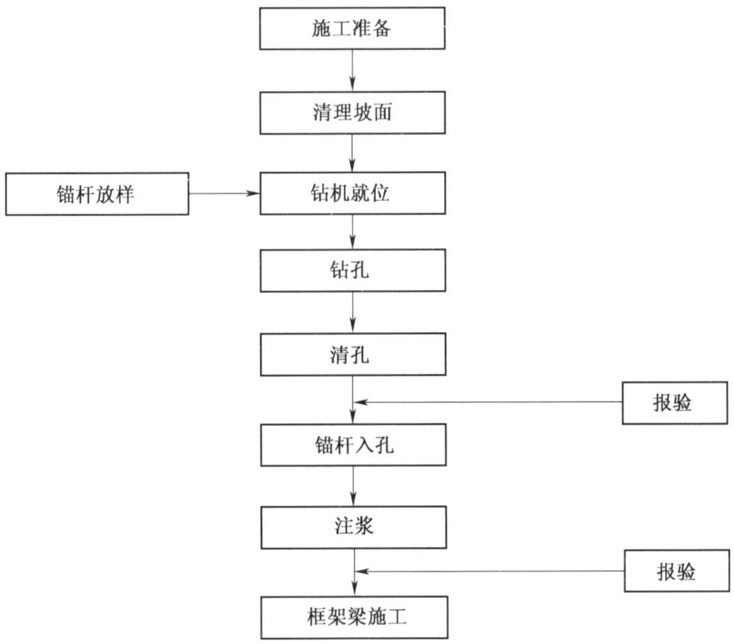

图 8.6.4-1　锚杆框架梁防护施工工艺流程图

2. 施工工艺及控制要点

(1)锚索施工详见第 7.10 节。

(2)框架梁施工

施工前,先修整边坡,用浆砌片石嵌补刷坡造成的超挖或坍塌悬空。土质边坡采用人工开挖基槽,石质边坡采用风镐开凿基槽。

清除基坑内浮土,采用厚 2～3 cm 的 M10 水泥砂浆进行找平,然后进行钢筋骨架的安装。

钢筋在加工场加工半成品 ,运至现场,安装时接头需错开,同一截面钢筋接头数不得超过钢筋总根数的 1/2,且有焊接接头的截面之间距离不得小于 1 m。

骨架钢筋下料绑扎时,宜整体加工,待钢筋骨架全部绑扎成型。采用非预应力锚杆时,锚杆尾部不需加工丝扣、螺帽和混凝土锚头封块，而是将锚杆尾部弯折不小于 10 cm 后与竖梁钢筋相焊接成一整体，同时保证锚杆直线段埋入框架梁内的深度（一般不小于框架梁的厚度减去钢筋保护层厚度）。若锚杆与框架梁钢筋、箍筋相干扰，可局部调整钢筋、箍筋的间距，竖、横主筋交叉点必须绑扎牢固。

模板采用拼装式钢模板或竹胶模板，安装时注意保护层厚度的控制，并用 16 mm 以上的短钢筋将模板固定在坡面上，同时采用铁丝对拉加固；模板底部要与基础紧密接触，以防跑浆，涨模。模板表面刷隔离剂，便于脱模。

混凝土浇筑时，采用振捣棒自下而上浇筑、振捣，尤其在锚杆孔周围的钢筋较密集处，一定要仔细振捣，保证质量。浇筑时宜采用坍落度为 3～5 cm 的干硬性混凝土，以防止混凝土在浇筑过程中流动，导致施工困难。

施工结束前采用木抹子反复抹平，铁抹子压光。框架一般按 10～15 m 分片施工，两相邻框架接触处留 2 cm 宽伸缩缝，立模时在该处夹沥青木板形成。混凝土浇筑时应注意框架梁尺寸的控制。

(3)质量控制要点

①锚杆孔位放样必须按照图纸要求去放样，孔位偏差不能大于规范要求。

②钻机钻孔时，对锚杆孔深和直径也必须严格控制以免影响防护质量。

③清孔要彻底，孔底要保证干净，不影响混凝土质量。

④锚固注浆要饱满。

⑤框架梁混凝土全部嵌入坡面。

(4)框架梁施工现场(图 8.6.4-2)

图 8.6.4-2 框架梁施工现场照片

8.6.5 质量检测

(1)模板及支架安装，钢筋原材料、加工、连接和安装，混凝土原材料的品种、规格、质量应符合设计要求，施工检验依照《铁路混凝土工程施工质量验收标准》(TB 10424—2010)有关规定。

(2)框架梁浇筑护坡应与边坡密贴，无空洞。现场沿线路纵向每 50 m 防护坡面开挖抽样检验 3 处。

(3)沉降缝、伸缩缝的设置，缝宽与缝的塞封应符合设计要求。现场通过观察和测量进行全部检验。

(4)锚杆(索)孔的布置形式及间距、锚索孔的孔径和深度、锚索的规格和组合形式应符合设计要求；锚索安装前应按设计要求除锈、除油污，剔出有死弯、机械损伤、锈坑的钢绞线；施工质量按表 8.6.5-1 检验。

表 8.6.5-1 锚索孔的布置形式及间距、锚索孔的孔径和深度、锚索的规格和组合形式检验

序号	检验项目	检验数量	检验方法
1	锚杆(索)孔的布置形式及间距	全部检验	观察、尺量
2	锚杆(索)孔的孔径、深度	全部检验	施工单位采用设计孔径的钻头和标准钻杆推进锚索孔,推进平顺且不产生冲击或抖动,钻具验送长度满足设计锚索孔深度,退钻顺畅
3	锚杆(索)的规格、组合形式	全部检验	观察,尺量锚杆(索)长度

(5)锚杆布置形式和锚杆长度、锚头及锚杆未锚入土层部分除锈和防锈处理、注浆体强度等级、锚杆抗拔力应符合设计要求,施工按表 8.6.5-2 检验。

表 8.6.5-2 锚杆布置形式和锚杆长度、锚头及锚杆未锚入土层部分除锈和防锈处理、注浆体强度等级、锚杆抗拔力检验数量和检验方法

序号	检验项目	检验数量	检验方法
1	锚杆布置形式、锚杆长度	全部检验	观察锚杆布置形式,尺量锚杆长度
2	锚头及锚杆未锚入土层部分除锈和防锈处理	全部检验	观察
3	注浆体强度等级	注浆地点随机每工班抽样 3 组,必要时留取同条件试件。	水泥胶砂强度检验方法(ISO 法)(GB/T 17671—1999)
4	锚杆抗拔力	抽样检验锚杆总数的 3%	锚杆抗拔力试验

(6)锚索孔注浆应采用孔底注浆法,注浆压力应符合设计要求,施工现场通过压力表读数和观察进行检查,保证注浆密实;注浆体强度等级应符合设计要求,每 30 孔制取 1 组试件(6 块),不足 30 孔亦制取 1 组试件进行抗压强度试验。

(7)锚索预应力张拉和锁定应符合设计要求,按表 8.6.5-3 检验。

表 8.6.5-3 锚索预应力张拉和锁定检验

序号	检验项目	检验数量	检验方法
1	锚具、锚塞(夹片)、垫板安装位置	全部检验	钢尺、卡尺量测
2	最终张拉力	全部检验	锚索预应力张拉应分级加力,读测力计数据并记录
3	张拉伸长量	全部检验	锚索张拉实际伸长值与计算伸长值之差不得超过±6%,尺量,记录,计算
4	滑(断)丝总数	全部检验	观察、计数,滑(断)丝总数不得超过钢丝总数的5‰,且 1 束内滑(断)丝不超过 1 根
5	锚索回缩量及锚塞(夹片)外露量	全部检验	尺量

(8)锚索张拉完成 7 d 后,应对其拉力和外观进行复查,复查合格后方能截除多余的锚索,进行最后的锚固作业,锚具最终锁定时,锚索回缩量及锚塞(夹片)外露量应符合设计要求。

(9)锚索垫块及封闭混凝土强度等级应符合设计要求,其施工质量按照《铁路混凝土工程施工质量验收标准》(TB 10424—2010)有关规定检验。

(10)锚索孔位置、倾角的允许偏差按表 8.6.5-4 检验。

表 8.6.5-4　锚索孔位置、倾角的允许偏差、检验数量及检验方法

序号	项　目	允许偏差	检验数量	检验方法
1	位 置	±100 mm	每个锚索孔	测量仪器测量、尺量
2	倾 角	1%	每个锚索孔	导杆法量

(11)锚具底座顶面与锚孔轴线应互相垂直,锚头部分应按设计要求涂刷防腐剂,现场进行全部检验。

(12)锚索垫块尺寸的允许偏差按表 8.6.5-5 检验。

表 8.6.5-5　锚索垫块尺寸的允许偏差、检验数量及检验方法

序号	项　　目	允 许 偏 差	检验数量	检验方法
1	长　度	±5 mm	每批成品抽样检验 10%,且不少于 3 件。每件检查 2 处	尺量
2	宽　度	±5 mm	每批成品抽样检验 10%,且不少于 3 件。每件检查 2 处	尺量
3	高　度	±5 mm	每批成品抽样检验 10%,且不少于 3 件。每件检查 2 处	尺量

(13)框架梁锚杆孔深、间距、长度的允许偏差按表 8.6.5-6 检验。

表 8.6.5-6　框架梁锚杆孔深、间距、长度的允许偏差、检验数量及检验方法

序号	检验项目	允许偏差	检验数量	检验方法
1	锚杆孔深	−50 mm	按每坡面锚杆数量的 10%抽样检验	尺量
2	锚杆间距	±50 mm		
3	锚杆长	−30 mm		

(14)框架梁锚索位置、孔径、倾角、孔深的允许偏差按表 8.6.5-7 检验。

表 8.6.5-7　框架梁锚索位置、孔径、倾角、孔深的允许偏差、检验数量及检验方法

序号	检验项目	允许偏差	检验数量	检验方法
1	锚索位置	±50 mm	每坡面锚索数量的 10%抽样检验	仪器量测
2	锚索孔径	$^{+10}_{0}$ mm		尺量
3	锚索倾角	1%		导杆法量
4	锚索孔深	$^{+100}_{0}$ mm		尺量钻杆长

(15)框架梁各部允许偏差按表 8.6.5-8 检验。

表 8.6.5-8 框架梁各部允许偏差、检验数量及检验方法

序号	检验项目	允许偏差	检验数量	检验方法
1	平面位置	±50 mm	每段护坡每 50 m 长抽样检验 4 点	采用符合精度要求的仪器量测
2	基底高程	±50 mm	每段护坡每 50 m 长抽样检验 3 点	
3	坡顶高程	$^{0}_{-20}$ mm	每段护坡每 50 m 长抽样检验 3 点	
4	框架净距	±50 mm	每段护坡每 50 m 长抽样检验 6 处（上、中、下部各 2 处）	尺量
5	框架宽度及边槽高度	≥设计值		尺量
6	框架梁厚度及嵌置深度	≥设计值		尺量
7	护肩、镶边及基础厚度、宽度	≥设计值	每段护坡每 50 m 长抽样检验 3 组	尺量
8	踏步宽度、厚度	≥设计值	每踏步抽样检验 1 处	尺量
9	坡面平整度	不大于 40 mm	每段护坡每 50 m 长抽样检验 3 处	3 m 长直尺量测

注：每段护坡长不足 50 m 按 50 m 计。

8.6.6 质量通病及防治措施

预应力锚索常见质量通病如表 8.6.6 所示。

表 8.6.6 路堑预应力锚索施工质量通病防治措施表

主要质量通病类型	原因分析	防治措施
锚墩开裂 锚垫板位移	混凝土不密实	加强施工过程中振捣
	千斤顶没有及时校正	按照要求进行检测
钢束滑丝	钢铰线，夹片生锈	对原材料进场要进行验收合格材料保护
	孔内浆体不密实	高压风清孔，及时安装锚束，并报验、注浆，防止塌孔
	锚固长度不足	下料长度及孔深严格按照设计图纸施工
	钻孔角度与设计不符	加强检测、纠偏，防止钻杆下沉
	张拉力大	对千斤顶按照要求进行校验
	地质情况与设计不符	钻孔过程发现与地质和设计不符及时上报设计单位

第 9 章　路基排水施工技术

9.1　浆砌排水

9.1.1　工艺原理及适用范围

浆砌排水是采用预制构件、片石和水泥砂浆砌筑成型水沟的施工工艺，适用铁路的边沟、天沟、侧沟等排水沟。

9.1.2　主要施工机械设备

主要施工机械设备：小型挖掘机、砂浆搅拌机、磅秤、运输车、水泵、小型夯实设备等。

9.1.3　原材料控制

(1)水泥：选用符合现行国家标准的硅酸盐水泥、普通硅酸盐水泥、矿渣硅酸盐水泥、火山灰质硅酸盐水泥。

①水泥进场时，应有产品合格证及检验报告单，应对水泥的品种、标号、包装、数量、出厂日期等进行检查验收，并对其强度、安定性进行试验，其质量必须符合标准。

②同厂家、同品种、同批号、同等级、同出场日期水泥组成检验批。散装水泥每 500 t 为一批，袋装水泥每 200 t 为一批。不足上述数量时，亦按一批计。

③每批应进行强度、安定性、凝结时间试验，其取样及试验方法应符合《通用硅酸盐水泥》(GB 175—2007)、《水泥标准稠度用水量、凝结时间、安定性检验方法》(GB 1346—2011)和《水泥细度检验方法　筛析法》(GB 1345—2005)的有关规定。

④出厂日期超过 3 个月或受潮的水泥，必须经试验确定其符合要求后，方可使用。

⑤严禁使用已结块变质的水泥。

(2)砂：宜采用中粗砂。砂的质量标准应符合混凝土工程相应材料的质量标准。

(3)碎石：选用的碎石应质地坚硬、洁净、粒形及级配良好。碎石的颗粒级配、压碎指标、针片状颗粒含量应符合《铁路混凝土工程施工质量验收标准》(TB 10424—2010)等的规定。

(4)石料：选用厚度不小于 15 cm 具有一定长度和宽度之片状石料，石料质地强韧、密实，无风化剥落、裂纹和结构缺陷，表面清洁无污染。

(5)水：砂浆拌和用水必须新鲜、洁净、无污染，宜选用饮用水。如无饮用水使用，可采用抽取江水经净化处理后作为施工用水。

9.1.4　施工工艺及控制要点

1. 施工工艺流程(图 9.1.4-1)

2. 施工工艺

(1)施工准备

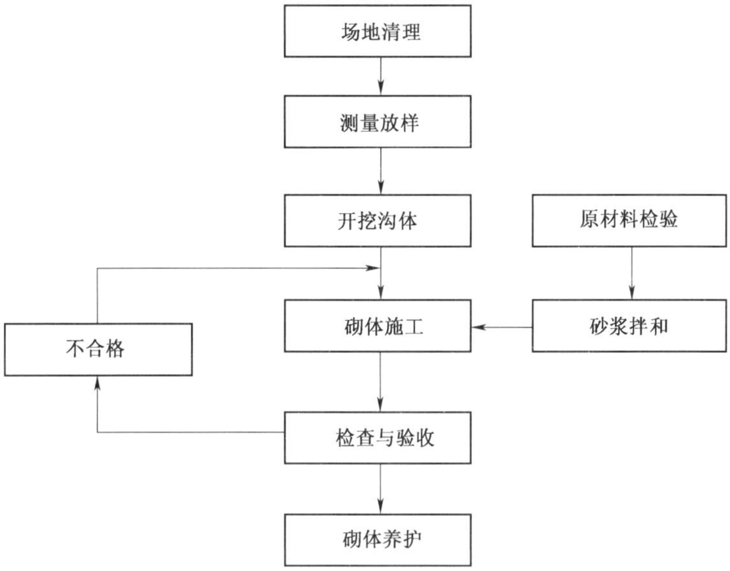

图 9.1.4-1　浆砌排水施工工艺流程图

施工前先清除水沟位置处淤泥、草根等地面杂物，原地面进行碾压或夯实处理。

水泥、片石、砂等材料进场并经检验合格。水泥应入库或堆放在工地不受潮的地点并覆盖。水沟砌筑前应对片石进行修凿，选出面石。砂浆拌制用水宜采用饮用水。

编制浆砌水沟施工方案，对有关人员进行技术交底，确定砂浆配合比。

(2)施工放样

排水沟工程分段施工，分段放样，根据路基中线及护坡道高程放出两侧坡角线，再根据边沟流水高程坡比及护坡道宽度，放出排水沟中线及边线，确保水沟的圆顺衔接。

(3)沟槽开挖

沟槽开挖前应做好地面临时排水，防止在施工期间因地表水及地下水的侵入而造成沟槽边坡失稳或坍塌。

沟槽开挖利用人工配合挖掘机械开挖，自卸汽车运输，开挖至距设计尺寸 10～15 cm 时，改以人工挖掘、修整至设计尺寸，不宜扰动沟底及坡面原土层。不宜超挖，超挖部分应用原土或渗水土回填夯实，或用沟体同等级浆砌片石回填，确保基底稳定。

沟槽开挖中和开挖后砌筑沟身前，基坑内不得积水。否则，受积水浸泡基底土壤应晾晒或清除，沟槽开挖完成后按照坑底高程拉线清底找平整修，不得破坏沟底原状土，坑底尺寸、高程、坡率等符合设计要求。

(4)砂浆拌制

砂浆应采用机械拌制，配合比应通过试验确定，搅拌时间不得少于 2 min。砂浆应随拌随用，拌制好的砂浆应在 3 h 内用完，当施工期间最高气温超过 30 ℃时，应在拌成后 2 h 内使用完毕。砂浆应具有适当的流动性和良好的和易性。

(5)砌体施工

沟槽检验合格后，先用木桩每 10 m 一处钉好砌石位置，挂好横断面线及纵断面线，即可按线砌筑。沟底铺砌厚度、强度应满足设计要求。

片石砌筑采用挤浆法分层砌筑，每分层高度 10～15 cm(2 层卧片石)分层与分层间之砌筑砌缝应大致找平，各工作层应相互错开，不得贯通。较大的片石使用于下层且大面朝下，砌筑时选取形状及尺寸较为合适的片石，尖锐突出部分敲除，竖缝较宽时，在砂浆中塞以小石块，砌缝宽度不大于2 cm，砌筑过程中要注意选用较大、较平整的石块为外露面和坡顶、边口，石块使用时应洒水湿润，若表面有泥土、水锈先冲洗干净，尤其下层砌及角隅石不能偏小，砂浆要饱满，石缝以砂浆和小碎石充填，片石不能竖立使用，石料挤浆要符合要求，不能紧贴无砂浆，宽度要一致，不能有假缝，当分几段同时砌筑时，相邻高差不大于1.2 m，各段水平砌缝一致。砌筑中的三角缝不得大于20 mm；各工作缝相互错开。若石块松动或砌缝开裂，要将石块提起，将垫层砂浆与砌缝砂浆清扫干净，然后将石块重铺砌在新砂浆上。在砂浆凝固前将外露缝勾好，勾缝深度不小于20 mm，若不能及时勾缝，则将砌缝砂浆刮深20 mm为以后勾缝做准备。所有缝隙均应填满砂浆。

当采用预制构件砌筑时，混凝土预制块应在预制场内进行预制。混凝土拌和采用强制式混凝土搅拌机，混凝土罐车运输，采用平板振捣器或振动台振捣密实。木抹初平、铁抹精平。模板采用按设计要求加工的定型钢模。混凝土浇筑完毕初凝后要及时进行覆盖洒水养护。脱模时混凝土强度应达到2.5 MPa以上，拆模要注意不要损坏预制块边角棱。

预制块亦采用挤浆法砌筑，预制块使用时应洒水湿润，若表面有泥土、水锈先冲洗干净。先采用砂浆进行铺底，再进行预制块铺砌。预制块挤浆要符合要求，不能紧贴无砂浆，宽度要一致，不能有假缝。

(6)沉降缝设置

根据施工段长度以20～50 m分段砌筑并按设计要求或10～15 m设置沉降缝，沉降缝用沥青麻絮或其他防水材料填充。

(7)勾缝及养生

在砂浆凝固前将外露缝勾好，勾缝深度不小于20 mm，若不能及时勾缝，则将砌缝砂浆刮深20 mm为以后勾缝做准备，所有缝隙均应填满砂浆。每砌好一段，待浆砌砂浆初凝后，用湿草帘覆盖定时洒水养护，覆盖养生7～14 d。养护期间避免外力碰撞、振动或承重。

(8)浆砌排水沟现场(图9.1.4-2)

3. 控制要点

(1)砂浆拌制使用中(粗)砂，且为河砂，对发生离析、泌水的砂浆，砌筑前重新拌和；已凝结的砂浆不得使用。

(2)浆砌水沟应采用挤浆法分层、分段砌筑，砌体咬扣紧密，嵌缝砂浆应饱满、密实，沟底和沟边应平顺，砌筑完成后应及时养护。

图9.1.4-2 浆砌排水沟现场照片

(3)排水沟铺砌背后及顶部与地面之间要填塞封严。

(4)路堤横向排水沟沟底纵坡、横坡应满足设计要求;横向排水沟与路堤边坡排水沟应相接将水排出路基。路堤横向排水沟和路堤边坡上的排水沟均应在路堤处于稳定后方可施工。

(5)砌缝砂浆应饱满,沟身不漏水。勾缝应平顺无脱落,缝宽大体一致。

9.1.5　质量检测

(1)砂浆所用的水泥、细骨料、水等原材料的品种、规格、质量应符合设计要求,进场检验应符合《铁路混凝土工程施工质量验收标准》(TB 10424—2010)第8.2.1条、第8.2.2条、第8.2.4条、第8.2.5条的有关规定。

(2)砌体用石材的品种、规格、质量、强度等级应符合设计要求,进场检验应符合《铁路混凝土工程施工质量验收标准》(TB 10424—2010)第8.2.3条的规定。

(3)路基排水设施应置于稳定的地基上,基底应密实、平整,且无草皮、树根等杂物,无积水,压实质量应符合设计要求。施工单位每连续100 m排水设施抽样3处观察并按《铁路工程地质原位测试规程》(TB 10018—2003)规定的试验方法进行检验。

(4)沟底垫层、反滤层材料应符合设计要求。施工单位每条沟每50 m抽样3处查验产品质量证明文件和材料性能报告单。

(5)排水沟垫层、反滤层、封闭层的结构形式、设置位置、厚度应符合设计要求,并保证排水通畅。施工单位采用观察、尺量等方法每条沟每50 m抽样检验3个断面。

(6)砂浆的强度等级应符合设计,其施工和检验应符合《铁路混凝土工程施工质量验收标准》(TB 10424—2010)第8.3.2条、第8.3.3条的规定。

(7)路堤排水沟各部允许偏差、检验数量及检验方法应符合表9.1.5-1规定。

表9.1.5-1　排水沟各部允许偏差、检验数量及检验方法

序号	抽样项目	允许偏差	检验数量	检验方法
1	沟底中心位置	±100 mm	每100 m抽样检验各5处	尺量
2	沟底高程	±20 mm		水准测量
3	净空尺寸	±20 mm		尺量
4	沟底坡度	±5%设计坡度		坡度尺
5	浆砌水沟铺砌厚度	−10 mm		尺量
6	沟底平整度	20 mm		2.5 m长直尺与钢尺量
7	沟顶高程	$^{0}_{-20}$ mm		水准测量

(8)路堑侧沟各部允许偏差、检验数量及检验方法应符合表9.1.5-2的规定。

9.1.6　质量通病防治措施

(1)砂浆拌和料拌和计量不准确,砂浆强度不够。施工中应严格按照配合比施工,进行精确计量。

(2)浆砌水沟基底处理不密实,不平整,形成水沟沉降,断裂。开挖沟体人工平整后,对基底应清理干净,确保无草皮、树根等杂物,并进行压实或夯实处理。

(3)浆砌水沟铺砌不密实、不平顺,铺砌厚度不足,砂浆不饱满,沟身漏水。施工时应严格按照规范及验标要求控制铺砌质量,加强现场检查频次。

(4)伸缩缝塞缝不密实,形成渗漏。伸缩缝设置时应保证间距、缝宽,塞封密实。

表 9.1.5-2 侧沟各部允许偏差、检验数量及检验方法

序号	检验项目	允许偏差	检验数量	检验方法
		石质沟		
1	沟底中心位置	$^{+50}_{0}$ mm	每 100 m 抽样检验各 5 处	尺量
2	沟底高程	±20 mm		水准测量
3	净空尺寸	±20 mm		尺量
4	边坡坡度(偏陡量)	5%设计坡度		坡度尺
5	铺砌厚度	−10 mm		尺量
6	沟底坡度	±5%设计坡度		坡度尺
7	沟底平整度	20 mm		2.5 m 长直尺与钢尺量
8	平台宽度	$^{+50}_{0}$ mm		尺量
9	沟顶高程			水准测量

9.2 现浇混凝土排水

9.2.1 工艺原理及适用范围

混凝土现浇水沟是利用模板支模，现场浇筑混凝土成型水沟的施工工艺，适用于客运专线和高速铁路路基侧沟、排水沟、天沟以及横向排水沟或暗沟等排水设施。

9.2.2 主要施工机械设备

主要施工机械设备：混凝土拌和站、混凝土运输罐车、捣固棒、模板等。

9.2.3 原材料控制

(1)水泥：选用符合现行国家标准的硅酸盐水泥、普通硅酸盐水泥、矿渣硅酸盐水泥、火山灰质硅酸盐水泥。

①水泥进场时，应有产品合格证及检验报告单，应对水泥的品种、标号、包装、数量、出厂日期等进行检查验收，并对其强度、安定性进行试验，其质量必须符合标准。

②同厂家、同品种、同批号、同等级、同出场日期水泥组成检验批。散装水泥每 500 t 为一批，袋装水泥每 200 t 为一批。不足上述数量时，亦按一批计。

③每批应进行强度、安定性、凝结时间试验，其取样及试验方法应符合《通用硅酸盐水泥》(GB 175—2007)、《水泥标准稠度用水量、凝结时间、安定性检验方法》(GB 1346—2011)和《水泥细度检验方法　筛析法》(GB 1345—2005)的有关规定。

④出厂日期超过 3 个月或受潮的水泥，必须经试验确定其符合要求后，方可使用。

⑤严禁使用已结块变质的水泥。

(2)砂：宜采用中粗砂，砂的质量标准应符合混凝土工程相应材料的质量标准。

(3)碎石：选用的碎石应质地坚硬、洁净、粒形及级配良好。碎石的颗粒级配、压碎指标、针片状颗粒含量应符合《铁路混凝土工程施工质量验收标准》(TB 10424—2010)等的规定。

(4)水：砂浆拌和用水必须新鲜、洁净、无污染，宜选用饮用水。如无饮用水使用，可采用抽取江水经净化处理后作为施工用水。

(5)钢筋：钢筋进场时，应有产品合格证和检验报告单；进场时必须按批次抽取试件做力学性能和工艺性能试验，其质量应符合《钢筋混凝土用钢　第 1 部分：热轧光圆钢筋》(GB 1499.1—2008)和《钢筋混凝土用钢　第 2 部分：热轧带肋钢筋》(GB 1499.2—2007)等的规定。

9.2.4　施工工艺及控制要点

1. 施工工艺流程(图 9.2.4-1)

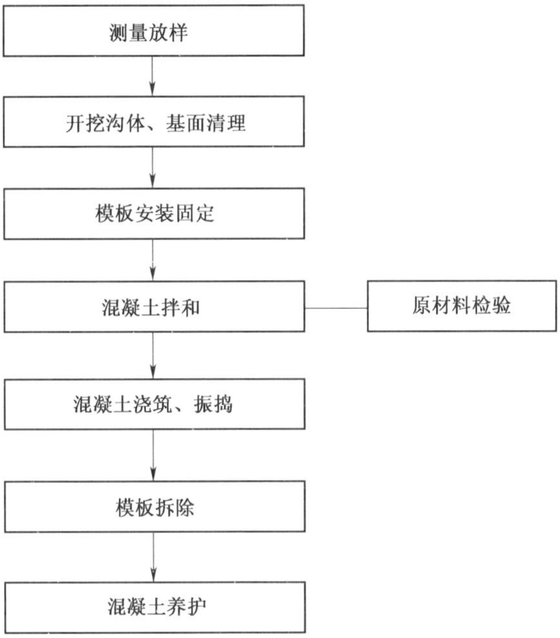

图 9.2.4-1　现浇混凝土排水施工工艺流程图

2. 施工工艺

(1)施工准备

施工前先清除水沟位置处淤泥、草根等地面杂物，原地面进行碾压或夯实处理。

水泥、碎石、砂、钢筋等材料进场并经检验合格。水泥应入库或堆放在工地不受潮的地点并覆盖。混凝土及砂浆拌制用水宜采用饮用水。钢筋应按类型、直径、钢号、批号等条件分别堆放，并应避免油污、锈蚀。

施工前编制混凝土现浇水沟施工方案，对有关人员进行技术交底，确定混凝土及砂浆配合比。

(2)施工放样

排水沟工程分段施工，分段放样，根据路基中线及护坡道高程放出两侧坡角线，再根据边沟流水高程坡比及护坡道宽度，放出排水沟中线及边线，确保水沟的圆顺衔接。

(3)沟槽开挖

沟槽开挖前应做好地面临时排水，防止在施工期间因地表水及地下水的侵入而造成沟槽边坡失稳或坍塌。

沟槽开挖利用人工配合挖掘机械开挖，自卸汽车运输，开挖至距设计尺寸 10～15 cm 时，改以人工挖掘、修整至设计尺寸，不宜扰动沟底及坡面原土层。不宜超挖，超挖部分应用原土或渗水土回填夯实，或用沟体同等级混凝土回填，确保基底稳定。

沟槽开挖中和开挖后砌筑沟身前，基坑内不得积水。否则，受积水浸泡基底土壤应晾晒或清除，沟槽开挖完成后按照坑底高程拉线清底找平整修，不得破坏沟底原状土，坑底尺寸、高程、坡率等符合设计要求。

(4)模板安装

沟槽检验合格后，先用木桩每 10 m 一处钉好中心位置，挂好横断面线及纵断面线，即可按线支模，模型采用钢模或竹胶板，内外侧加固。

①竹胶板安装

在已初凝的沟底混凝土上定出沟墙底部定位线，安装水沟内侧两边模板，在竹胶板背肋两端安装连接杆件。墙顶部位外侧设临时支撑顶托模板，模板内侧上下口处设连接支撑。

②钢模安装

采用组合钢模拼接安装模型，U 形卡连接。在已初凝的沟底混凝土上定出沟墙底部定位线，在水沟内侧两边各安装一组沟墙模板，模板内侧上、下口设连接支撑。沟墙模板外侧顶端设临时支撑加固于沟槽墙壁或支撑于沟槽外侧。

③混凝土浇筑前应将模板内杂物清除干净，模板涂刷脱模剂。

(5)混凝土浇筑

①混凝土浇筑混凝土浇筑时先浇筑底板混凝土，待浇筑混凝土已经初凝，强度达到 2.5 MPa 时，再浇筑侧墙混凝土。

②混凝土应采用机械拌和，其配合比应通过试验确定。拌和设备配料系统的称量设备应有足够的精度，称量偏差不得超过规范的规定。

③边墙混凝土浇筑前应将接缝处的水泥砂浆、松散石子或混凝土凿除清洗干净。

④混凝土应使用振捣器将混凝土捣密实，每一位置的振捣时间以混凝土不再显著下沉、不出现气泡并开始泛浆时为准，同时应避免振捣过度。

(6)沉降缝设置

根据施工段长度按设计要求或 10～20 m 设置沉降缝，沉降缝用沥青麻絮或其他防水材料填充。

(7)拆模及养护

①混凝土初凝后，用湿草帘覆盖定时洒水养护，覆盖养生 7～14 d。养护期间避免外力碰撞、振动或承重。当日平均气温低于 5 ℃，应采取保温养护措施，并不得对混凝土洒水养护。

②水沟边墙模板应在混凝土强度达到 2.5 MPa 以上，方能拆模，拆模要注意不要损坏水沟表面及棱角。

(8)水沟盖板预制及安装

水沟盖板预制应在预制场内进行。混凝土拌和采用强制式混凝土搅拌机，混凝土罐车运输，采用平板振捣器或振动台振捣密实。木抹初平、铁抹精平。模板采用按设计要求加工的定型钢模。混凝土浇筑完毕初凝后要及时进行覆盖洒水养护。脱模时混凝土强度应达到 2.5 MPa以上，方能拆模，拆模要注意不要损坏盖板表面及棱角。

(9)现浇混凝土排水沟现场(图 9.2.4-2)

(10)控制要点

①基底土质及地层情况经检验合格后，方可进行下一道工序。

②模板安装时必须按混凝土结构的施工详图尺寸。混凝土浇筑过程中，应经常检查、调整模板的形状及位置，模板如有变形走样，立即采取有效措施予以矫正。

③严格控制配合比，混凝土采用插入式振捣器振捣密实。

④混凝土应能连续、均衡、快速及时地从拌和机运到浇筑地点，运输过程中混凝土不允许有骨料分离、漏浆、严重泌水、干燥以及坍落度产生过大变化，并尽量缩短运输时间，减少转运次数。因故停歇过久，已经初凝的混凝土应作废料处理。

⑤墙后回填土在沟边墙体混凝土强度达到70%以上时进行，严格做到分层填筑分层夯实，压实度达到规范要求，侧沟压实度要求不低于路基，并严格按照设计要求设置墙后砂夹碎石反滤层和黏土封层。泄水孔伸入反滤层部分打成小孔并用无纺土工布包裹砂砾碎石等设置反滤层。

⑥钢筋混凝土预制盖板安装时，应保证盖板混凝土强度达到100%。

图9.2.4-2　现浇混凝土排水沟照片

9.2.5　质量检测

(1)混凝土所用水泥、粗骨料、细骨料、矿物掺和料、外加剂等材料的品种、规格、质量应符合设计要求，进场检验应符合《铁路混凝土工程施工质量验收标准》(TB 10424—2010)第6.2.1条～第6.2.7条的有关规定。

(2)钢筋原材料的品种、规格、质量应符合设计要求，进场检验应符合《铁路混凝土工程施工质量验收标准》(TB 10424—2010)第5.2.1条的规定。

(3)路基排水设施应置于稳定的地基上，基底应密实、平整，且无草皮、树根等杂物，无积水，压实质量应符合设计要求。施工单位每连续100 m排水设施抽样3处观察并按《铁路工程地质原位测试规程》(TB 10018—2003)规定的试验方法进行检验。

(4)沟底垫层、反滤层材料应符合设计要求。施工单位抽样每条沟每50 m检验3处，查验产品质量证明文件和材料性能报告单。

(5)排水沟垫层、反滤层、封闭层的结构形式、设置位置、厚度应符合设计要求，并保证排水通畅。施工单位采用观察、尺量方法每条沟每50 m抽样检验3个断面。

(6)混凝土的强度等级应符合设计，其施工和检验应符合《铁路混凝土工程施工质量验收标准》(TB 10424—2010)第6.3.1条～第6.3.5条、第6.4.1条～第6.4.11条、第6.4.16条的有关规定。

(7)路堤排水沟各部允许偏差、检验数量及检验方法应符合表9.2.5-1规定。

(8)路堑侧沟各部允许偏差、检验数量及检验方法应符合表9.2.5-2的规定。

表 9.2.5-1 排水沟各部允许偏差、检验数量及检验方法

序号	抽样项目	允许偏差	检验数量	检验方法
1	沟底中心位置	±100 mm	每 100 m 抽样检验各 5 处	尺量
2	沟底高程	±20 mm		水准测量
3	净空尺寸	±20 mm		尺量
4	沟底坡度	±5%设计坡度		坡度尺
5	浆砌水沟铺砌厚度	−10 mm		尺量
6	沟底平整度	20 mm		2.5 m 长直尺与钢尺量
7	沟顶高程	${}^{0}_{-20}$ mm		水准测量

表 9.2.5-2 侧沟各部允许偏差、检验数量及检验方法

序号	检验项目	允许偏差	检验数量	检验方法
		现浇排水沟		
1	沟底中心位置	${}^{+50}_{0}$ mm	每 100 m 抽样检验各 5 处	尺量
2	沟底高程	±10 mm		水准测量
3	净空尺寸	±20 mm		尺量
4	边坡坡度(偏陡量)	5%设计坡度		坡度尺
5	铺砌厚度	−10 mm		尺量
6	沟底坡度	±5%设计坡度		坡度尺
7	沟底平整度	10 mm		2.5 m 长直尺与钢尺量
8	平台宽度	${}^{+50}_{0}$ mm		尺量
9	沟顶高程	${}^{0}_{-20}$ mm		水准测量

9.2.6 质量通病防治措施

(1)混凝土拌和料拌和计量不准确,混凝土强度等级不足。施工中应严格按照配合比施工,进行精确计量。

(2)现浇混凝土水沟基底处理不密实、不平整,形成水沟沉降、断裂。开挖沟体人工平整后,对基底应清理干净,确保无草皮、树根等杂物,并进行压实或夯实处理。

(3)现浇水沟外观质量差,混凝土表面出现气泡、蜂窝等外观质量缺陷,混凝土捣固不密实,线性不平顺。施工时应严格按照规范及验标要求控制立模和现浇混凝土质量,模板应清理干净,混凝土捣鼓密实。

(4)伸缩缝塞缝不密实,形成渗漏。伸缩缝设置时应保证间距、缝宽,塞封密实。

9.3 混凝土预制管、沟排水

9.3.1 工艺原理及适用范围

成品排水管埋设施工工艺是采用混凝土预制沟、管或 PVC 管,现场安装拼接埋设的一种水沟施工工艺。适用于高速铁路路基边沟、侧沟、横向排水管、暗沟、渗沟及盲管等施工。

9.3.2 主要施工机械设备

主要施工机械设备：小型挖掘机、汽车吊、打夯机、自卸车、混凝土拌和站、混凝土运输车、捣固棒、模板、钢筋切断机、弯曲机等。

9.3.3 原材料控制

(1)水泥：选用符合现行国家标准的硅酸盐水泥、普通硅酸盐水泥、矿渣硅酸盐水泥、火山灰质硅酸盐水泥。

①水泥进场时，应有产品合格证及检验报告单，应对水泥的品种、标号、包装、数量、出厂日期等进行检查验收，并对其强度、安定性进行试验，其质量必须符合标准。

②同厂家、同品种、同批号、同等级、同出场日期水泥组成检验批。散装水泥每 500 t 为一批，袋装水泥每 200 t 为一批。不足上述数量时，亦按一批计。

③每批应进行强度、安定性、凝结时间试验，其取样及试验方法应符合《通用硅酸盐水泥》(GB 175—2007)、《水泥标准稠度用水量、凝结时间、安定性检验方法》(GB 1346—2011)和《水泥细度检验方法 筛析法》(GB 1345—2005)的有关规定。

④出厂日期超过 3 个月或受潮的水泥，必须经试验确定其符合要求后，方可使用。

⑤严禁使用已结块变质的水泥。

(2)砂：宜采用中粗砂，砂的质量标准应符合混凝土工程相应材料的质量标准。

(3)碎石：选用的碎石应质地坚硬、洁净、粒形及级配良好。碎石的颗粒级配、压碎指标、针片状颗粒含量应符合《铁路混凝土工程施工质量验收标准》(TB 10424—2010)等的规定。

(4)水：砂浆拌和用水必须洁净、无污染，宜选用饮用水。

(5)钢筋：钢筋进场时，应有产品合格证和检验报告单；进场时必须按批次抽取试件做力学性能和工艺性能试验，其质量应符合《钢筋混凝土用钢 第 1 部分：热轧光圆钢筋》(GB 1499.1—2008)和《钢筋混凝土用钢 第 2 部分：热轧带肋钢筋》(GB 1499.2—2007)等的规定。

(6)厂制沟、管、PVC 管进场时应有标记，应有产品合格证，注明型号制造及出厂日期、质检签章。

(7)接口胶圈进场时应有出厂质量检验合格证明文件，进场应抽检 5% 的密封橡胶圈的硬度、压缩率和抗拉率，其值不应小于出厂合格标准。

(8)土工合成材料的品种、规格及质量应满足设计要求，进场时应进行现场验收。同一厂家、品种、批号的土工合成材料，每 10 000 m^2 为一批，不足 10 000 m^2 也按一批计。每批抽样检验 1 组。查验每批产品出厂合格证、性能报告单。抽样检验土工织物的拉伸强度、延伸率、渗透系数或土工格栅的抗拉强度、延伸等。

(9)渗水暗沟填充碎石技术指标、检验数量及检验方法应符合表 9.3.3 的要求。

表 9.3.3 渗水暗沟填充碎石技术指标

序号	检验项目	质量要求	检验数量	检验方法
1	母岩强度	≥30 MPa	同一生产地点每 400 m^3 抽样检验一组	检查母岩强度检测报告
2	碎石粒径	3～8 cm		在料场抽样检验
3	含泥量(按重量计)	<2%		

9.3.4 施工工艺及控制要点

1. 施工工艺流程(图 9.3.4)

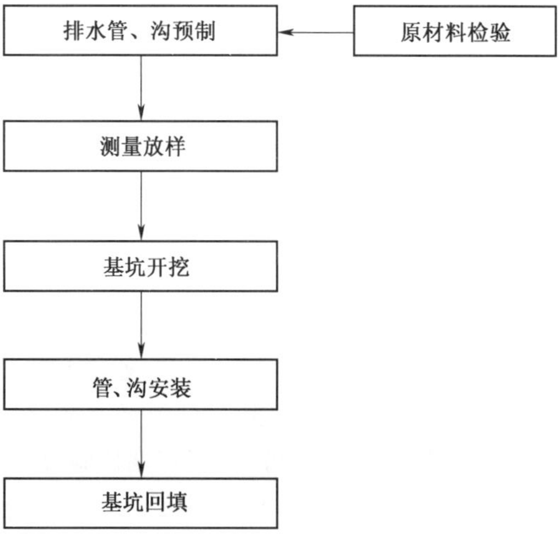

图 9.3.4 混凝土预制管、沟排水施工工艺流程图

2. 施工工艺

(1)施工准备

施工前先清除水沟位置处淤泥、草根等地面杂物,原地面进行碾压或夯实处理。

水泥、碎石、砂、钢筋等材料进场并经检验合格。水泥应入库或堆放在工地不受潮的地点并覆盖。混凝土及砂浆拌制用水宜采用饮用水。钢筋应按类型、直径、钢号、批号等条件分别堆放,并应避免油污、锈蚀。

施工前编制混凝土现浇水沟施工方案,对有关人员进行技术交底,确定混凝土及砂浆配合比。

(2)施工放样

排水沟工程分段施工,分段放样,根据路基中线及护坡道高程放出两侧坡角线,再根据边沟流水高程坡比及护坡道宽度,放出排水沟中线及边线,确保水沟的圆顺衔接。

(3)沟槽开挖

沟槽开挖前应做好地面临时排水,防止在施工期间因地表水及地下水的侵入而造成沟槽边坡失稳或坍塌。

沟槽开挖利用人工配合挖掘机械开挖,自卸汽车运输,开挖至距设计尺寸 10～15 cm 时,改以人工挖掘、修整至设计尺寸,不宜扰动沟底及坡面原土层。不宜超挖,超挖部分应用原土或渗水土回填夯实,或用沟体同等级混凝土回填,确保基底稳定。

沟槽开挖中和开挖后砌筑沟身前,基坑内不得积水。否则,受积水浸泡基底土壤应晾晒或清除,沟槽开挖完成后按照坑底高程拉线清底找平整修,不得破坏沟底原状土,坑底尺寸、高程、坡率等符合设计要求。

(4)排水管、沟预制

预制混凝土管一般在预制工厂集中制作,采用定型生产设备制造。预制混凝土圆管可采用振动制管法、离心法、悬辊法、立式挤压法等生产手段,铁路建设施工中一般用管量不会太大，购买专业预制工厂生产的成品管节较经济，而且质量有保证。

预制混凝土圆管承口和插口工作面应光洁平整，局部凹凸度用尺量不超过 2 mm，无蜂窝、灰渣、刻痕脱皮现象，钢筋保护层厚度不超过止胶台高度。

承插式钢筋混凝土排水管道接口所采用的密封胶圈，应采用耐腐蚀的专用橡胶材料制作。密封橡胶圈使用前必须逐个检查，不得有割裂、破损、气泡、飞边等缺陷，其硬度、压缩率、抗拉率、几何尺寸等均应符合有关规范和施工图规定。

水沟预制沟型主要为矩型和 U 形两种。预制机械、模具宜购买厂制标准件，按其操作说明书使用即可。亦可根据水沟安装尺寸用钢板、钢模板自制简易预制模具，灌注生产预制水沟构件。

水沟预制应在预制场内进行。混凝土拌和采用集中拌和，混凝土罐车运输，采用平板振捣器或振动台振捣密实。木抹初平、铁抹精平。模板采用按设计要求加工的定型钢模。混凝土浇筑完毕初凝后要及时进行覆盖洒水养护。脱模时混凝土强度应达到 2.5 MPa 以上，拆模要注意不要损坏预制块边角棱。

(5)沟底混凝土施工

混凝土灌注前，沟槽应清理干净，不得有浮土垃圾等杂物。混凝土应采用机械拌制，其配合比应通过试验室确定。混凝土运输时间不应超过混凝土的初凝时间。沟底混凝土灌注应按伸缩缝分段连续进行，各分段内混凝土应一次灌完，若因故中断，应按规定要求留施工缝。

(6)排水管、沟安装

①预制水沟安装

预制水沟安装宜采用高强尼龙绳做吊装带，以免损伤沟身混凝土，用汽车吊或其他吊装设备吊装安装。水沟吊装安装前，应用砂浆按施工图标示厚度铺平沟底。吊装安装时应沟底朝下平稳轻放，不得损伤水沟基坑及扰动铺底砂浆。

吊装就位时准确测量，确保水沟纵断面高程及平面位置准确，沟身应拼装平顺，接缝咬合完好，沟墙与基坑边坡间空隙应用砂浆填塞密实。

②预制圆管安装

铁路排水管一般为非压力管道(倒虹吸除外)，管节接头多采用承插式柔性接头，安装方法如下：

a. 挖圆管接头工作坑：管节安装前，计算确定管接头位置，在接口处挖设工作坑，承口前大于等于 60 cm，承口后超过斜长面，两侧大于管径，深度不小于 20 cm，便于操作时管节承口悬空。

b. 下管、稳管：预制圆管安装宜采用高强尼龙绳做吊带，以免损伤管身混凝土，用汽车吊或其他吊装设备吊装安放，下管时应使管节承口迎向流水方向。管节就位后，应将管节中心、高程逐节调整到设计位置，并在管节两侧适当加土石垫块或砂石固定管节。

c. 对口连接：将承插口胶圈擦洗干净，并均匀涂抹非油质润滑剂。把胶圈装入承插口槽内，用手沿整个胶圈按压一遍，确定胶圈各个部分不翘不扭，均匀一致卡在槽内。对于顶装接口的安装，可在已安装稳固的管上拴钢丝绳，在待拉入管节承口处设背横梁，用钢丝绳和倒链连接紧绷对正，两侧同步拉倒链，将已套好胶圈的插口拉入承口中。

d. 当采用砂浆胶材连接里，砂浆应饱满密实。管道接缝胶接材料应符合设计要求并连接牢固，搭接紧密，避免接头渗漏水。

③PVC 管安装

PVC 管一般用于透水渗管。在开挖的沟槽内铺设土工织物，铺设时应紧绷、抻平，并与沟壁土体密贴，不得褶皱和破损。在PVC管上按设计打设渗水孔，安放至沟槽内。管道接头采用管接头粘接，管道搭接紧密，接缝胶接材料应符合设计要求并连接牢固，避免接头渗漏水。管道外侧回填渗水材料。渗沟沟内用作排水和渗水的填充料在使用前必须筛选和清洗，回填时应防止土工织物和渗水管受到损伤。

(7)基坑回填

混凝土预制管道周围回填应在接缝等强后进行，回填应密实。排水管基坑回填土时，应防止管道中心线位移或损坏管道。管道两侧用人工同步回填，直至管顶50 cm以上，才可用打夯机夯实。当作为无砟轨道铁路横向排水通道时，管道周围宜采用混凝土回填密实。排水渗沟回填应采用渗水材料进行回填。

3. 控制要点

(1)按施工图要求或地质条件选择适宜的排水管接口形式，作好管基处理。

(2)排水管安装过程中勤测量，防止管节安装成反坡。

(3)雨天不宜进行接口施工。

(4)预制件安装时应轻搬轻放，防止磕棱掉角。

(5)钢筋混凝土预制盖板安装时，混凝土强度应达到100%。

(6)地下排水管道应与地表排水系统相匹配，保证水路畅通无隐患。

9.3.5 质量检测

(1)混凝土(或钢筋混凝土)预制件进场时应有质量证明文件，外观不得破损，混凝土的强度等级、结构尺寸应符合设计要求，其检验应符合《铁路混凝土工程施工质量验收标准》(TB 10424—2010)第8.2.3条的规定。

(2)预制水沟的基础与基坑边坡应密实、平整。预制件应拼装平顺，水泥砂浆粘贴密实，接缝咬合完好，与基础和边坡间应用水泥砂浆填塞缝隙。水沟盖板尺寸及盖板间空隙应符合设计要求，铺设应平稳。施工单位采用观察、尺量方法按每条沟每50 m抽样检验3个断面。

(3)沟底垫层、反滤层材料应符合设计要求。施工单位查验产品质量证明文件和材料性能报告单，按每条沟每50 m检验3处频率抽检。

(4)排水沟垫层、反滤层、封闭层的结构形式、设置位置、厚度应符合设计要求，并保证排水通畅。施工单位采用观察、尺量方法按每条沟每50 m抽样3个断面检验。

(5)砂浆的强度等级应符合设计，其施工和检验应符合《铁路混凝土工程施工质量验收标准》(TB 10424—2010)第8.3.2条、第8.3.3条的规定。

(6)路堤排水沟各部允许偏差、检验数量及检验方法应符合表9.3.5-1规定。

表9.3.5-1 排水沟各部允许偏差、检验数量及检验方法表

序号	抽样项目	允许偏差	检验数量	检验方法
1	沟底中心位置	±100 mm	每100 m抽样检验各5处	尺量
2	沟底高程	±20 mm		水准测量
3	净空尺寸	±20 mm		尺量
4	沟底坡度	±5%设计坡度		坡度尺
5	浆砌水沟铺砌厚度	−10 mm		尺量
6	沟底平整度	20 mm		2.5 m长直尺与钢尺量
7	沟顶高程	$^{0}_{-20}$ mm		水准测量

(7)路堑侧沟各部允许偏差、检验数量及检验方法应符合表9.3.5-2的规定。

表9.3.5-2　侧沟各部允许偏差、检验数量及检验方法

序号	检验项目	允许偏差	检验数量	检验方法
1	沟底中心位置	$^{+50}_{0}$ mm	每100 m抽样检验各5处	尺量
2	沟底高程	±10 mm		水准测量
3	净空尺寸	±20 mm		尺量
4	边坡坡度(偏陡量)	5%设计坡度		坡度尺
5	铺砌厚度	−10 mm		尺量
6	沟底坡度	±5%设计坡度		坡度尺
7	沟底平整度	10 mm		2.5 m长直尺与钢尺量
8	平台宽度	$^{+50}_{0}$ mm		尺量
9	沟顶高程	$^{0}_{-20}$ mm		水准测量

(8)预制水沟及盖板各部允许偏差、检验数量及检验方法应符合表9.3.5-3规定。

表9.3.5-3　预制水沟及盖板各部允许偏差、检验数量及检验方法

序号	检验项目		允许偏差	检验数量	检验方法
1	预制水沟厚度		−10 mm	抽样检验2%	尺量
2	盖板	边长	$^{+3}_{-2}$ mm		
3		对角线长	$^{+4}_{-2}$ mm		
4		厚度	$^{+4}_{-2}$ mm		

(9)排水管(暗沟)各部分允许偏差及检验方法应符合表9.3.5-4规定。

表9.3.5-4　排水管(暗沟)各部允许偏差及检验方法

序号	项目	允许偏差		检查数量	检验方法
1	中心位置	±50 mm		每侧3点	经纬仪测量
2	沟底高程	±20 mm		8个点	水准仪测量
3	断面尺寸	$^{+50}_{30}$ mm		每100 m抽查2处	尺量
4	排水纵坡	±5%设计坡度		2处	水准仪测量
5	检查井位置	纵向	±50 mm	每座抽查2处	经纬仪测量、尺量
		横向	$^{-50}_{-20}$ mm		

9.3.6　质量通病防治措施

(1)砂浆拌和料拌和计量不准确，砂浆强度不够。施工中应严格按照配合比施工，进行精确计量。

(2)预制构件水沟基底处理不密实、不平整，形成水沟沉降、断裂。开挖沟体人工平整后，对基底应清理干净，确保无草皮、树根等杂物，并进行压实或夯实处理。

(3)预制构件水沟拼接不密实、不平顺，砂浆不饱满，沟身漏水。施工时应严格按照规范及验标要求控制铺砌质量，加强现场检查频次。

(4)伸缩缝塞缝不密实，形成渗漏。伸缩缝设置时应保证间距、缝宽，塞封密实。

(5)预制构件运输装卸过程中破损，缺角等。施工时注意轻装轻卸。

第 10 章　路基相关工程施工技术

10.1　电　缆　槽

10.1.1　工艺原理及适用范围

电缆槽分为通信信号电缆槽与电力电缆槽，通信信号电缆槽一般设在路肩两侧，电力电缆槽一般设置在路基侧沟外侧。

10.1.2　主要施工机械设备

电缆槽一般钢筋混凝土结构，现场应根据工程量的大小选择合适的机具设备，根据施工需要，一般需配置小型挖掘机、汽车吊、混凝土拌和站、罐车、振捣棒等设备。

10.1.3　原材料控制

选用的水泥、粉煤灰、水及外加剂等原材料应符合设计要求，并按相关规定进行检验。

1. 水泥

检查数量：同一产地、品种、规格连续进场的水泥，袋装水泥 200 t 为一批，散装水泥 500 t 一批，当袋装水泥不足 200 t 或散装水泥不足 500 t 时也按一批计，每批抽检一组。

检验方法：检查产品质量证明文件。在水泥库抽样检验水泥强度、安定性、凝结时间。

2. 粗细骨料

质量要求：细骨料采用砂或石屑：粒径 2.5～20 mm，含泥量不大于 3%，氯化物含量不大于 0.02%；粗骨料含泥量不大于 1%，氯化物含量不大于 0.02%。

检查数量：同一产地、品种、规格连续进场的粗细骨料，分别每 400 m^3 为一批，当不足 400 m^3 时也按一批计，每批抽检一组。

检查方法：在料场抽样检验粗细骨料含泥量、筛分试验检验其颗粒级配。

3. 粉煤灰

质量要求：Ⅱ级或Ⅱ级以上，氯化物含量不大于 0.02%，烧失量不大于 5%，含水率不大于 1%。

检查数量：同一产地、品种、规格连续进场的粗细骨料，分别每 200 t 为一批，当不足 200 t 时也按一批计，每批抽检一组。

检查方法：检查产品质量证明文件。

4. 外加剂

质量要求：氯化物含量不大于 0.2%、减水率不小于 20%、收缩率比不大于 135%的聚羧酸盐系减水剂。

5. 施工用水

质量要求：可采用饮水，当采用其他水源应取样鉴定，不得采用有侵蚀性的水作为施工用水。

10.1.4　施工工艺及控制要点

1. 施工工艺流程(图 10.1.4-1)

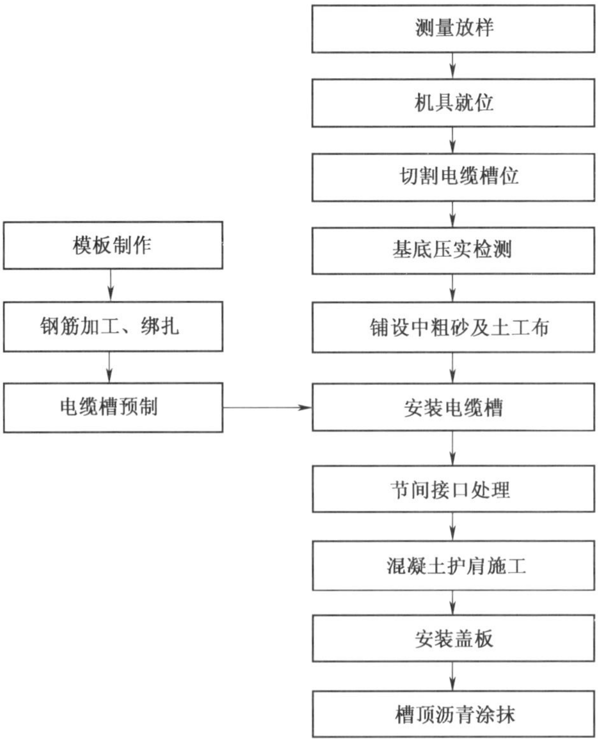

图 10.1.4-1　电缆槽施工工艺流程图

2. 施工工艺

(1)基槽宜采用切割机开槽或采用小型挖掘机开挖,开挖后整平基槽并保证基坑干燥不积水。

(2)电缆槽可采用集中预制或现浇两种方式进行施工,盖板应采用集中预制,电缆井应采用现场浇筑。

①采用预制安装工艺时,清基后在基底铺设中粗砂及土工布,然后安装电缆槽。电缆槽安装应挂线施工,槽节之间接缝采用沥青灌缝防水。电缆槽安装完成后应采用 C15 混凝土回填基坑,并及时施工槽外混凝土护肩。电缆槽(井)盖板安装前,应在电缆槽(井)顶面涂抹沥青后再安装盖板。

②采用现浇工艺时,清基后在基底抹一层 5 cm 厚砂浆,然后绑扎钢筋骨架,安放横向排水 PVC 管,管径一般大于 2 cm,按 5 m 间距布置,以利于后期槽内积水排除。立模后浇筑混凝土,严格控制高程及电缆槽顺直度。

(3)电缆槽安装或现浇电缆槽拆模后可在电缆槽中填铺中粗砂,中粗砂主要起防鼠及防火作用。槽内中粗砂一般填至盖板底以下 5 cm 处。

(4)桥梁、隧道地段电力电缆槽一般与通信槽相近,电力电缆槽涉及过涵洞及上下桥时,其相应接顺方案一般如图 10.1.4-2～图 10.1.4-4 所示。

图 10.1.4-2 隧道口电力电缆槽顺接方案图

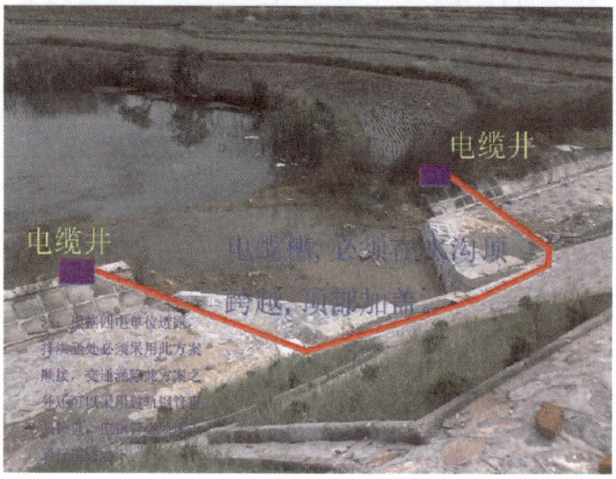

图 10.1.4-3 排洪涵两侧电缆槽顺接方案图

图 10.1.4-4 桥头电力电缆槽顺接方案图

3. 控制要点

(1)电力电缆槽在路基侧沟外侧,一般与路基侧沟同时施工,在路基防护栅栏施工前完成;通信信号电缆槽一般在路基基床表层完成之后开始施工,并在无砟轨道道床板施工前完成。

(2)电缆槽施工时应注意各种手孔、分支电缆槽的位置,一般先预留,后期统一浇筑。各种手孔施工时亦需注意孔内排水孔的设置。

10.1.5　质量检测

(1)电缆槽下的垫层材料检验应符合《高速铁路路基工程施工质量验收标准》(TB 10751—2010)第 4.3.5 条、第 4.3.6 条的规定，水泥砂浆找平层的检验应符合《高速铁路路基工程施工质量验收标准》(TB 10751—2010)第 12.2.23 条规定。

(2)电缆槽下部路基填筑质量要求、检验数量及检验方法应符合表 10.1.5-1 规定。

表 10.1.5-1　电缆槽下部路基填筑质量要求、检验数量及检验方法

检验项目	质量要求		施工单位检验数量	检验方法
	基层表层	基层底层		
动态变形模量 E_{vd}(MPa)	≥55	≥40	每 100 m 抽查 3 处	按《铁路工程土工试验规程》(TB 10102—2010)规定

(3)电缆槽(井)、盖板、护肩混凝土强度等级应符合设计，其施工和检验应符合《铁路混凝土工程施工质量验收标准》(TB 10424—2010)第 6.3.1 条、第 6.4.1 条～第 6.4.11 条、第 6.4.16 条的有关规定。

(4)预制混凝土电缆槽的各部尺寸的允许偏差、检验数量及检验方法应符合表 10.1.5-2 的规定。

表 10.1.5-2　预制混凝土电缆槽的各部尺寸的允许偏差、检验数量及检验方法

序号	检验项目	允许偏差	检验数量	检验方法
1	长度、宽带	±5 mm	抽样检验 2%	尺量
2	高度	±4 mm		尺量
3	厚度	±2 mm		尺量一端及中部，取最大值

(5)预制活性粉末混凝土盖板的各部尺寸的允许偏差、检验数量及检验方法应符合表 10.1.5-3 的规定。

表 10.1.5-3　预制活性粉末混凝土盖板的各部尺寸的允许偏差、检验数量及检验方法

序号	检验项目	允许偏差	检验数量	检验方法
1	边长	$^{+3}_{-2}$ mm	抽样检验 2%	尺量
2	厚度	$^{+2}_{-1}$ mm		尺量一端及中部，取最大值
3	对角线长	±3 mm		尺量
4	翘曲	$L/300$		水平尺在两端量测

(6)电缆井施工的允许偏差、检验数量及检验方法应符合表 10.1.5-4 的规定。

表 10.1.5-4　电缆井施工的允许偏差、检验数量及检验方法

序号	检验项目	允许偏差	检验数量	检验方法
1	靠线路侧外壁距线路中心线位置	$^{+20}_{0}$ mm	每个电缆井抽检 2 点	尺量
2	底面高程	±10 mm	每个电缆井抽检 3 点	测量仪器测量
3	内径	±10 mm	每个电缆井抽检 3 处	尺量
4	外径	±10 mm		尺量
5	顶面高程(井壁及盖好盖板后)	±10 mm	每个电缆井抽检井壁 2 点，盖板顶面 2 点	测量仪器测量

(7)电缆槽施工的允许偏差、检验数量及检验方法应符合表10.1.5-5的规定。

表10.1.5-5 电缆槽施工的允许偏差、检验数量及检验方法

序号	检验项目	允许偏差	检验数量	检验方法
1	距线路中心线位置	$^{+20}_{0}$ mm	沿线路纵向每100 m每侧各抽检5处	尺量
2	顶面高程(盖好盖板后)	±10 mm		测量仪器测量
3	相邻槽节顶面高差	±5 mm		尺量
4	相邻盖板顶面高差	±2 mm		尺量
5	相邻槽节侧面对齐	±5 mm		尺量

(8)电缆槽预埋件和预留孔的留置允许偏差、检验数量及检验方法应符合表10.1.5-6的规定。

表10.1.5-6 电缆槽预埋件和预留孔的留置的允许偏差、检验数量及检验方法

序号	检验项目	允许偏差	检验数量	检验方法
1	预埋件中心位置	±3 mm	抽样检验2%	尺量
2	预留孔中心位置	±5 mm		
3	预留孔尺寸	$^{+10}_{0}$ mm		

(9)护肩施工的允许偏差、检验数量及检验方法应符合表10.1.5-7的规定。

表10.1.5-7 护肩施工的允许偏差、检验数量及检验方法

序号	检验项目	允许偏差	检验数量	检验方法
1	顶面宽度	$^{+20}_{0}$ mm	沿线路纵向每100 m每侧各抽检5处	尺量
2	顶面高程	±10 mm		测量仪器测量
3	厚度	±5 mm		尺量

10.1.6 质量通病及防治措施

质量通病及防治措施如表10.1.6所示。

表10.1.6 电缆槽施工质量通病及防治措施表

现　象	原　因　分　析	预　防　措　施
混凝土表面缺浆、粗糙、凸凹不平,但无钢筋和石子外露	1. 模板表面在混凝土浇筑前未清理干净,拆模时混凝土表面被粘损; 2. 夹杂其他类型模板; 3. 模板表面脱模剂涂刷不均匀,造成混凝土拆模时发生粘模; 4. 模板拼缝处不够严密,混凝土浇筑时模板缝处砂浆流走; 5. 混凝土振捣不够,混凝土中空气未排除干净	1. 模板表面认真清理,不得沾有干硬水泥砂浆等杂物; 2. 全部使用同类模板; 3. 混凝土脱模剂涂刷均匀,不得漏刷; 4. 振捣必须按操作规程分层均匀振捣密实,严防漏捣,振捣手在振捣时掌握好止振的标准:混凝土表面不再有气泡冒出

续上表

现　象	原　因　分　析	预　防　措　施
混凝土局部酥松，石子间几乎没有砂浆，出现空隙，形成蜂窝状的孔洞	1. 混凝土配比不准，原材料计量错误； 2. 混凝土未能充分搅拌，和易性差，无法振捣密实； 3. 未按操作规程浇筑混凝土，下料不当，发生石子与砂浆分离造成离析； 4. 漏振造成蜂窝； 5. 模板上有大孔洞，混凝土浇筑时发生严重漏浆造成蜂窝	1. 采用电子自动计量拌和站拌料，每盘出料均检查混凝土和易性；混凝土拌和时间应满足其拌和时间的最小规定； 2. 混凝土下料高度超过 2 m 以上应使用串筒或滑槽； 3. 混凝土分层厚度严格控制在 30 cm 之内；振捣时振捣器移动半径不大于规定范围；振捣手进行搭接式分段，避免漏振； 4. 仔细检查模板，并在混凝土浇筑时加强现场检查
混凝土结构内有孔洞，局部没有混凝土，或蜂窝巨大	1. 钢筋密集、预埋件密集，混凝土无法进入，无法将模板填满； 2. 未按顺序振捣混凝土，产生漏振； 3. 混凝土坍落度太小，无法振捣密实； 4. 混凝土中有硬块或其他大件杂物，或有其他工、用具落入； 5. 不按规定程序下料，或一次下料过多，来不急振捣造成	1. 粗骨料最大粒径应满足规范要求； 2. 防止漏振，专人职班检查； 3. 保证混凝土的流动性附合现场浇筑条件，施工时检查每盘到现场的混凝土，不合格坚决废弃不用； 4. 防止砂、石中混有黏土块或冰块等杂物；防止杂物落入正浇筑的混凝土中如发现有杂物应马上进行清理
钢筋混凝土结构内的主筋、副筋或箍筋等露于混凝土表面	1. 钢筋尺寸大于设计，局部有紧贴模板处； 2. 混凝土浇筑振捣时，钢筋垫块移位或脱落造成钢筋移位紧贴模板； 3. 钢筋混凝土结构断面较小，钢筋过密，如遇大骨料卡在钢筋上，混凝土将不能裹住钢筋造成漏筋； 4. 混凝土拆模过早，模板将混凝土带落造成漏筋	1. 绑扎钢筋前，认真检查钢筋几何尺寸，不符合要求的一律返工； 2. 垫块按一米间距梅花状布置，钢筋密集处应加垫； 3. 混凝土配合比中的粗骨料最大尺寸应符合规范要求，并在收料时严格控制； 4. 混凝土拆模严格执行规范规定强度
混凝土结构直边处、棱角处局部掉落，有缺陷	1. 混凝土浇筑后养护不好，边角处水分散失严重，造成局部强度低，在拆模时造成前述现象； 2. 模板在折角处设计不合理，拆模时对混凝土角产生巨大应力； 3. 拆模时野蛮施工，边角处受外力撞击； 4. 成品保护不当，被车或其他机械刮伤	1. 加强养护工作，保证混凝土强度均匀增长； 2. 设计模板时，将直角处设计成圆角或略大于 90°； 3. 拆模时精心操作，象爱护自己的眼睛一样爱护结构物； 4. 按成品防护措施防护，防止意外伤害

10.2　声屏障、接触网支柱基础

10.2.1　工艺原理及适用范围

声屏障及接触网基础一般由桩基、托盘或托梁组成，其位置在路肩内侧，与通信信号电缆槽相临。施工中不得因其施工而损坏、危及路基的稳固与安全。各种基础应按设计要求位置、形状尺寸、深度施工，基础开挖不得破坏基床表面。

声屏障及接触网支柱基础如图 10.2.1-1～图 10.2.1-4 所示。

图 10.2.1-1 接触网基础图

图 10.2.1-2 拉线基础图

图 10.2.1-3 接触网手孔及分支电缆槽

图 10.2.1-4 路基声屏障基础

10.2.2 机具设备选型及配套

声屏障及接触网基础一般为钢筋混凝土结构，现场应根据工程量的大小选择合适的机具设备，根据施工需要，一般需配置小型挖掘机、悬挖钻机、汽车吊、混凝土拌和站、罐车、钢筋切断机、钢筋弯曲机、振捣棒、预留螺栓胎模等设备。

10.2.3 原材料控制

选用的水泥、粉煤灰、水及外加剂等原材料应符合设计要求，并按相关规定进行检验。

1. 水泥

检查数量：同一产地、品种、规格连续进场的水泥，袋装水泥 200 t 为一批，散装水泥 500 t 一批，当袋装水泥不足 200 t 或散装水泥不足 500 t 时也按一批计，每批抽检一组。

检验方法：检查产品质量证明文件。在水泥库抽样检验水泥强度、安定性、凝结时间。

2. 粗细骨料

质量要求：细骨料采用砂或石屑：粒径 2.5～20 mm，含泥量不大于 3%，氯化物含量不大于 0.02%；粗骨料含泥量不大于 1%，氯化物含量不大于 0.02%。

检查数量：同一产地、品种、规格连续进场的粗细骨料，分别每 400 m^3 为一批，当不足 400 m^3 时也按一批计，每批抽检一组。

检查方法：在料场抽样检验粗细骨料含泥量、筛分试验检验其颗粒级配。

3. 粉煤灰

质量要求：Ⅱ级或Ⅱ级以上，氯化物含量不大于 0.02%，烧失量不大于 5%，含水率不大于 1%。

检查数量：同一产地、品种、规格连续进场的粗细骨料，分别每 200 t 为一批，当不足 200 t 时也按一批计，每批抽检一组。

检查方法：检查产品质量证明文件。

4. 外加剂

质量要求：氯化物含量不大于 0.2%、减水率不小于 20%、收缩率比不大于 135%的聚羧酸盐系减水剂。

5. 施工用水

质量要求：可采用饮水，当采用其他水源应取样鉴定，不得采用有侵蚀性的水作为施工用水。

10.2.4　施工工艺及控制要点

1. 施工工艺流程(图 10.2.4)

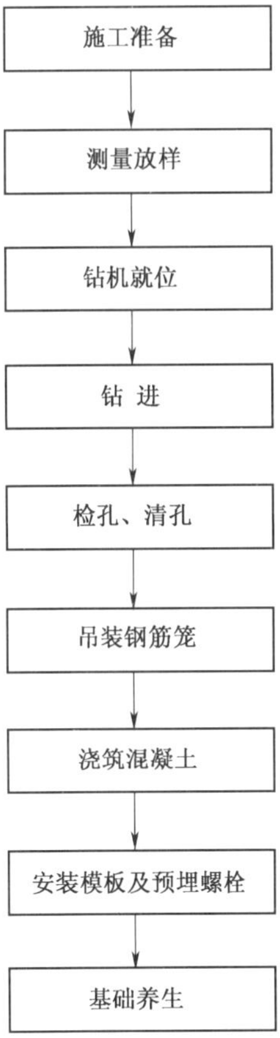

图 10.2.4　接触网支柱及声屏障基础施工工艺流程图

2. 施工工艺

声屏障及支柱接触网基础一般由桩基、托盘或托梁组成，其位置在路肩内侧，与通信信号电缆槽相临。桩基础一般采用机械施工，条件不具备时亦可采用人工开挖，开挖后应立即组织封孔，不得有积水浸泡，桩基施工时注意预埋接地钢筋。托盘及托梁施工时应注意预埋螺栓的精度，一般预埋螺栓 4～8 个为一组，利用加工胎模来控制埋设螺栓的垂直度、相对尺寸、外露尺寸。声屏障及支柱接触网基础施工时应符合下列要求：

(1)严格按照设计要求的位置精确放样，精度满足验标要求。

(2)桩基础一般可采用悬挖钻或长螺旋钻机开挖，条件不具备时亦可采用人工开挖。

(3)桩基础开挖后应立即组织封孔，不得有积水浸泡。

(4)钢筋笼宜集中加工，由汽车运输至现场。钢筋笼采用吊车安装，条件困难时，也可人工安装。

(5)混凝土采用集中拌和，浇筑时注意预埋接地钢筋。托盘及托梁施工时应注意预埋螺栓的精度，一般预埋螺栓 4～8 个为一组，利用加工胎模来控制埋设螺栓的垂直度、相对尺寸、外露尺寸。

3. 质量控制要点

(1)修筑于路基上的声屏障基础及接触网基础一般安排在基床表层完工后，无砟轨道道床板施工前完成。

(2)施工中不得因其施工而损坏、危及路基的稳固与安全。各种基础应按设计要求位置、形状尺寸、深度施工，基础开挖不得破坏基床表面。

(3)接触网支柱基础

①接触网基础型号多易混淆，施工时需现场一一核对。部分接触网基础螺栓纵横向排数及螺栓间距不一，螺栓放置方向应与图纸对应。

②接触网基础预埋螺栓间距应控制在±1 mm之内。

③接触网支柱基础基坑施工时不应破坏路基及防护工程结构，不得侵占电缆槽、排水沟位置。

(4)声屏障基础质量控制

①声屏障基础预埋螺栓的外露长度、竖直度、相邻基础螺栓相对高程，螺栓组顺直度等，其要求与接触网基础基本一致，可通过胎模进行控制。

②声屏障基础宜每20～30 m设置一道伸缩缝。

10.2.5 质量检测

(1)接触网支柱、声屏障基础混凝土强度等级应符合设计，其施工和检验应符合《铁路混凝土工程施工质量验收标准》(TB 10424—2010)第6.3.1条、第6.4.1条～第6.4.11条、第6.4.16条的有关规定。

(2)接触网支柱基础的基坑开挖方法应符合设计和施工技术方案的要求，不得影响路基安全、稳定；接触网支柱基础的基坑全部用混凝土灌注密实后，支柱基础表面应与路基表面衔接平顺。

(3)预埋件数量、位置、型号和综合接地应符合设计要求。施工单位采用观察、尺量进行全部检验。

(4)接触网支柱距线路中心线位置、沿线路纵向位置、截面尺寸、埋置深度的允许偏差、检验数量及检验方法应符合表10.2.5的规定。

表10.2.5 接触网支柱距线路中心线位置、沿线路纵向位置、截面尺寸、埋置深度的允许偏差、检验数量及检验方法

序号	检验项目	允许偏差	施工单位检验数量	检验方法
1	距线路中心线位置	$^{+20}_{0}$ mm	按接触网支柱数量的10%抽样检验	尺量
2	沿线路纵向位置	±10 mm		仪器测量
3	形状尺寸(截面尺寸)	$^{+50}_{0}$ mm		尺量
4	埋置深度	不小于设计值		仪器测量

10.2.6 质量通病及防治措施

接触网支柱及声屏障基础施工质量通病及防治措施见表10.2.6。

表10.2.6 声屏障、接触网支柱基础质量通病及防治措施表

现　象	原　因　分　析	预　防　措　施
螺栓方向错误	未认真看懂图纸，把螺栓组方向搞反	认真读图，仔细放样
螺栓外露长度不足，无法立杆	1. 混凝土振捣时螺栓下沉； 2. 未考虑线路纵坡的影响	1. 螺栓外露长按正误差控制； 2. 混凝土浇筑前螺栓用胎模固定，确保螺栓稳固； 3. 技术人员值班，对螺栓各项指标重点监控

续上表

现　象	原　因　分　析	预　防　措　施
拆模后接地端子无法找到	接地端子无法与模板固定，混凝土浇筑过程中接地端子跑偏	1. 严格按设计位置对接地端子进行定位； 2. 混凝土浇筑前在模板外侧对接地端子标识位置，拆模后及时找出接地端子
螺栓撞弯、撞断	施工场地限制，部分机械设备在施工时将螺栓损坏	1. 加强施工人员的成品保护意识； 2. 对现场成品进行醒目的标识并采用必要的保护措施
混凝土基础高程超限	施工控制重视不够，基础顶面超设计高程	技术人员值班，加强现场监控

10.3　综　合　接　地

10.3.1　工艺原理及适用范围

综合接地就是将铁路沿线的牵引供电回流系统、电力供电系统、信号系统、通信及其他电子信息系统、建筑物、道床、站台、桥梁、隧道、声屏障等需要接地的装置通过贯通地线连成一体的接地系统，同时该贯通地线也是牵引回流的一个主要回路。

10.3.2　机具设备选型及配套

主要工具有：液压钳、压模、电工刀、锯弓等。

主要材料有：54755 型 C 型铜接头、FSJD 复合绝缘防水胶带。

10.3.3　原材料控制

综合接地的原材料一般为甲供料，进场应核对其质保书。

10.3.4　施工工艺及控制要点

1. 施工工艺流程(图 10.3.4-1)

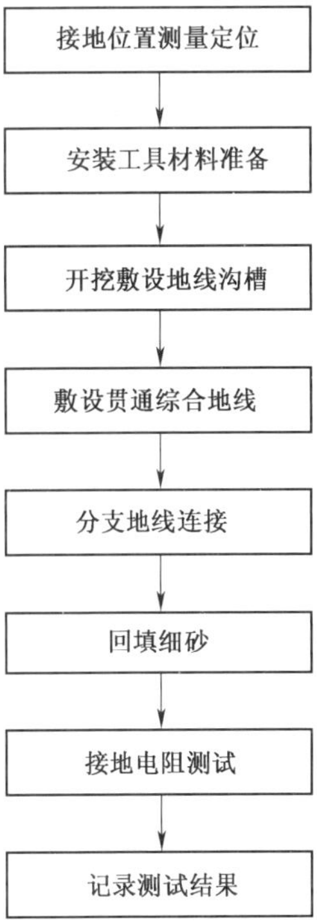

图 10.3.4-1　综合接地施工工艺流程图

2. 施工工艺

综合接地系统由贯通地线、接地装置及引接线等构成，实施过程中涉及站前、站后各个专业，应统筹安排施工。

(1)基槽开挖

贯通线埋设在路基通信信号电缆槽下，必须直接与土体接触，贯通线设置在路基两侧，当路基长度超过 500 m 时，必须横向连接一次。路堤、土质及软质岩路堑地段的贯通地线应埋设在距基床底层顶面下 30～40 cm 处；硬质岩路堑地段，贯通地线应埋设在通信、信号电缆槽下约 20 cm 处，沟中回填细粒填料。基槽开挖宽度在 30 cm 左右。

贯通线基槽开挖现场照片如图 10.3.4-2 所示。

(2)放缆及回填

贯通电缆在基槽中蛇形敷设,敷设后回填 5 cm 左右黏土,然后回填路基填料,回填前注意将分支电缆引出。

放缆现场照片如图 10.3.4-3 所示。

图 10.3.4-2 贯通线基槽开挖现场照片

图 10.3.4-3 放缆现场照片

(3)贯通线连接

①直通连接法

a. 将需要接续的贯通地线端头用锯弓进行修复平整处理,然后将塑料层剥去 100 mm 左右。选择与铜缆芯相配备的两只 C 型铜接头和配套压模。示例图如图 10.3.4-4～图 10.3.4-7 所示。

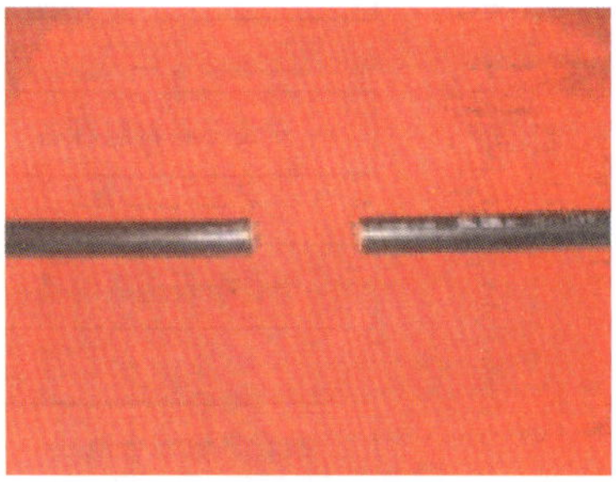

图 10.3.4-4 直通连接法步骤 1

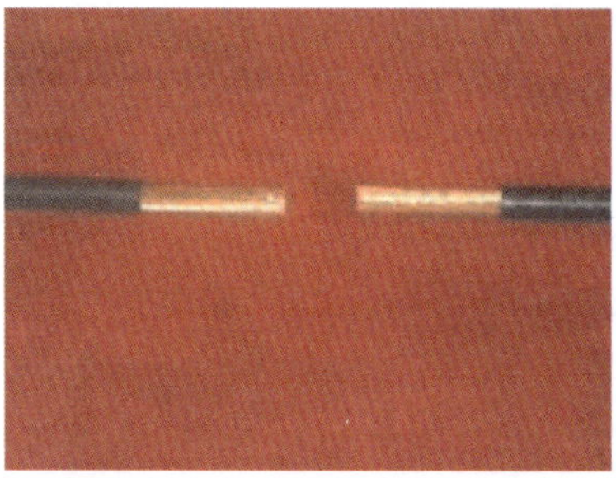

图 10.3.4-5 直通连接法步骤 2

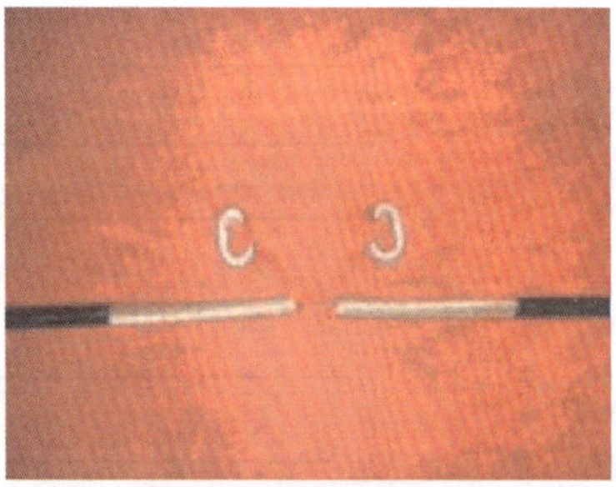

图 10.3.4-6 直通连接法步骤 3

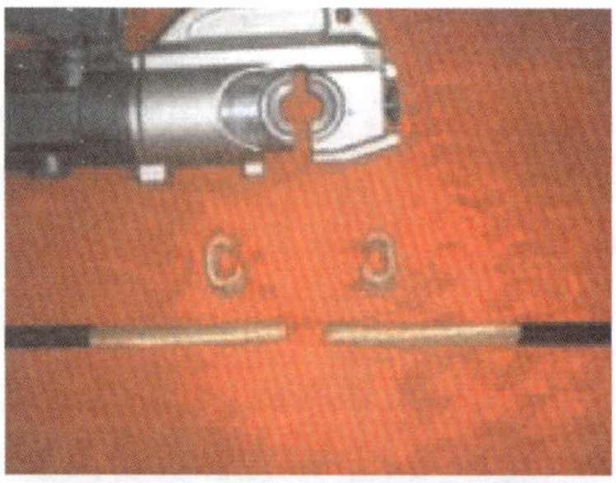

图 10.3.4-7 直通连接法步骤 4

b. 配备的 C 型铜接头放入液压钳中固定,把需要接头的两端电缆插入 C 型铜接头的凹槽中,伸出铜接头外 0.5 cm 左右。示意图如图 10.3.4-8、图 10.3.4-9 所示。

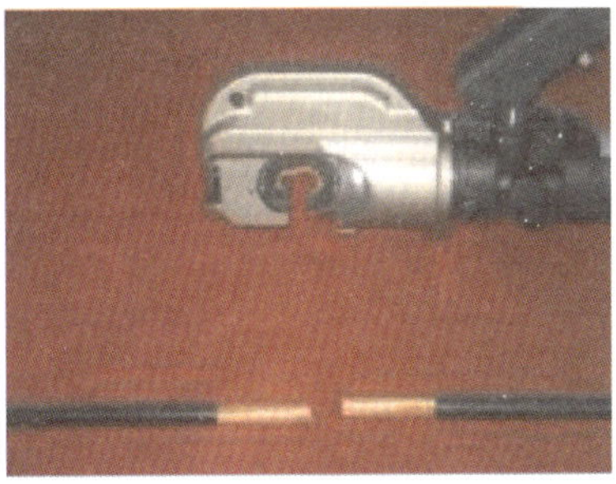

图 10.3.4-8　直通连接法步骤 5

图 10.3.4-9　直通连接法步骤 6

c. C 型接头直通接续。示意图如图 10.3.4-10、图 10.3.4-11 所示。

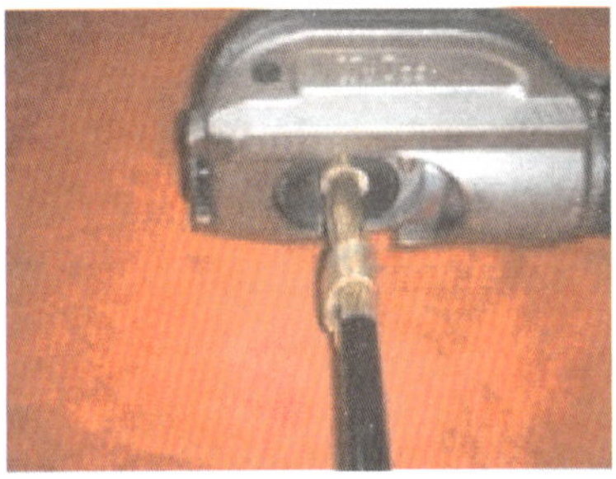

图 10.3.4-10　直通连接法步骤 7

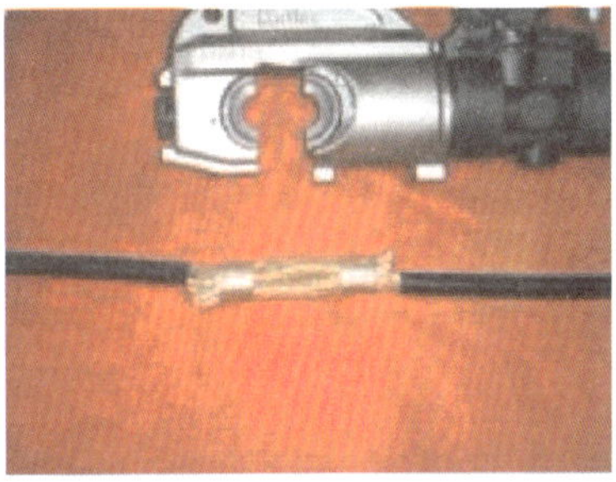

图 10.3.4-11　直通连接法步骤 8

d. 对接续好的缆芯进行防水防腐处理，采用 FSJD 复合绝缘防水胶带进行螺旋缠绕，以保证紧密裹包在接头处的缆芯上。示意图如图 10.3.4-12～图 10.3.4-15 所示。

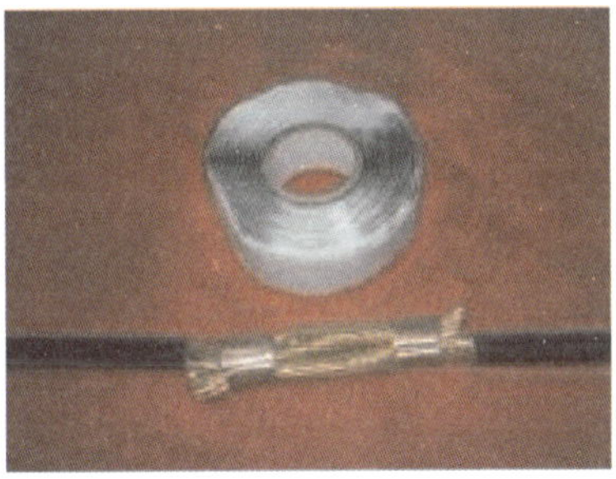

图 10.3.4-12　直通连接法步骤 9

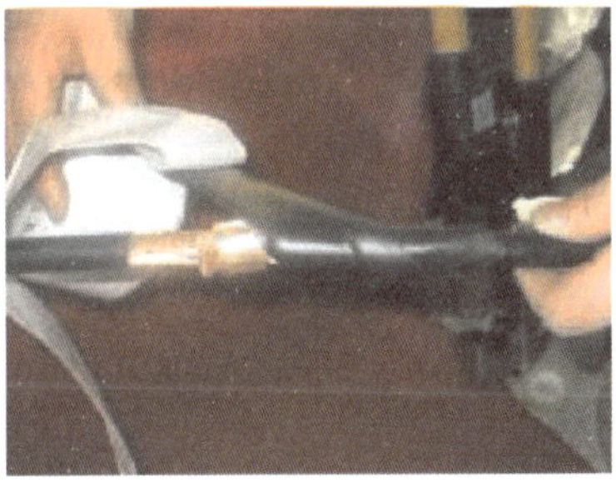

图 10.3.4-13　直通连接法步骤 10

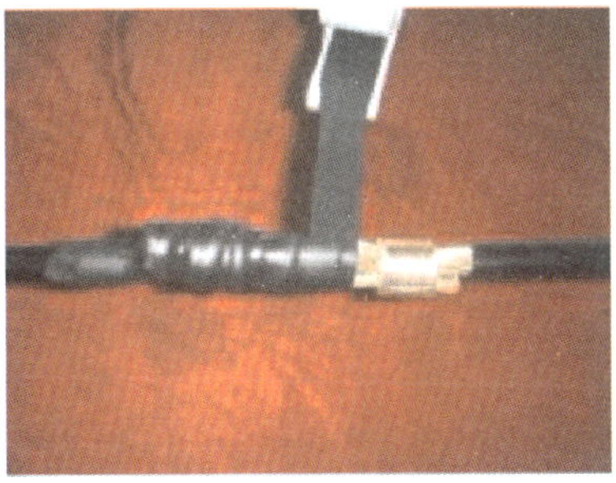

图 10.3.4-14　直通连接法步骤 11

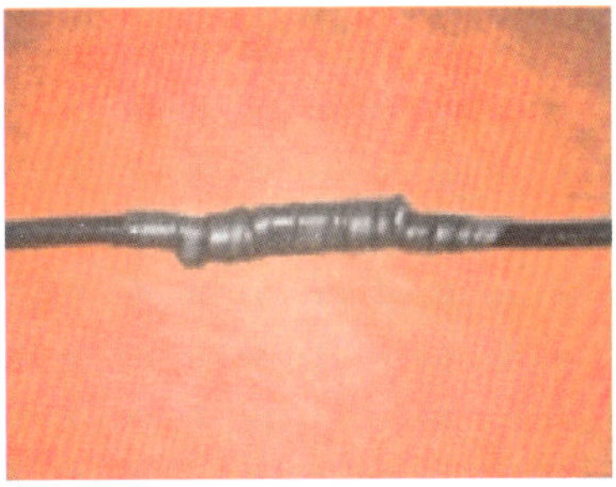

图 10.3.4-15　直通连接法步骤 12

②"T"型连接法

a. 将需要接续的主干线贯通地线端头用刀片剖开塑料长度大约 100 mm，把需要接续支线端头剖开同样100 mm左右，并且进行修复平整处理。选择与铜缆芯相配备的两只C型铜接头和配套压模。示意图如图10.3.4-16～图10.3.4-19所示。

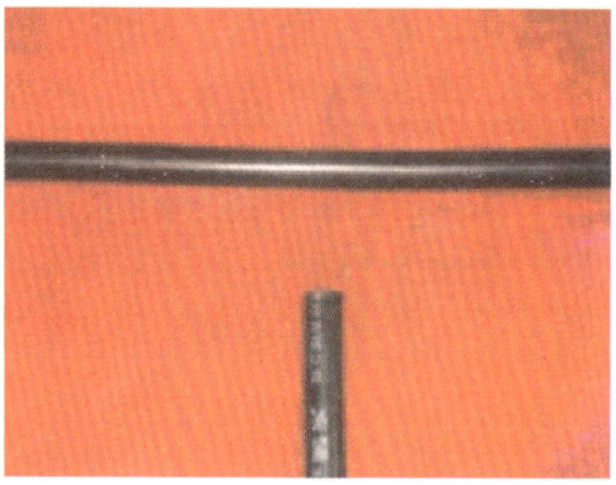

图10.3.4-16 “T”型连接法步骤1

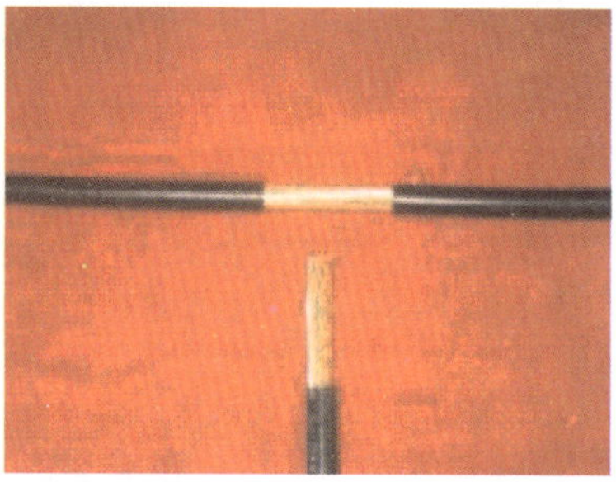

图10.3.4-17 “T”型连接法步骤2

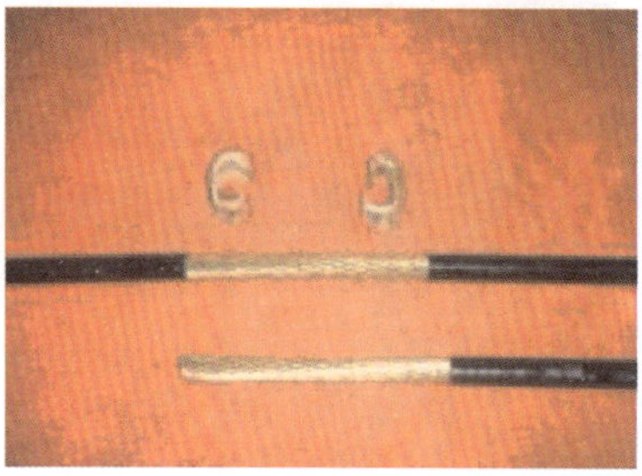

图10.3.4-18 “T”型连接法步骤3

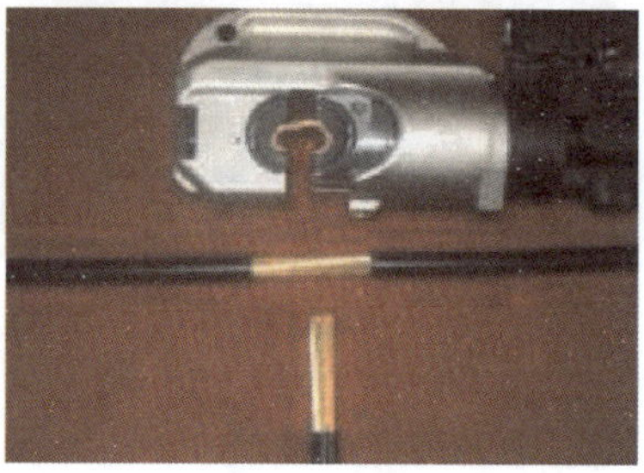

图10.3.4-19 “T”型连接法步骤4

b. 配备的C型铜接头放入液压钳中固定，把需要接头的两端电缆插入C型铜接头的凹槽中，伸出铜接头外0.5 cm左右。两只C型铜接头间距在30～35 mm左右。示意图如图10.3.4-20、图10.3.4-21所示。

图10.3.4-20 “T”型连接法步骤5

图10.3.4-21 “T”型连接法步骤6

c. C型接头“T”型接续。示意图如图10.3.4-22、图10.3.4-23所示。

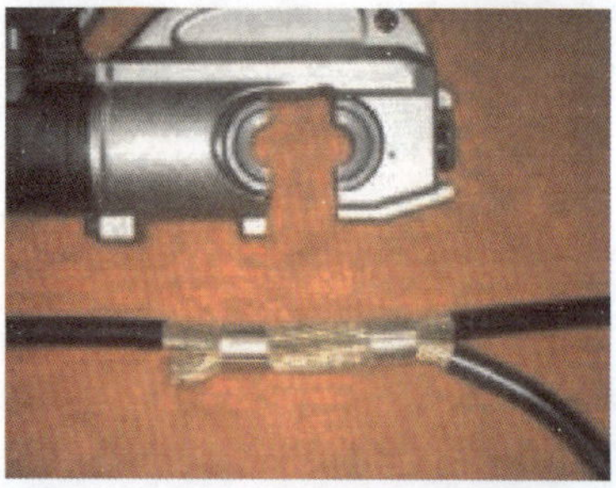

图10.3.4-22 “T”型连接法步骤7

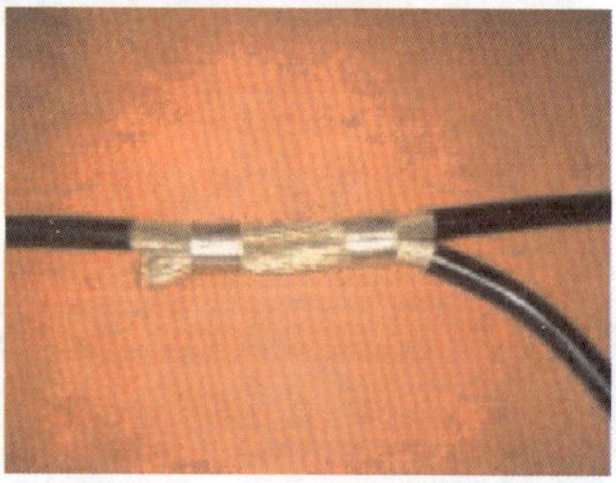

图10.3.4-23 “T”型连接法步骤8

d. 对接续好的缆芯进行防水防腐处理，采用 FSJD 复合绝缘防水胶带进行螺旋缠绕，以保证紧密裹包在缆芯上。示意图如图 10.3.4-24、图 10.3.4-25 所示。

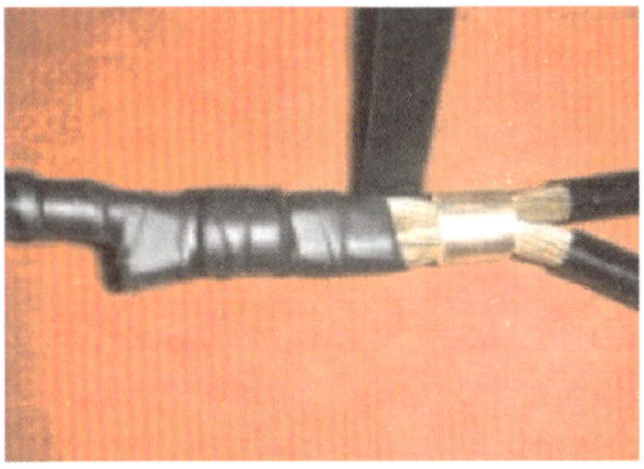

图 10.3.4-24　"T"型连接法步骤 9

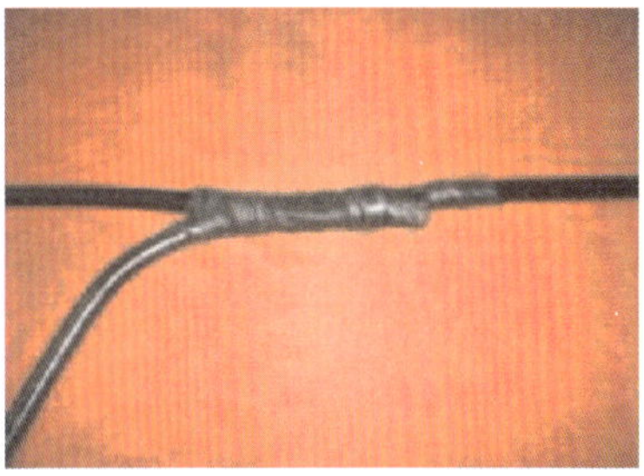

图 10.3.4-25　"T"型连接法步骤 10

3. 质量控制要点

路堤段贯通线上方应覆盖不少于 100 cm 厚填料后，才能进行正常的路基填筑和机械压实作业。

10.3.5　质量检测

(1)综合接地贯通地线及分支引接线进场材料应符合设计要求。施工单位查验每批产品质量证明文件和性能报告单。

(2)综合接地贯通地线及分支引接线设置位置、方式、施工方法应符合设计要求。施工单位单位观察是否按工艺试验确定的施工工序和工艺参数埋设、测量设置位置进行全部检验。

(3)通路检测

主要检测贯通地线的通路情况，由于贯通地线本身为导体，且与大地接触，故若其存在断路情况采用万用表是无法测出的，现场一般采用手电筒法检测。如图 10.3.5 所示。

首先准备一个手电筒，开关处断开，对 100 m 远处左右贯通线用导线连通，近处采用导线配合手电筒，将贯通线接通，若手电筒亮则表示通路，否则为不通，不通的段落采用在通信信号电缆槽中增设贯通线的方法补救。

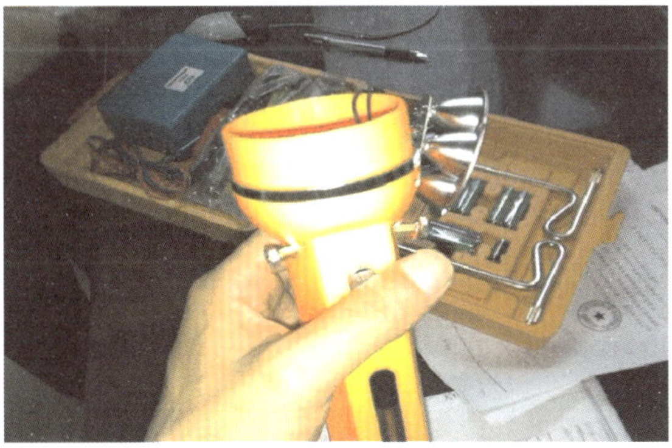

图 10.3.5　通路检测手电筒法图

(4)接地电阻检测

贯通线贯通后采用摇表测试接地电阻，要求单点接地电阻不得大于 1 Ω，一般土质路基地段很容易达到此要求，石质地段稍差，可采取增设分支电缆接入土质大地或添加降阻剂，增加接地极，埋设碳棒，仍不能满足使用功能时则应分析具体原因报设计处理。

10.3.6 质量通病及防治措施

贯通线连接长度不够及C型卡间距过短。施工时应设置专人专项负责(如电工),并严格按标准操作。

10.4 过轨预埋管线

10.4.1 工艺原理及适用范围

高速铁路因路基结构强度增大,为避免普速铁路采用的穿管过轨影响路基排水系统、本体强度及稳定性,各专业过轨均采用预留电缆过轨管及在路基两侧设置电缆井的方式完成。目前高速铁路过轨主要有路基、隧道和车站站内过轨三种方式。

10.4.2 主要施工机械设备

一般采用人工开挖及安装,所需机具设备较少。

10.4.3 原材料控制

过轨所涉及的材料主要是钢管及PVC管,由于其作用主要是形成孔道,故对其原材料质量无特殊要求。

10.4.4 施工工艺及控制要点

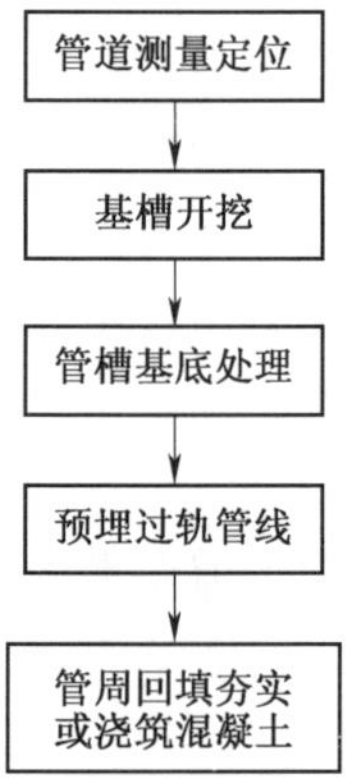

图10.4.4-1 预埋过轨管线施工工艺流程图

1. 施工工艺流程(图10.4.4-1)

2. 施工工艺

(1)各种过轨应根据相应施工图反挖法控制,为便于过轨管道的保护,一般路基高程填至超过管顶高程30 cm时即可安排过轨管道的埋设。

(2)过轨管埋设一般待路基基床表层完成之后人工开15 cm宽横向槽道,深度可比过轨管径大于30 cm左右,槽道太浅则过轨管易被通行车辆压坏,PVC管埋好后采用细砂回填,覆盖PVC管后回填开挖料,表面用砂浆封闭,以防雨水渗入,影响路基整体质量。

(3)过轨穿管如图10.4.4-2所示。

3. 质量控制要点

(1)路堤地段过轨管线应在填筑至基床底层顶面后埋设,基床表层换填地段的路堑应在基床表层范围内原状岩(土)挖除后埋设,基床表层不换填的硬质岩石路堑地段应在路堑施工至路基面高程时埋设。

(2) 接触网过轨质量控制

接触网过轨一般采用PVC材质,不得使用钢管,主要考虑电缆通电时,在钢管中形成涡流,导致电缆烧毁。过轨管两端为接触网手孔,过轨里程设计时一般均对应接触网里程。

(3) 通信信号过轨质量控制

通信、信号过轨管道及手孔的设置须避开线间集水井、接触支柱基础及其下锚基础。为避开强、弱电流,以免影响信号,过轨管道及手孔的外缘距集水井、接触立柱基础及其下锚基础外缘不少于 5 m。

(4)电力过轨质量控制

电力过轨一般采用 ϕ160 mm 无缝钢管，路堑地段端部设置弯头，与电力手孔相连，过轨管在路堑底部通过。路堤地段在不设弯头，直接将路基两侧电力手孔连通。

10.4.5　质量检测

(1)过轨管贯通地线及分支引接线进场材料应符合设计要求。施工单位查验每批产品质量证明文件和性能报告单。

(2)过轨管贯通地线及分支引接线设置位置、方式、施工方法应符合设计要求。施工单位单位观察是否按工艺试验确定的施工工序和工艺参数埋设、测量设置位置进行全部检验。

(3)过轨管采用镀锌管时，埋设前应将管口打磨光滑。

图 10.4.4-2　过轨穿管图

10.4.6　质量通病及防治措施

(1)管口被堵，无法穿缆或是管口被埋，找不到管口。施工时，应严格按照设计位置铺设并加深手孔，施工完成后采用有效临时封堵。

(2)接头毛刺损坏电缆。安装之前或管节焊接前应将毛刺除净。

10.5　端　　刺

10.5.1　工艺原理及适用范围

组成高速铁路线路结构物的强度、刚度、变形、材料有很大的差异，这种差异将影响线路的平顺性，路基与桥梁、路基与涵洞、路堤与路堑之间刚度的差异，沉降的不一致，将严重影响线路的平顺性，为克服这种差异，在路基与桥梁、路基与涵洞、路堤与路堑过渡段，设置一个混凝土材质的结构，这个结构就叫端刺。端刺属于路基相关工程及设施，是路基的组成部分。

10.5.2　主要施工机械设备

端刺施工的设备主要包括基坑开挖用的小型挖掘机、钢筋加工机及混凝土浇筑的相关机械。施工中不必专门配置，可利用桥涵施工的相关机械。

10.5.3　原材料控制

1. 细骨料

(1)细骨料应选用级配合理、质地均匀坚固、吸水率低、空隙率小的洁净天然河砂，也可用采用专门磨机机组生产的人工砂。不宜使用山砂。在不具备可靠冲洗条件的情况下，不得使用海砂。

(2)细骨料的颗粒级配(累计筛余百分率)应满足表 10.5.3-1 的规定。

(3)细骨料的粗细程度按细度模数分为粗、中、细 3 种规格，其细度模数分别为：

粗砂为3.7～3.1,中砂为3.0～2.3,细砂为2.2～1.6。

表10.5.3-1 细骨料的累计筛余百分率(%)

筛孔尺寸(mm) \ 级配区	Ⅰ区	Ⅱ区	Ⅲ区
10.0	0	0	0
5.00	10～0	10～0	10～0
2.50	35～5	25～0	15～0
1.25	65～35	50～10	25～0
0.63	85～71	70～41	40～16
0.315	95～80	92～70	85～55
0.160	100～90	100～90	100～90

注:除5.00 mm和0.63 mm筛档外,细骨料的实际颗粒级配与表10.5.3-1中所列的累计筛余百分率相比允许稍有超出分界线,但其总量不应大于5%。

配制混凝土时宜优先选用中砂。当采用粗砂时,应提高砂率,并保持足够的水泥用量,以满足混凝土的和易性;当采用细砂时,宜适当降低砂率。

当所用细骨料的颗粒级配不符合表10.5.3-1的要求时,应采取经试验证明能确保工程质量的技术措施后,方允许使用。

(4)细骨料的吸水率应不大于2%,细骨料的坚固性用硫酸钠溶液循环浸泡法检验,经5次循环后试样的质量损失率应不超过8%。

(5)采用天然砂配制混凝土时,砂的有害物质的含量应符合表10.5.3-2的规定。

如发现砂中含有颗粒状的硫酸盐或硫化物杂质时,应进行专门检验,确认其能满足混凝土的耐久性要求时方能采用。

表10.5.3-2 砂中有害物质含量限值

项　目	质量指标		
	<C30	C30～C45	≥C50
含泥量(%)	≤3.0	≤2.5	≤2.0
泥块含量(%)	≤0.5		
云母含量(%)	≤0.5		
	≤0.5		
轻物质含量(%)	≤0.5		
硫化物及硫酸盐含量(折算成SO_3)(%)	≤0.5		
有机物含量(用比色法试验)	颜色不应深于标准色,如深于标准色,则应按水泥胶砂强度试验方法,进行强度对比试验,抗压强度比不应低于0.95		

(6)细骨料的应采用砂浆棒法检验其碱活性,且砂浆棒的膨胀率应小于0.10%,否则应按要求采取抑制碱-骨料反应的技术措施。

(7)人工砂或混合砂的压碎指标值应小于25%。经亚甲蓝试验判定后,人工砂或混合砂的石粉含量应符合表10.5.3-3的规定。

2. 粗骨料

(1)粗骨料应选用级配合理、粒形良好、质地均匀坚固、线膨胀系数小的洁净碎石,也可采用碎卵石，不宜采用砂岩碎石。

表 10.5.3-3　人工砂或混合砂中石粉含量限值

混凝土强度等级		<C30	C30～C45	≥C50
石粉含量(%)	MB<1.40	≤10	≤7	≤5
	MB≥1.40	≤5.0	≤3.0	≤2.0

(2)粗骨料的最大公称粒径不宜超过钢筋混凝土保护层厚度的 2/3，且不得超过钢筋最小间距的 3/4。配制强度等级 C50 及以上预应力混凝土时，粗骨料最大公称粒径(圆孔)不应大于 25 mm。

(3)粗骨料应采用二级或多级级配，其松散堆积密度应大于 1500 kg/m^3，紧密空隙率宜小于 40%，吸水率应小于 2%(用于干湿交替或冻融环境条件下的混凝土应小于 1%)。

(4)当粗骨料为碎石时，碎石的强度用岩石抗压强度表示，且岩石抗压强度与混凝土强度等级之比不小于 1.5。施工过程中碎石的强度可用压碎指标值进行控制，且应符合表 10.5.3-4 的规定。

若粗骨料为卵石，卵石的强度用压碎指标值表示，且应符合表 10.5.3-4 的规定。

表 10.5.3-4　粗骨料的压碎指标值(%)

混凝土强度等级	<C30			≥C30		
岩石种类	水成岩	变质岩或深成的火成岩	火成岩	水成岩	变质岩或深成的火成岩	火成岩
碎石	≤16	≤20	≤30	≤10	≤12	≤13
卵石	≤16			≤12		

注：水成岩包括石灰岩、砂岩等；变质岩包括片麻岩、石英岩等；深成的火成岩包括花岗岩、正长岩、闪长岩和橄榄岩等；喷出的火成岩包括玄武岩和辉绿岩等。

(5)粗骨料的坚固性用硫酸钠溶液循环浸泡法进行检验。经 5 次循环后，试样的质量损失率应符合表 10.5.3-5 的规定。

表 10.5.3-5　粗骨料的坚固性

结构类型	混凝土结构	预应力混凝土结构
质量损失率(%)	≤8	≤5

(6)粗骨料的有害物质含量应符合表 10.5.3-6 的规定。

表 10.5.3-6　粗骨料的有害物质含量限值

项目 \ 强度等级	<C30	C30～C45	≥C50
含泥量(%)	≤1.0	≤1.0	≤0.5
泥块含量(%)	0.25		
针、片状颗粒总含量(%)	≤10	≤10	≤8
硫化物及硫酸盐含量(折算成 SO_3)(%)	≤1.0		
卵石中有机质含量(用比色法试验)	颜色不应深于标准色。当深于标准色时，应配制成混凝土进行强度对比试验，抗压强度比不应小于 0.95		

(7)粗骨料的碱活性首先应采用岩相法进行检验。若粗骨料含有碱-硅酸反应活性矿物，

其砂浆棒膨胀率应小于 0.10%，否则应按要求采取抑制碱-骨料反应的技术措施。不得使用具有碱-碳酸盐反应活性的骨料。

3. 水泥

(1)水泥应选用硅酸盐水泥、普通硅酸盐水泥。在有充分实践经验证明可行的情况下，大体积混凝土也可选用矿渣硅酸盐水泥。水泥的混合材宜为粉煤灰或矿渣。有耐硫酸盐侵蚀要求的混凝土也可选用中级抗硫酸盐硅酸盐水泥或高级抗硫酸盐硅酸盐水泥。

(2)水泥的技术要求除应满足《通用硅酸盐水泥标准》(GB 175—2007)的有关规定外，还应满足表 10.5.3-7 的规定。

表 10.5.3-7 水泥的技术要求

序号	项 目	技术要求	备 注
1	比表面积	≤350 m^2/kg(硅酸盐水泥、抗硫酸盐硅酸盐水泥)	按《水泥比表面积测定方法 勃氏法》(GB/T 8074—2008)检验
2	80 μm 方孔筛筛余	≤10.0%(普通硅酸盐水泥)	按《水泥细度检验方法 筛析法》(GB/T 1345—2005)检验
3	游离氧化钙含量	≤1.0%	按《水泥化学分析方法》(GB/T 176—2008)检验
4	碱含量	≤0.80%	
5	熟料中的 C_3A 含量	非氯盐环境下≤8%，氯盐环境下≤10%	按《水泥化学分析方法》(GB/T 176—2008)检验后计算求得
6	Cl^- 含量	≤0.20%(钢筋混凝土) ≤0.06%(预应力混凝土)	按《水泥原料中氯离子的化学分析方法》(JC/T 420—2006)检验

注：1. 当骨料具有碱-硅酸反应活性时，水泥的碱含量不应超过 0.60%。
2. C40 及以上混凝土用水泥的碱含量不宜超过 0.60%。

4. 水

(1)混凝土拌和水应满足表 10.5.3-8 的规定。

表 10.5.3-8 拌和用水的品质指标

项 目	预应力混凝土	钢筋混凝土	素混凝土
pH 值	>4.5	>4.5	>4.5
不溶物(mg/L)	<2 000	<2 000	<5 000
可溶物(mg/L)	<2 000	<5 000	<10 000
氯化物(以 Cl^- 计)(mg/L)	<500	<1 000	<3 500
硫酸盐(以 SO_4^{2-} 计)(mg/L)	<600	<2 000	<2 700
碱含量(以当量 Na_2O 计)(mg/L)	<1 500	<1 500	<1 500

(2) 用拌和水和蒸馏水(或符合国家标准的生活饮用水)进行水泥净浆试验所得的水泥初凝时间差及终凝时间差均不得大于 30 min，其初凝和终凝时间尚应符合水泥国家标准的规定。

(3) 用拌和水配制的水泥砂浆或混凝土的 28 d 抗压强度不得低于用蒸馏水(或符合国家标准的生活饮用水)拌制的对应砂浆或混凝土抗压强度的 90%。

(4)拌和水不得采用海水。当混凝土处于氯盐环境时，拌和水中 Cl^- 含量应不大于 200 mg/L。对于使用钢丝或经热处理钢筋的预应力混凝土，拌和水中 Cl^- 含量不得超过350 mg/L。

(5)养护用水除不溶物、可溶物可不作要求外，其他项目应符合表 10.5.3-8 的规定。不得采用海水养护混凝土。

5. 钢筋

(1)钢筋混凝土结构用钢筋的品种应符合下列现行国家标准的规定：

《低碳钢热轧圆盘条》(GB 701—1997)；

《钢筋混凝土用钢　第 1 部分：热轧光圆钢筋》(GB 1499.1—2008)；

《钢筋混凝土用钢　第 2 部分：热轧带肋钢筋》(GB 1499.2—2007)。

(2)热处理钢筋不得用作焊接和点焊钢筋。

(3)钢筋的牌号、级别、强度等级、直径应符合设计要求。

(4)钢筋在运输、贮存过程中，应防止锈蚀、污染和避免压弯。装卸钢筋时不得从高处抛掷。

(5)钢筋(含加工完毕待安装的钢筋)应按厂名、级别、规格分批架空堆置在仓库(棚)内，并分类设立标牌。

10.5.4　施工工艺及控制要点

1. 施工工艺流程(图 10.5.4)

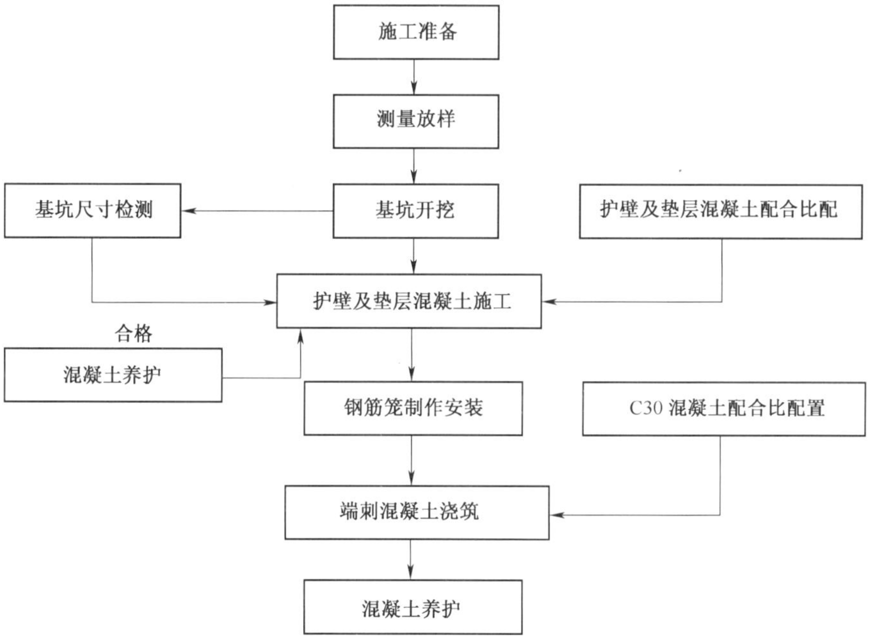

图 10.5.4　端刺施工工艺流程图

2. 施工工艺

(1)施工准备

施工前，对现场施工人员进行详细的技术、安全交底。合理配置所需的机械设备，选取合格的原材料。

(2)测量放样

测量放样，采用全站仪，将基坑边线放样至路基面，并标识。利用现有 CPⅡ加密控制点进行控制。基坑放样按照桥梁承台模板放样要求控制，轴线偏差控制在 2 cm 以内 。基坑放样采用极坐标放样精确定位基坑位置。开挖前基坑边线用墨线标识于路面，标出基坑轮廓。

(3)基坑开挖

基坑开挖分芯部及坑壁两个区域，先芯后壁，先重后轻，分步开挖，避免开挖扰动基坑四周填料。

①级配碎石基坑开挖前，利用电动手锯，沿开挖边线，切一条 3～5 cm 深的切缝，以防止风镐松动时，影响两侧坑壁表层级配碎石填料。为减少基坑开挖扰动范围，基坑坑壁预留 10 cm 厚度。

②AB 组填料基坑开挖采用小型挖掘机、风镐松动，人工配合修整基坑坑壁。

路基面往下第一层约 8 cm 深坑壁采用风镐距离边线 2～3 cm 竖直打钎修面；下部坑壁修整，一般钢钎与坑壁成 20°～30°夹角；精修时采用人工凿平，以修整少量突出及松动部分，使坑壁平整、稳定。

(4)基坑防护

基于端刺基坑的危险和端刺基坑本身的重要性，在其上盖篷布或彩条布遮雨，以保证安全和基坑的质量。

(5)钢筋制作安装

①钢筋下料采用模具控制下料尺寸，必须满足钢筋加工的规范要求。

②钢筋半成品制作必须在钢筋加工场内完成，根据加工的胎具进行各种型号钢筋的制作，期间质检工程师要检查半成品钢筋的加工质量。

③钢筋成品绑制

a. 小端刺钢筋绑制。钢筋半成品运至施工现场，在已施工完成并验收合格的小端刺基坑正上方搭设架子绑制钢筋成品骨架，架子上安装卡具，以确保钢筋的间距。

b. 主、次端刺钢筋绑制。主、次端刺钢筋数量多，且基坑大，不宜在基坑上方搭设架子绑制整体钢筋骨架的方法，所以直接在基坑内绑制但是钢筋数量、间距应符合设计要求。

④钢筋安装

a. 小端刺钢筋成品在架子上绑制完成后，采用大吨位汽车吊装入小端刺基坑，吊装时，利用工字钢钢筋做扁担梁加固钢筋笼，防止钢筋变形，保证钢筋成品在吊装过程中的整体性。

b. 主、次端刺钢筋直接在基坑内进行绑扎和安装，采用卡具保证钢筋安装尺寸及保护层厚度符合设计要求。

(6)混凝土浇筑

①端刺混凝土采用拌和站集中拌和，混凝土罐车运输到施工现场，汽车泵泵送入模。端刺混凝土浇筑采取满灌方式。混凝土振捣采用插入式振动棒，分层振捣，确保混凝土的密实。

②混凝土自由下落高度不得超过 2 m，对于次端刺及主端刺，在混凝土浇筑过程中采用串筒控制混凝土自由下落高度。在混凝土浇筑过程中，注意随时观察所设置的预埋钢筋的位置是否移动，若发现移位时应及时校正。浇筑过程中，施工人员不允许踩踏已安装好的钢筋笼。

(7)养护

混凝土浇筑完成后及时用土工布覆盖，并在端刺顶洒水养护。在养护期内始终确保混凝土表面的湿润。待混凝土终凝后及时对其表面进行凿毛处理以保证与摩擦板混凝土的衔接。

3. 控制要点

(1)及时出渣，防止基坑四周堆载和基底超挖。

(2)施工中如发生基坑泡水现象,应采取措施进行处理并满足设计要求。

(3)因路基填料为渗水性材料,吸水量大,在施工前,与混凝土接触面的填料要进行充分洒水湿润。

10.5.5　质量检测

(1)基坑开挖方法应符合设计和施工技术方案的要求,不得影响路基安全、稳定。

(2)坑壁、基底应平整、无松散剥落。

(3)预埋件数量、位置、型号和综合接地应符合设计要求。

(4)端刺基坑全部用混凝土灌注密实后,端刺混凝土表面与路基表面应衔接平顺。

(5)开挖端刺基坑路基填筑质量要求、检验数量及检验方法应符合表 10.5.5-1 规定。

表 10.5.5-1　开挖端刺基坑路基填筑质量要求、检验数量及检验方法

检验项目	质量要求			施工单位检验数量	检验方法
	基层表层	基层底层	基床以下		
动态变形模量 E_{vd}(MPa)	≥55	≥40	≥35	每个基坑抽检 3 处,左中右各 1 点	按《铁路工程土工试验规程》(TB 10102—2010)规定

(6)端刺基坑施工的允许偏差、检验数量及检验方法应符合表 10.5.5-2 的规定。

表 10.5.5-2　端刺基坑施工的允许偏差、检验数量及检验方法

序号	检验项目	允许偏差	施工单位检验数量	检验方法
1	平面位置	±50 mm	每个基坑全部检验	尺量
2	平面尺寸	$^{+100}_{0}$ mm	每个基坑长、宽各 2 处	尺量
3	底面高程	$^{0}_{-100}$ mm	每个基坑检验 8 处	水准仪测量
4	底面平整度	100 mm	每个基坑检验 8 处	1 m 靠尺测量
5	侧壁垂直度	±0.5%	每个基坑检验 8 处	吊锤检验

10.5.6　质量通病及防治措施

(1)基坑积水。防治措施:基坑开挖后及时用篷布遮盖防止雨水侵入。

(2)混凝土浇筑后开裂。防治措施:浇筑后及时养护。

10.6　附属设施

10.6.1　工艺原理及适用范围

防护栅栏、检查井、检查梯等统称为路基附属设施。防护栅栏的作用是确保铁路行车畅通无阻,保障铁路沿线人民生命财产安全。检查井、检查梯等是方便铁路维护人员维修的设备。防护栅栏、检查井、检查梯等应按设计位置、范围、构造设置,连接应牢固,外观应顺直整齐。

10.6.2　主要施工机械设备

主要施工机械设备:混凝土搅拌机、砂浆搅拌机、发电机、运输车辆等。

10.6.3 原材料控制

每一料场抽样检验 2 组片石抗压强度试件，砂石按同一生产地点每 400 m^3 抽样检验 1 组，水泥按同一产地、品种、规格每 200 t 抽样检验 1 组，钢筋等按同一牌号、批号抽样检验 1 组。拌和水泥的水必须经水质化验达到施工用水的标准。

10.6.4 施工工艺及控制要点

1. 防护栅栏

(1)施工流程：防护栅栏的预制→防护栅栏的运输→防护栅栏的安装。

(2)防护栅栏预制的模板采用钢模板，不易变形，外观质量容易保证。混凝土严格按设计的混凝土强度施工，拆模时必须保证栅栏的棱角不被破坏。

(3)防护栅栏的运输必须等到构件达到一定的强度，要求轻装轻卸，不能磕碰坏栅栏的边角。

(4)防护栅栏支柱按设计要求位置、深度埋设防护，支柱埋设应稳固。安装要求牢固，不松动。防护栅栏在区间线路应贯通封闭，并按设计位置、形状尺寸设“严禁入内”的标志。防护栅栏支柱、栅栏材料的品种、规格、质量应符合设计要求。

2. 检查井

(1)施工流程：检查井基坑开挖→检查井基础施工→检查井墙身施工→检查井井盖施工→检查井基坑回填。

(2)检查井基坑可采用人工配合小型机械开挖，挖至设计深度。

(3)检查井基础应与渗水暗沟混凝土基础同时施工，混凝土强度符合设计要求，振捣密实。

(4)检查井身混凝土模板采用钢模板，井身混凝土强度等级及井盖形状、强度、拉手安设应符合设计要求，井身混凝土表面平顺光洁，井盖安装平稳、密贴，拉手牢固。

(5)检查井基坑回填应按路基相同部位的材料和压实要求采用人工分层回填，夯击密实。施工时应避免机械损伤检查井井壁。

3. 检查梯

(1)施工流程：检查梯基坑开挖→检查梯砌筑施工→检查梯勾缝施工→检查梯栏杆安装。

(2)检查梯基坑采用人工开挖修整，不得超挖，做到按设计尺寸准确开挖，无回填现象。

(3)检查梯按设计强度要求砌筑，外露石面平整。

(4)砌筑的检查梯达到一定强度，施工勾缝，缝的形式符合建设单位要求。

(5)检查梯等检查设备杆件的涂料品种、涂刷遍数应符合设计要求，并无漏涂、露底、脱皮。涂刷应均匀，色泽一致。

(6)栏杆、检查设备或台阶道的位置、范围、构造应符合设计要求，并连接牢固，顺直整齐。

4. 取、弃土场

(1)取土时应保护环境，取土后的裸露面应按设计采取土地整治或防护措施。

(2)弃土场设置应保证山体和自身的稳定，不影响附近建筑物、农田、水利、河道、交通和环境。在有滑动危险或受水冲刷可能造成泥石流的地段，不得堆土。

(3)取、弃土场的裸露面及坡脚应按设计要求作坡面防护和坡脚拦挡设施，其设置位置、构造应符合设计要求。

10.6.5　质量检测

(1)检查井位置、断面尺寸应符合设计要求。每个检查井应全部检验。

(2)检查井井身、井盖混凝土强度等级、拉手安设应符合设计要求。按照同一种配合比的混凝土不大于 100 m^3 为一批。现场每批制作 2 组混凝土抗压强度检查试件进行抗压强度试验。

(3)栏杆杆件及零件的规格、质量应符合设计要求。逐批查验产品质量证明文件和材料性能报告单,有疑问时抽样检验。

(4)栏杆、检查设备或台阶的位置、范围、构造应符合设计要求,并连接牢固,顺直整齐。施工单位每处检查设备进行全部检验。

(5)检查井的允许偏差、检验数量及检验方法应符合表 10.6.5-1 的规定。

表 10.6.5-1　检查井的允许偏差、检验数量及检验方法

序号	检验项目		允许偏差	施工单位检验数量	检验方法
1	检查井位置	纵向	±50 mm	每个检查井	仪器测量
		横向	$^{+50}_{-20}$ mm		
2	井底高程		±30 mm	每个检查井	仪器测量
3	净空尺寸(内径、深度)		±30 mm	每个检查井	尺量
4	井盖直径		±10 mm	每个井盖	尺量
5	井盖厚度		不小于设计值	每个井盖	尺量
6	井盖与相邻路基面高差		$^{+10}_{0}$ mm	每个检查井	仪器测量

(6)栏杆、检查设施的允许偏差、检验数量及检验方法应符合表 10.6.5-2 的规定。

表 10.6.5-2　栏杆、检查设施的允许偏差、检验数量及检验方法

序号	检验项目	允许偏差	施工单位检验数量	检验方法
1	构件断面尺寸	±5%设计尺寸	按构件数量抽样检验 10%,每构件检查 1 组	尺量
2	安装尺寸	±20 mm		
3	柱垂直度	0.5%柱高	按柱的数量抽样检验 10%,每柱横纵向各检查 1 点	尺量
4	检查梯、台阶尺寸	±30 mm	每梯抽样检验 5 级	尺量

10.6.6　质量通病及防治措施

(1)防护栅栏安装时栅栏底部距地面高度大于设计要求。栅栏安装时应对两侧地面平整压实,当栅栏位于陡坡或栅栏两侧地面存在高差时,应进行平整,两侧地面应平齐等高且不高于栅栏下槛底部,确保栅栏底部距地面高度小于设计要求。

(2)检查梯等检查设备杆件的除锈、涂料品种,涂刷遍数不符合设计要求。指派专人负责,严格按照设计要求进行施工。

第11章　特殊环境施工技术

11.1　雨期施工

11.1.1　路堤雨期施工

(1)与当地气象水文部门取得联系，及时获得气象预报，掌握汛情，以便合理地安排和指导施工。

(2)做好路基两侧的防排水措施，避免路基基底浸泡，必要时采取覆盖措施。

(3)雨后的路基填层面必须晾晒、刮除表面浮土和复压处理，经抽检合格后方可继续施工。

(4)路基填筑做到随挖、随运、随填、随压，以确保路堤质量。每一压实层面均须做成2%～4%的横坡，并保持平整，雨前和收工前将铺填的松土碾压密实，确保不积水。

(5)主要运输道路路基碾压坚实，做好路拱，并设专人经常维修，雨后及时排除雨水。

(6)严禁在中雨或连绵雨天填筑非渗水土的路堤各部填层。

(7)根据使用机具的性能和数量等生产能力，合理组织工作面轮流作业，紧凑衔接，快速施工，不宜全面铺开。

(8)取土场要一次连续挖至高程，且放坡较缓。

11.1.2　路堑雨期施工

(1)与当地气象水文部门取得联系，及时获得气象预报，掌握汛情，以便合理地安排和指导施工。

(2)路堑施工前，先做好堑顶截、排水，并经常检查防止渗漏。堑顶为土质或含有软弱夹层的岩石时，天沟应及时铺砌。开挖区保持排水系统通畅，顺路堑两侧挖临时排水沟，在地下水丰富的地段应及时排干地表、地下水。

(3)开挖面尽可能保持平整，防止雨水浸泡。

(4)主要运输道路路基碾压坚实，做好路拱，并设专人经常维修，雨后及时排除雨水。

(5)堑坡及路基本体要预留0.3～0.5 m厚度(针对路堑底为土质)，雨期过后人工开挖，防止本体及边坡受冲刷。

(6)根据使用机具的性能和数量等生产能力，合理组织工作面轮流作业，紧凑衔接，快速施工，不宜全面铺开开挖。

(7)弃土场要分层，且放坡合理，必要时坡脚进行加固，防止溜塌。

11.1.3　基础及沟槽雨期施工

(1)准备雨期施工的防洪材料、机具和必要的遮雨设施。

(2)工程材料特别是水泥、钢筋应防水、防潮；施工机械防洪水淹没。

(3)雨期施工的工作面不宜过大，应逐段、逐片分期施工。对有排洪要求的河渠内工程全部安排在枯水期间完成，对有可能受洪水危害的工程，在雨期施工时应有防洪抢险措施。

(4)雨期施工应加强地基不良地段沉陷的观测，基础施工应防止雨水浸泡基坑，若被浸泡，应挖除被浸泡部分，用与基础同样的材料回填。

(5)基坑顶四周要设挡水梗，防止地面水流入。基坑内设集水井，配足抽水设施。

(6)基坑挖好后应及时浇筑混凝土或垫层，防止被水浸泡。

(7)施工前对排水系统进行检查、疏通或加固，必要时增加排水措施。

(8)雨后模板及钢筋上的淤泥、杂物，在浇筑混凝土前要清除干净。

(9)雨后砂、石含水率增加，混凝土配合比在重新测定砂、石含水率后，做必要的调整，以保证混凝土的质量。

11.2　低 温 施 工

11.2.1　路堤低温施工

(1)加强与气象部门业务联系，及时获得中长期天气预报。做到早预见，早安排。

(2)充分利用晴好天气，特别是上午十时至下午四时这一时间段，合理安排施工工序。

(3)施工机械加强保养，勤检查，多观察，水箱内加入防冻液，防止设备冻裂。机械设备低温施工要防止水箱、水泵、管道积水冻害，未投入运行的设备要排空积水，设置标识，防止冻害。

(4)低温施工的路堤，其地基在冻结前处理，要清除冰雪、疏干积水，坑洼处用与地基同类的未冻土填筑压实。处理好的地基随即掩盖以防冻结。

(5)低温填筑路堤用土，除按一般路基填料规定外，宜选用级配良好的渗水土，如确有困难，不得不采用非渗水土，其含水率宜低于塑限，并采取加大压实功能措施，如采用重型压路机或减薄填土层厚度。

(6)施工地段的积雪在临开工前清除。

(7)按横断面全宽分层填筑，铺土厚度应减薄 20%～25%，并不得铺成斜层，已铺土层未压实前不得中断施工。

(8)施工中遇大雪或其他原因不得不中途停止时，要整平填层及边坡面并加掩盖，继续施工前，将表面冰雪及冻结的土层清除。

(9)做到随挖、随运、随填、随压实。已铺土层未压实前，不得中断施工。保证挖、运、填、压的周转时间小于土的冻结时间，一般不宜大于 7 h。

(10)取土坑宜一次连续挖至高程，挖土前应清除积雪；取土场及路堤的外露土层用草袋覆盖。

(11)路基面及边坡修整必须在解冻后进行。

11.2.2　路堑低温施工

(1)加强与气象部门业务联系，及时获得中长期天气预报。做到早预见，早安排。

(2)充分利用晴好天气，特别是上午十时至下午四时这一时间段，合理安排施工工序。

(3)施工机械加强保养，勤检查，多观察，水箱内加入防冻液，防止设备冻裂。机械设备低温施工要防止水箱、水泵、管道积水冻害，未投入运行的设备要排空积水，设置标识，防止冻害。

(4)路堑施工前，先做好堑顶截、排水，并经常检查防止渗漏。堑顶为土质或含有软弱夹层的岩石时，天沟应及时铺砌。开挖区保持排水系统通畅，顺路堑两侧挖临时排水沟，在地下水丰富的地段应及时排干地表、地下水，防止土被反复冻融。

(5)冻土层采用挖掘机开挖。当冻土层开挖至未冻土后，应连续作业，分层开挖，中间停顿时间较长时，在表面覆盖草袋保温，避免重复受冻。

(6)路堑挖至路肩高程 0.5 m 以上时(针对路堑底为土质)，挖好临时排水沟后，应停止开挖，并将表面覆盖 25～30 cm 松土，待到正常季节施工时，再挖去其余部分。

(7)路堑开挖每日开工时选挖向阳处，气温回升后再挖背阴处。

11.2.3 圬工低温施工

(1)圬工施作后，及时加强覆盖保温，温度低于 5 ℃时不再洒水养护。

(2)加强与气象部门业务联系，及时获得中长期天气预报。做到早预见，早安排。

(3)充分利用晴好天气，特别是上午十时至下午四时这一时间段，合理安排施工工序。

(4)冬季施工混凝土，砂、骨料和水泥严格保持在 0 ℃以上，拌和用水控制在 5 ℃以上，拌和站做好防寒措施。当材料原有温度不能满足需要时，再考虑对集料加热。水泥只保温，不得加热。

(5)搅拌混凝土时，骨料不得带有冰雪和冻结团块，应先用热水冲洗搅拌机，投料顺序为骨料、水、搅拌，再加水泥搅拌，搅拌时间应较常温时延长 50%。混凝土拌和物的出机温度不宜低于 10 ℃；入模温度不得低于 5 ℃。

(6)冬期施工要采取防冻措施，在混凝土、砂浆内掺用合适外加剂，如高效减水剂、高效早强剂、防冻剂，并采取保温蓄热措施。混凝土的运输时间应尽可能缩短，运输混凝土的容器应有保温措施。

(7)混凝土在浇筑前应清除模板、钢筋上的冰雪和污垢。

(8)采取防滑防冻措施保证人身安全、机械正常运转。

参考文献

[1] 中华人民共和国铁道部. GB 10751—2010 高速铁路路基工程施工质量验收标准[S]. 北京：中国铁道出版社，2010.

[2] 中华人民共和国铁道部. 铁建设[2010]241 号高速铁路路基工程施工技术指南[S]. 北京：中国铁道出版社，2010.

[3] 中华人民共和国铁道部. TB 10106—2010 铁路工程地基处理技术规程[S]. 北京：中国铁道出版社，2010.

[4] 中华人民共和国铁道部. TB 10102—2010 铁路工程土工试验规程[S]. 北京：中国铁道出版社，2010.

[5] 中华人民共和国建设部. GB/T 50123—1999 土工试验方法标准[S]. 北京：中国计划出版社，1999.

[6] 杜永昌. 高速与客运专线铁路施工工艺手册[M]. 北京：科学技术文献出版社，2012.

[7] 中华人民共和国铁道部. TB 10621—2009 高速铁路设计规范[S]. 北京：中国铁道出版社，2010.

[8] 中华人民共和国铁道部. TB 10001—2005 铁路路基设计规范[S]. 北京：中国铁道出版社，2005.

[9] 中华人民共和国铁道部. TB 10018—2003 铁路工程地质原位测试规程[S]. 北京：中国铁道出版社，2003.

[10] 中华人民共和国铁道部. TB 10424—2010 铁路混凝土工程施工质量验收标准[S]. 北京：中国铁道出版社，2010.

[11] 中华人民共和国水利部. GB 50218—94 工程岩体分级标准[S]. 北京：中国计划出版社，1994.

[12] 中华人民共和国住房和城乡建设部. GB/T 50476—2008 混凝土结构耐久性设计规范[S]. 北京：中国建筑工业出版社，2008.

[13] 中华人民共和国铁道部. TB 10218—99 铁路工程基桩无损检测规程[S]. 江苏：中国铁道出版社，1999.

[14] 中华人民共和国铁道部. TB 10426—2004 铁路工程结构混凝土强度检测规程[S]. 北京：中国铁道出版社，2004.